JN188173

実務配筋マニュアル

高強度・太径鉄筋を用いた

一般社団法人 建築構造技術支援機構：監修

益尾 潔：著

建築技術

推 薦 の こ と ば

　この図書を手にされるのは，構造設計や施工に携わる方々かと思います。実は私ずっと大学だけに勤務しており，いずれの経験もありませんが，構造設計と施工が非常に広範囲にわたる多忙な業務であり，幅広い知識を必要とされることは理解しているつもりです。

　本マニュアルは高強度・太径鉄筋の配筋に関する情報をコンパクトにまとめてあり，忙しい実務家にとって貴重な情報源になるものと期待されます。特に図面がすばらしく，ひび割れ図は実にリアリティがあります。力学的な合理性があり，施工に対する配慮も充実しています。これは，日本建築総合試験所などで数多くの重要な実験を主導され，しかも設計施工に関する知識が豊富な益尾潔博士が本マニュアルをまとめられたためと拝察します。

　鉄骨建物において地震被害が不適切な溶接で発生しがちであるのと同様，鉄筋コンクリート建物では不適切な配筋詳細（定着方法など）によって地震被害が発生しがちです。その原因は施工ミスである場合だけでなく，構造設計者の配慮不足である場合も多くあるようです。

　20世紀の建築家ミース・ファン・デル・ローエは「神は細部に宿る」（細部までこだわることで良い建物ができる）と言っています。逆に，「悪魔は細部に宿る」（細部の欠陥で大惨事が起こりがち）という言葉も有名です。高強度・太径鉄筋の使用により，配筋詳細の重要性は高まっています。鉄筋コンクリート建物において，配筋詳細には悪魔でなく福を呼ぶ神を宿らせたいものです。

2024 年 10 月吉日

名古屋工業大学名誉教授

市之瀬敏勝

ま え が き

　近年，高強度せん断補強筋と機械式定着工法は，鉄筋コンクリート造の設計，施工において，必須技術になっている。そのような状況下で，当機構は，2011 年設立以来，鉄筋関連の技術開発支援を行う一方で，一般社団法人　建築構造技術支援機構の建築構造技術審議委員会で技術評価を行っている。また，技術評価結果を当機構 HP に掲載し，技術評価にかかわる解説レポートを建築技術誌に掲載するとともに，2014 年以降，技術評価で得られた知見を基に，共通設計指針として，SABTEC 機械式定着工法設計指針および SABTEC 高強度せん断補強筋設計施工指針を発刊している。

　一方，日本建築学会発刊の『RC 配筋指針』(2021 年) では，「SABTEC 機械式定着工法デザインマニュアル」(2014 年) を引用することで，2010 年版の付録 A5「機械式定着工法による接合部配筋詳細の納まり検討の要点」を割愛している。その結果，近年増加している太径鉄筋を用いた機械式定着工法関連の実用的な啓発書がなくなっている。

　これらより，高強度・太径鉄筋を用いた実務配筋マニュアルとして，太径鉄筋を用いた機械式定着工法による接合部配筋詳細にかかわる基本事項，ならびに実用的な接合部配筋詳細に関する注意点を中心に，高強度・太径鉄筋を用いた配筋技術に関する最新の知見を取りまとめ，㈱建築技術から発刊することとした。

　本マニュアルは 6 章で構成され，第 I 章では「わが国における高強度・太径鉄筋のプロローグ」，第 II 章では「接合部配筋詳細の基本事項」，第 III 章では「特殊接合部配筋詳細の注意点」，第 IV 章では「RCS 混合構造における配筋詳細の注意点」について記載している。また，第 V 章では建築実務における一貫構造計算プログラムの重要性を勘案し，「SABTEC 機械式定着工法組込プログラム」の概要について記載するとともに，第 VI 章では「高強度・太径鉄筋関連の SABTEC 技術評価工法」の概要について紹介している。

　巻末の附章には，高強度・太径鉄筋関連の【参考資料 1】【参考資料 2】【SABTEC 技術評価・機械式定着工法概要】，および【SABTEC 高強度せん断補強筋・共通施工仕様書】を掲載している。

2024 年 9 月吉日

一般社団法人　建築構造技術支援機構

代表理事　益尾 潔

高強度・太径鉄筋を用いた実務配筋マニュアルの編集方針

「 本 マ ニ ュ ア ル の 構 成 」

　本マニュアルは6章で構成され，第I章ではわが国における高強度・太径鉄筋のプロローグ，第II章では接合部配筋詳細の基本事項，第III章では特殊接合部配筋詳細の注意点，第IV章ではRCS混合構造における配筋詳細の注意点であり，第V章ではSABTEC機械式定着工法組込プログラムの概要について記載し，第VI章では高強度・太径鉄筋関連のSABTEC技術評価工法の概要について紹介しています。

「 本 マ ニ ュ ア ル 各 章 の 説 明 方 法 と 参 考 文 献 の 引 用 方 法 」

　本マニュアル各章では，技術的課題にかかわる工学的意味を把握できるように，図と説明文章を掲載し，基本事項にかかわる参考文献は各頁の袖部分に1）などの文献番号を記載するとともに，各章固有の技術的課題にかかわる参考文献は各章末尾に※1などの文献番号を記載しています。

　第II章と第III章の中で引用するSABTEC指針は共通文献4）であり，第IV章は共通文献5）のRCS混合設計指針に対応し，第IV章の冒頭の基本事項に記載のように，下記の4編で構成され，各編の配筋詳細の説明文章の記述に際して，各頁の袖部分に各編にかかわる参考文献を記載しています。

　①SRC柱梁接合部編，②柱RC梁S接合部・柱SRC梁S接合部編，③鉄骨露出柱脚・基礎梁主筋定着部編，④鉄骨根巻き柱脚・基礎梁主筋定着部編

　また，第V章は共通文献4）と6）を基に記載し，第VI章は主として共通文献7）などの公表文献を基に，高強度・太径鉄筋関連のSABTEC技術評価工法の概要について紹介しています。

「 本 マ ニ ュ ア ル 各 章 の 共 通 文 献 」

1）日本建築学会：鉄筋コンクリート造配筋指針・同解説，2021年
2）日本建築学会：鉄筋コンクリート構造計算規準・同解説，2018年
3）国土交通省国土技術政策総合研究所，国立研究開発法人建築研究所監修：2020年版建築物の構造関係技術基準解説書
4）建築構造技術支援機構：SABTEC機械式定着工法RC構造設計指針，2022年
5）建築構造技術支援機構：SABTEC機械式定着工法RCS混合構造設計指針，2022年
6）建築構造技術支援機構：SABTEC機械式定着工法SS7組込プログラム取扱い説明書，2022年
7）建築構造技術支援機構：SABTEC高強度せん断補強筋設計施工指針，2021年

第Ⅰ章では，高強度・太径鉄筋開発の背景として，1970年前後からの異形鉄筋の普及，1968年の十勝沖地震を契機にしたRC構造の耐震研究，1981年からの新耐震設計法の導入までを概観するとともに，高強度せん断補強筋および溶接せん断補強筋の開発について紹介し，機械式定着工法普及につながる同工法開発の経緯，同工法の設計基・規準類の位置付け，柱梁接合部内での機械式定着の抵抗機構について紹介する。

第Ⅰ章
わが国における
高強度・太径鉄筋のプロローグ

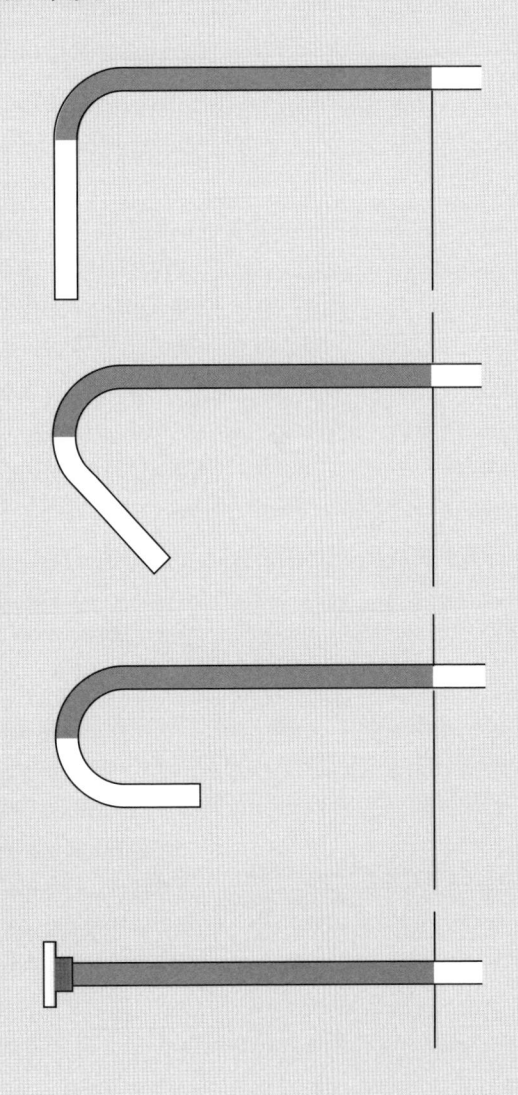

高強度・太径鉄筋開発の背景

わが国では，1961 年の建築基準法改正に伴い，建物高さ 31 m 制限が緩和されたことと相まって，地震応答解析研究が精力的に行われ，1968 年にわが国初の超高層建物「霞が関ビル」が建設され，1970 年前後より，異形鉄筋を用いた RC 建物の設計が普及し始めている[※1]。

一方，1968 年の十勝沖地震による RC 建物の地震被害を契機に，RC 構造の耐震研究が精力的に行われ，1971（昭和 46）年に日本建築学会の RC 構造計算規準[※2]のせん断規定（柱，梁の許容せん断力の算定方法とせん断補強筋に関する構造規定）ならびに建築基準法施行令の RC 構造関係の規定が大幅に改定後，1981（昭和 56）年に建築基準法施行令が改正され，新耐震設計法が導入されている。

高強度せん断補強筋の開発

1981 年の新耐震設計法，1983 年〜1993 年の New RC 総プロを経て，超高層 RC 建物[※3]が建設され，1999 年版 RC 構造計算規準では，コンクリート設計基準強度の上限を 60 N/mm^2 とし，2010 年版 RC 構造計算規準では鉄筋の適用範囲に SD490 を追加している。

これらの RC 構造における変遷の中で，柱，梁せん断補強筋の高密度配筋解消を意図し，1980 年頃から高強度せん断補強筋の開発が始まり，1990 年頃から電炉鉄筋の製鋼技術の向上に伴い，表 1 に示すように，電炉高強度せん断補強筋が開発されている[※4]。近年，大臣認定を取得した 685 N/mm^2 級および 785 N/mm^2 級高強度せん断補強筋は，すべて電炉鉄筋である。

溶接せん断補強筋の開発

【参考文献】
1）日本建築学会：鉄筋コンクリート造配筋指針・同解説，2021 年

RC 配筋指針[1] 7.3（帯筋・副帯筋）および 7.4（あばら筋・副あばら筋）では，配筋精度確保の観点からアプセット溶接とフラッシュ溶接による溶接せん断補強筋が紹介されている。ここでは，SABTEC 技術評価を取得した溶接せん断補強筋を表 2 に示す。

SABTEC 技術評価では，【参考資料 2】の技術評価方針に従い，普通強度鉄筋ならびに 685 N/mm^2 級および 785 N/mm^2 級高強度せん断補強筋について，告示（平成 12 年建設省告示第 1463 号）による A 級鉄筋継手性能判定基準と照らし合わせて溶接せん断補強筋の評価を行っている。当機構では，SABTEC 技術評価を取得した溶接せん断補強筋の製造品質の信頼性を担保するために，【参考資料 2】の技術評価方針の基本事項に従い，技術評価終了後の翌年度から毎年，技術評価対象の溶接せん断補強筋の標準製造要領書で定められた定期監査結果を確認している。

表1　高強度せん断補強筋開発の変遷

年	商品名	メーカー名	技術評価	鋼種
1981	ウルボン130	高周波熱錬	BCJ評定	高炉
1989	KSS80	神戸製鋼所 住友金属 住友電工	BCJ評定	高炉
1990	リバーボン130 UHYフープ	川鉄テクノワイヤ 北越メタル	BCJ評定 BCJ評定	高炉 電炉
1992	パワーリング80	東京鉄鋼	BCJ評定	電炉
2000	旧建築基準法第38条廃止			
2002	上記各製品ともに，建築基準法第37条第2号の大臣認定取得			
2007	2007年技術基準解説書			
2008	ウルボン1275	高周波熱錬	BCJ評定[※1]	高炉
2010	RC計算規準第15条に損傷短期許容耐力の追加			
2011	スーパーフープ	岸和田製鋼 岸和田金属	GBRC性能証明[※1]	電炉
	MKフープ	向山工場	BCJ評定[※1]	電炉
2012	パワーリング785	東京鉄鋼	BCJ評定[※1]	電炉
2013	OT685フープ	大谷製鉄	GBRC性能証明[※2]	電炉
2015	スーパーフープ685	岸和田製鋼 岸和田金属	SABTEC評価[※2]	電炉
	Jフープ785	JFE条鋼	SABTEC評価[※2]	電炉
2016	パワーリング685	東京鉄鋼	SABTEC評価[※2]	電炉
	キョウエイリング SD490, USD785	共英製鋼	SABTEC評価[※2]	電炉
2017	GTSフープ685	合同製鐵	SABTEC評価[※2]	電炉
2018	スーパーフープ685 スーパーフープ785	岸和田製鋼 岸和田金属	SABTEC評価[※2]	電炉
2019	UHYフープ685	北越メタル	SABTEC評価[※2]	電炉
2021	キョウエイリング 685	共英製鋼	SABTEC評価[※2]	電炉

※1：損傷短期追加，※2：β_c考慮・損傷短期追加

表2　SABTEC技術評価を取得した溶接せん断補強筋

商品名	申込者・製造工場	鋼種	評価番号	評価日
リバーボン785	JFE条鋼・豊平製造所 北豊鋼材	785N/mm²級	SABTEC評価22-01	2022年6月24日
TSリング	北豊鋼材	SD295, SD345	SABTEC評価21-03	2022年3月11日
HKリング490	共英製鋼 共英加工販売 長谷工コーポレーション	SD490	SABTEC評価21-02	2021年10月8日
キョウエイリング 685	共英加工販売	685N/mm²級	SABTEC評価20-02	2021年1月22日
TWリング	富田興業	SD295, SD345	SABTEC評価18-02	2019年3月29日
Jフープ785	JFE条鋼 藤工業	785N/mm²級	SABTEC評価16-08	2016年12月2日
パワーリング685	東京鉄鋼 清水鋼鐵	685N/mm²級	SABTEC評価16-03	2016年7月26日
パワーリング685	東京鉄鋼 エスパーフープ工業会	685N/mm²級	SABTEC評価16-01	2016年6月2日
パワーリング685	東京鉄鋼 OEM工場	685N/mm²級	SABTEC評価15-05	2016年3月31日
Jフープ785	JFE条鋼 富田興業	785N/mm²級	SABTEC評価15-04	2016年1月29日

機械式定着工法普及の背景

機 械 式 定 着 工 法 開 発 の 経 緯

　機械式定着工法は，1970年代に出現した超高層RC建物の柱梁接合部内における太径梁主筋定着部の施工性改善の観点から開発されている。わが国初の超高層RC建物の確認実験に供したト形接合部配筋詳細[※5]を，図1に示す。一方，機械式定着工法は，2000年の建築基準法改正（旧第38条認定の削除）を契機に，2000年頃から，指定性能評価機関等の第三者機関で技術評価を取得した機械式定着金物が開発され，高さ60m以下の建物にも普及している[※6]。

　なお，RC柱，梁に用いる高強度鉄筋の機械的性質が参考文献[※7]に示されている。

【参考文献】
2) 日本建築学会：鉄筋コンクリート構造計算規準・同解説，2018年

機 械 式 定 着 工 法 の 設 計 基 ・ 規 準 類 の 位 置 付 け

　RC計算規準[2]第17条1. 定着（2）では，図2に示すように，本条2. に規定する標準フックを鉄筋端に設ける場合は，定着起点からフックまでの投影定着長さℓ_{dh}を定着長さℓ_aとし，信頼できる機械式定着具を鉄筋端に設ける場合は，定着起点から定着具突起までの長さをℓ_aとしている。この規定は，1999年版RC計算規準で初めて定められた機械式定着工法に関する規定である。

【参考文献】
3) （一社）建築構造技術支援機構：SABTEC機械式定着工法RC構造設計指針（2022年）

柱 梁 接 合 部 内 で の 機 械 式 定 着 金 物 の 抵 抗 機 構

　機械式定着工法の場合，図3に示すように，仕口面での引張力から伝達される定着力は定着金物の支圧面積と定着長さに支配され，正負繰り返し荷重を受ける部材では，仕口面で定着筋が引張降伏すると，塑性域が接合部内に進入し，定着筋に沿う付着力が定着板内面まで喪失することがある[3]。

　これらより，JASS5の鉄筋間隔を考慮し，定着板の外径が定着筋呼び名の値の2.5倍程度の定着金物を柱梁接合部内に配置するとしている。

　SABTEC指針[3] 8章「ト形，十字形接合部における梁主筋定着部」によると，ネジ節鉄筋型，円形定着板型定着金物ともに，定着金物の支圧面積，定着長さ，コンクリート強度などを考慮することで，定着耐力が安全側に評価される。

　その結果，各定着金物ともに，SABTEC指針[3]の材料規定を満足する場合，ト形接合部実験を基に，引張鉄筋比p_tが3%程度まで，梁主筋引張降伏後，梁曲げ終局耐力が保証される。

　定着各部寸法の定義を，図4に示す。

【参考文献】
4) 国土交通省国土技術政策総合研究所，国立研究開発法人建築研究所監修：2020年版 建築物の構造関係技術基準解説書

Ｓ Ａ Ｂ Ｔ Ｅ Ｃ 技 術 評 価 取 得 定 着 金 物

　技術基準解説書[4] 8.2（仕様規定の適用除外の構造計算）に記載のように，平成19年国土交通省告示 第594号第4の第四号では，当該構造部分の実況に応じた加力実験によって，耐力，靭性および付着に関する性能が当該構造部分に関する規定に適合する部材と同等以上であることが確認された場合，仕様規定の適用除外となるとしている。これらより，鉄筋メーカーなどで開発された機械式定着金物が指定性能評価機関等の第三者機関で技術評価を取得している。

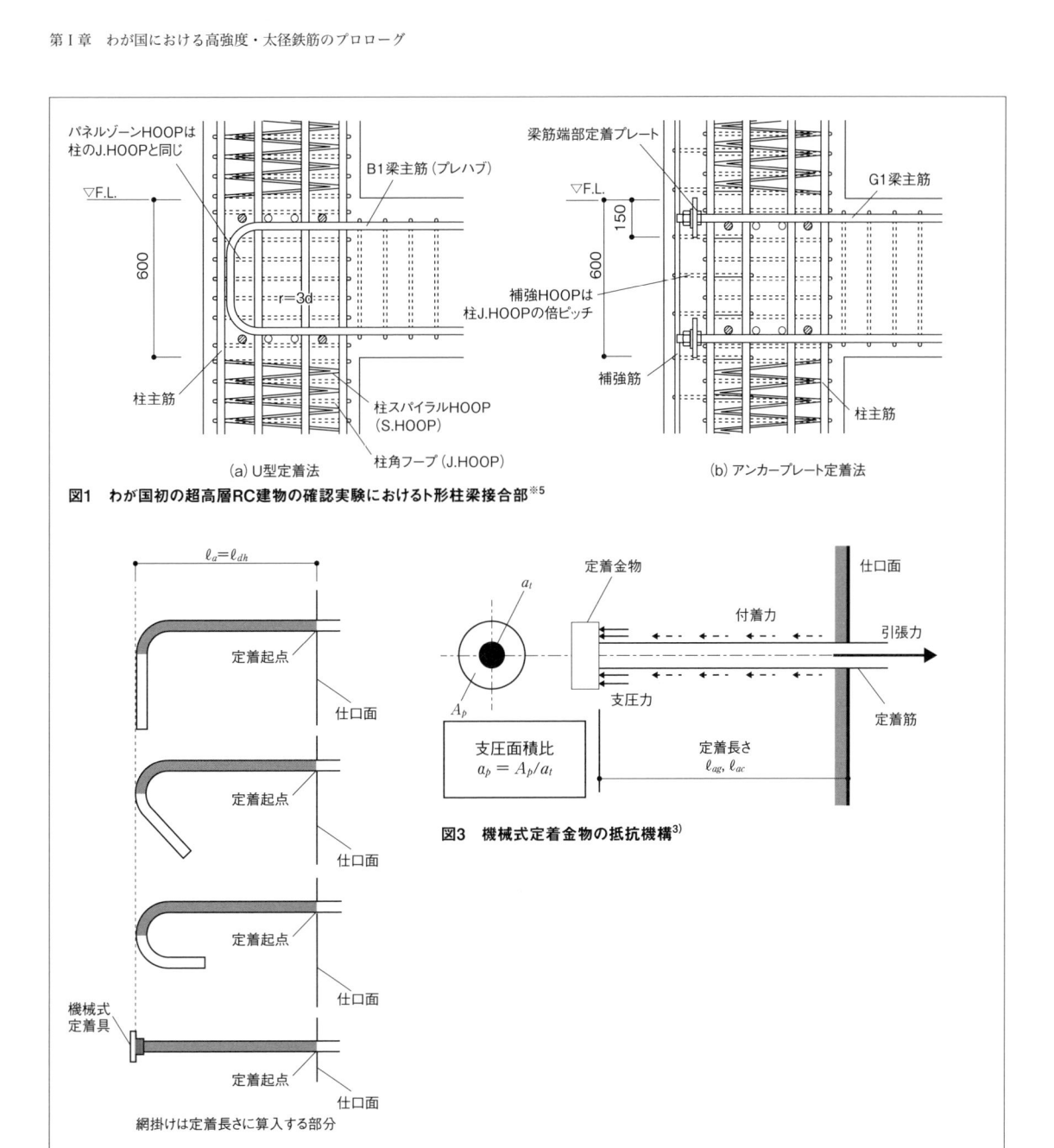

(a) U型定着法   (b) アンカープレート定着法

図1　わが国初の超高層RC建物の確認実験におけるト形柱梁接合部[※5]

網掛けは定着長さに算入する部分

図2　RC計算規準17条による標準フックを設けた定着長さℓ_a[2)]

支圧面積比
$a_p = A_p/a_t$

図3　機械式定着金物の抵抗機構[3)]

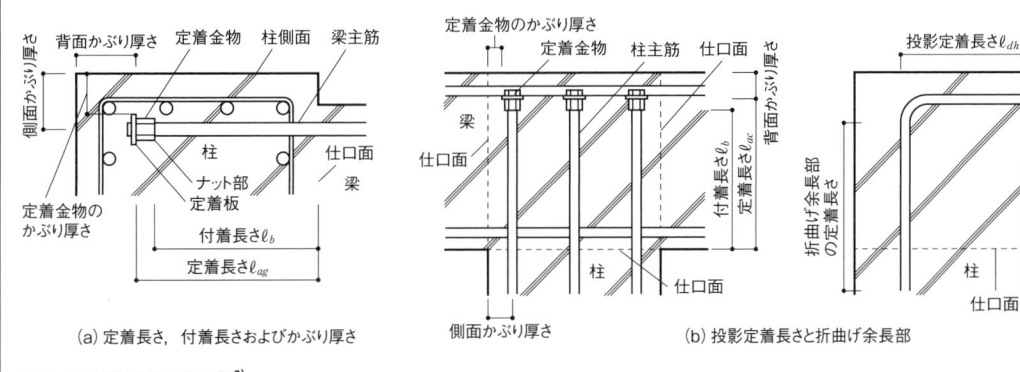

(a) 定着長さ，付着長さおよびかぶり厚さ   (b) 投影定着長さと折曲げ余長部

図4　定着各部寸法の定義[3)]

写真1に，当機構で技術評価を取得したネジ節鉄筋型と円形定着板型の機械式定着金物（以下，SABTEC技術評価取得定着金物）を示している[3]。

オニプレート　　　タフネジネット　　　タフナット　　　　ネジプレート（フリータイプ／メタルタッチタイプ）

【ネジ節鉄筋型】

FRIP定着板　　　タフヘッド　　　　EG定着板　　　　DBヘッド

【円形定着型】

写真1　SABTEC技術評価取得定着金物

【参考文献】
3) （一社）建築構造技術支援機構：SABTEC機械式定着工法RC構造設計指針（2022年）

高強度材料を用いた機械式定着工法

SABTEC指針（2022年）[3] 1.1節では，図5に示すように，参考文献[8]などの実験を基に，普通強度材料を用いた場合のほかに，590 N/mm²級および685 N/mm²級高強度鉄筋と設計基準強度45～120 N/mm²の高強度コンクリートからなる高強度材料，ならびにSD295～SD490の普通強度鉄筋と設計基準強度60～120 N/mm²の高強度コンクリートを用いた機械式定着工法を適用範囲としている。

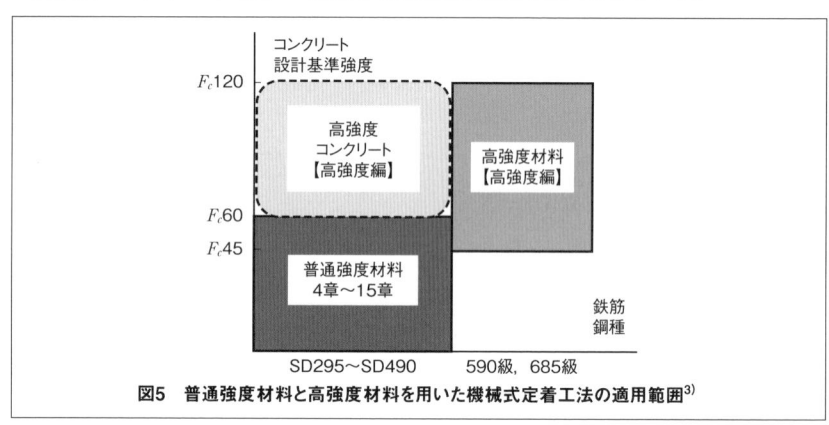

図5　普通強度材料と高強度材料を用いた機械式定着工法の適用範囲[3]

【参考文献】
※1 異形鉄筋コンクリート設計法研究会編（梅村魁）：異形鉄筋コンクリート設計法，1971年
※2 日本建築学会：鉄筋コンクリート構造計算規準・同解説，付1 鉄筋コンクリート構造物の耐震対策 ―1968年十勝沖地震による被害をかんがみて，1991年（1999年改定版では，―阪神・淡路大震災と今後の鉄筋コンクリート構造設計―を掲載している。）
※3 石川裕次：ポストNew RC（超高強度RC構造），コンクリート工学，Vol. 54, No. 5, pp.458-463, 2016年5月
※4 （一社）日本建築構造技術者協会 技術委員会 RC系部会：高強度せん断補強筋についての報告（その1），STRUCTURE No. 133, 2015年1月
※5 別所佐登志ほか：太径異形鉄筋を用いたU型はり主筋定着法の実験研究，鹿島建設技術研究所報，第25号，pp.143-148, 1977年
※6 益尾潔：高強度・太径鉄筋を用いた配筋設計施工の品質保証 第3回 機械式定着工法の研究動向，建築技術2012年8月号，pp.62-65，第4回 機械式定着工法の実務動向，建築技術2012年10月号，pp.192-195
※7 宇佐美滋：鉄筋コンクリート造柱・はり用高強度鉄筋に要求される機械的性能，コンクリート工学 Vol. 38, No. 10, 2000年10月
※8 益尾潔，足立将人：機械式定着によるRC造ト形柱梁接合部の構造性能―高強度材料を用いた場合―，日本建築学会構造系論文集，第632号，pp.1841-1848, 2008年10月

第Ⅱ章では，RC構造の接合部配筋詳細の基本事項として，①梁主筋定着の要点，②柱，梁断面内の主筋位置，③梁主筋定着部と柱主筋との交差部，④接合部横補強筋の配置，⑤最上階Ｔ形，Ｌ形接合部のかんざし筋，⑥その他の主筋定着部の配筋詳細にかかわる主要寸法について解説し，それぞれの問題点を列挙している。また，ト形接合部，Ｌ形接合部や接合部横補強筋の配置にかかわる接合部配筋詳細図を例示し，それぞれの接合部配筋詳細の注意点について紹介する。

第Ⅱ章
接合部配筋詳細の基本事項

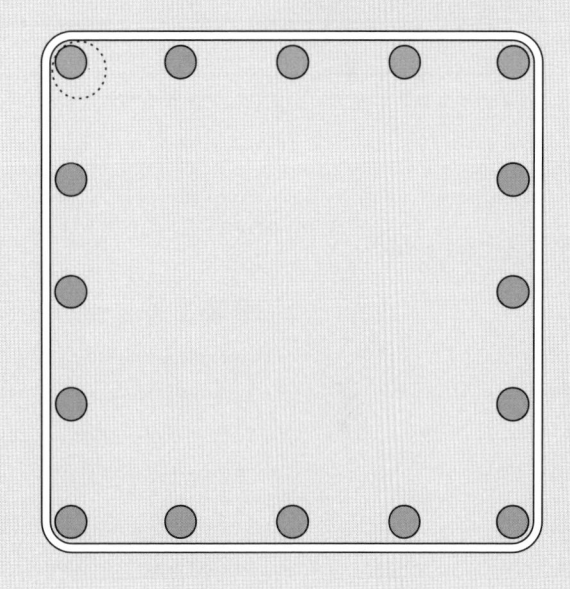

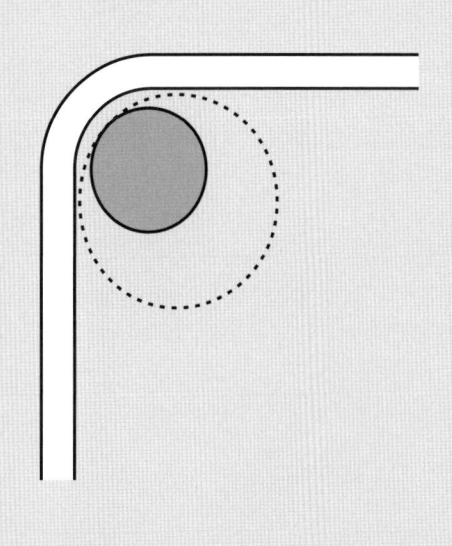

梁主筋定着の要点

梁主筋定着パターン

梁主筋定着パターンは，柱と梁の接続位置によって，図1の4パターンに分類される。柱・梁外面合せは一般的であるが，接合部配筋詳細の納まりに注意が必要であり，「柱，梁断面内の主筋位置」で後述するように，最上階L形接合部の場合，梁主筋折曲げ後の余長部と柱主筋定着部が輻輳するので，特に注意が必要である。

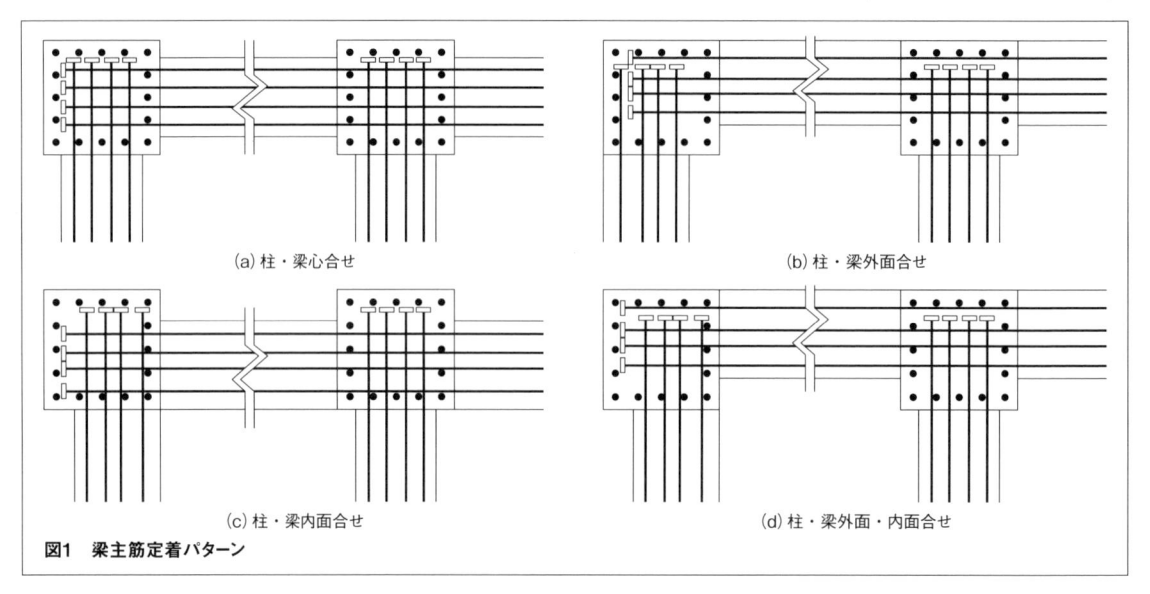

(a) 柱・梁心合せ

(b) 柱・梁外面合せ

(c) 柱・梁内面合せ

(d) 柱・梁外面・内面合せ

図1　梁主筋定着パターン

柱梁接合部内の柱，梁主筋干渉防止条件

柱梁接合部内の柱，梁主筋干渉防止条件としては，以下の4点が挙げられる。

①上下階柱断面内1列の柱主筋本数が同じ場合，柱主筋を折り曲げないように，柱断面寸法および柱主筋位置をできるだけ同じとする。

②1列の柱主筋本数は，柱幅，柱せい，柱主筋中心かぶり厚さ，柱主筋間あき寸法を考慮し，柱主筋と梁主筋定着金物が干渉しないように決定する。

③各通梁幅内1列の梁主筋本数が同じ場合，柱梁接合部内で梁主筋を折り曲げないように，梁主筋水平位置をできるだけ同じとする。

④各通梁幅内1列の梁主筋本数は，梁幅，梁主筋中心かぶり厚さ，梁主筋間あき寸法，梁主筋定着金物の挿入寸法を考慮して決定し，さらに最上階梁上端筋の場合，折曲げ部の挿入寸法を考慮して決定する。

柱，梁断面内の主筋位置

隅主筋の寄り寸法

柱梁接合部における柱，梁主筋定着部の納まりは，柱，梁断面内の主筋位置に依存し，図2 (c) に示すように，柱隅筋は横補強筋の隅角部で，梁隅筋は横補強筋の折曲げ起点で接するので，下式の計算寄り寸法 Δc_0，Δg_0 の影響を受ける。

（柱）　$\Delta c_0 = (D_0 - d_{c0}) \cdot (1 - 1/\sqrt{2})/2$　　　　　　　　　　　　　(1)

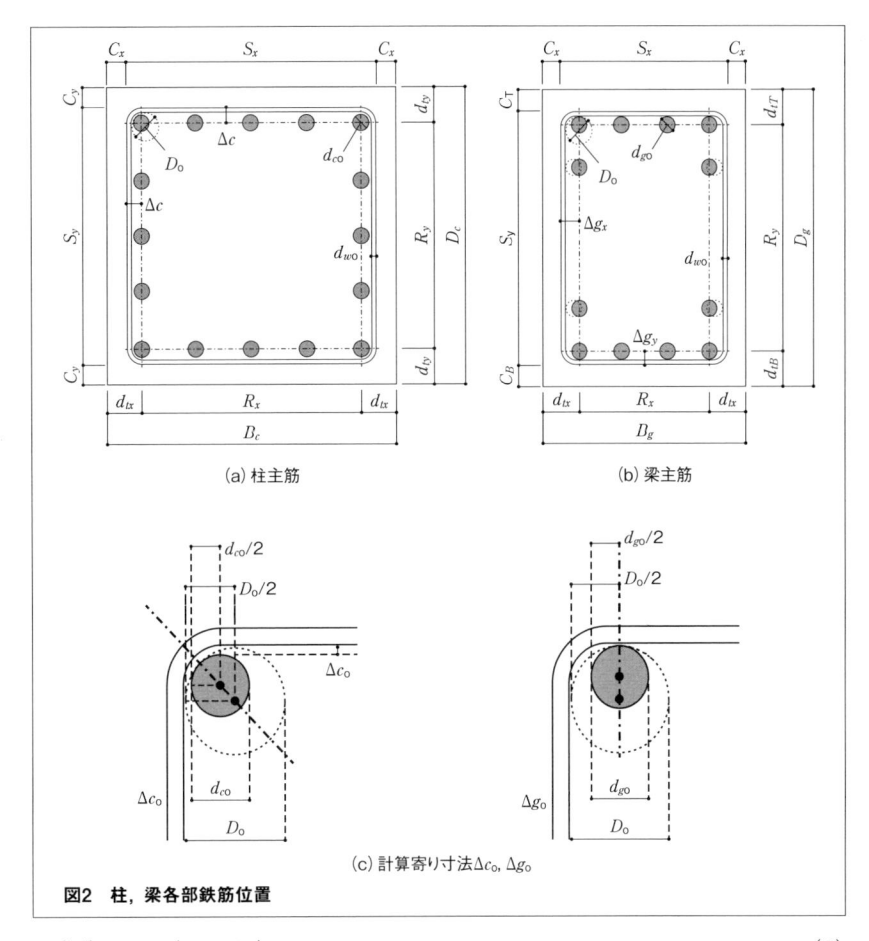

(a) 柱主筋

(b) 梁主筋

(c) 計算寄り寸法 Δc_o, Δg_o

図2　柱，梁各部鉄筋位置

（梁）　$\Delta g_o = (D_o - d_{go})/2$ (2)

D_o：横補強筋の折曲げ内法直径，d_{co}, d_{go}：柱，梁主筋最外径

Δc, Δg_x, Δg_y：柱，梁主筋中心の寄り寸法（柱，梁主筋中心と横補強筋外面との距離）

S_x, S_y：横補強筋の加工寸法（幅，せい）

R_x, R_y：x，y 方向の隅筋中心間距離

C_x, C_y （C_T, C_B）：かぶり厚さ

d_{tx}, d_{ty} （d_{tT}, d_{tB}）：x，y 方向の主筋中心かぶり厚さ

柱，梁主筋中心かぶり厚さ

柱隅筋中心かぶり厚さ $d_{t柱}$ は式（3）で求められ，柱隅筋中心から帯筋外面までの距離 P_2 は，表１の添え図に示すように，式（1）の計算寄り寸法 Δc_o を考慮した値としている。

また，梁主筋中心かぶり厚さ $d_{t梁}$ は，上側の二次筋中心かぶり厚さであり，式（4）で求められ，表２の添え図に示すように，梁隅筋中心側面かぶり厚さ d_{tx} は式（5）で求められる。

$d_{t柱} = P_2 + C_D$ (3)

$d_{t梁} = d_{go}/2 + d_{wo} + C_D$ (4)

$d_{tx} = P_{2A} + C_D$ (5)

【参考文献】

1）日本建築学会：鉄筋コンクリート造配筋指針・同解説, 2021 年

C_D：設計かぶり厚さ，d_{go}：梁主筋の最外径，

d_{wo}：肋筋の最外径

$P_{2A}=(D_0/2+d_{wo})$：梁隅筋中心から肋筋外面までの距離

D_0：肋筋の折曲げ内法直径

表1，表2の主筋中心かぶり厚さ d_t と d_{tx} は，それぞれ $D_0=3d_w$ および $D_0=4d_w$ として求めている。d_w は横補強筋呼び名の値を示す。本計算では，設計かぶり厚さ C_D を 40 mm，柱，梁主筋の最外径は 2021 年版 RC 配筋指針[1]に記載の値とし，主筋継手カプラーの寸法を考慮せず，主筋中心かぶり厚さを 5 mm 単位で切り上げた値としている。本マニュアル（参考資料1）には，接合部配筋詳細にかかわる柱，梁断面内主筋位置の計算例を示している。

表1 柱，梁主筋中心かぶり厚さ d_{to} および d_t（単位：mm）

横補強筋	主筋	d_{to}（梁）	$D_0=3d_w$ の場合		$D_0=4d_w$ の場合	
			P_2	d_t（柱隅筋）	P_2	d_t（柱隅筋）
D10	D25	70	26	70	27	70
	D29	70			29	70
	D32	70	—	—	30	70
	D35	75			31	75
D13	D25	70	31	75	33	75
	D29	75	32	75	34	75
	D32	75	34	75	36	80
	D35	75	35	75	37	80
	D38	80	—	—	38	80
	D41	80	—	—	39	80
D16	D25	75	36	80	39	80
	D29	80	38	80	40	85
	D32	80	39	80	41	85
	D35	80	40	85	43	85
	D38	85	41	85	44	85
	D41	85	43	85	45	85

表2 梁隅筋中心側面かぶり厚さ d_{tx}（単位：mm）

横補強筋	$D_0=3d_w$ の場合		$D_0=4d_w$ の場合	
	P_{2A}	d_{tx}（梁隅筋）	P_{2A}	d_{tx}（柱隅筋）
D10	26	70	31	75
D13	35	75	41	85
D16	43	85	51	95

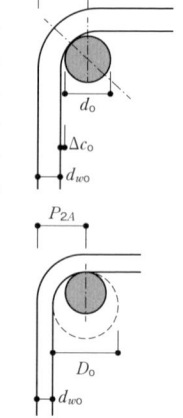

梁 主 筋 の 一 次 筋 と 二 次 筋

XY 方向の梁主筋同士が交差する柱梁接合部では，図3のように，上側と下側梁主筋中心かぶり厚さ（d_{tT}，d_{tB}）が異なるので，RC 配筋指針では，下側梁主筋を一次筋，上側梁主筋を二次筋と呼び，通常，梁主筋の組立順序①〜④を考慮し，一次筋と二次筋を決定する。

①せいの大きい方，または，鉄筋量が多い方の梁主筋を一次筋（下側）とし，せいが低い方，または，鉄筋量が少ない方の梁主筋を二次筋（上側）とする。

②小梁主筋が，乗せ掛けられる大梁主筋を一次筋（下側）とする。

③梁に段差がある場合，低い方の梁主筋を一次筋（下側）とし，先に組み立てる。

④一方向のみ梁下端筋が二段筋の場合，二段筋となる梁主筋を一次筋（下側）とする。

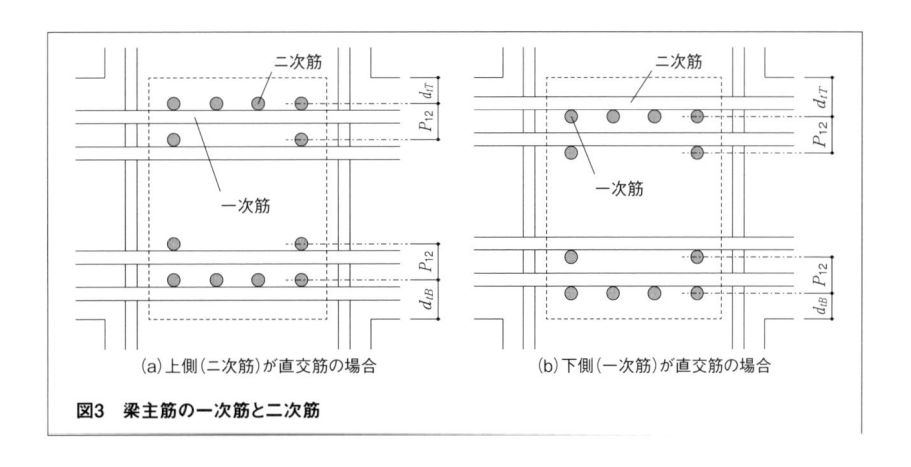

(a)上側(二次筋)が直交筋の場合　　　(b)下側(一次筋)が直交筋の場合

図3　梁主筋の一次筋と二次筋

　一次筋中心かぶり厚さは，原則として，二次筋中心かぶり厚さに(一次筋最外径＋二次筋最外径)/2 を加えた値とするが，通常，1 段目と 2 段目主筋間距離 P_{12} は，施工余裕値を考慮し，主筋呼び名の値の 3 倍程度となる。

柱・梁外面合せの場合の梁割増し幅

　柱・梁外面合せの場合，図4に示すように，梁主筋を配置できる梁幅内の寸法は，全梁幅から割増し幅 ΔB_g だけ小さくなるので，梁幅に余裕をもたせる必要がある。

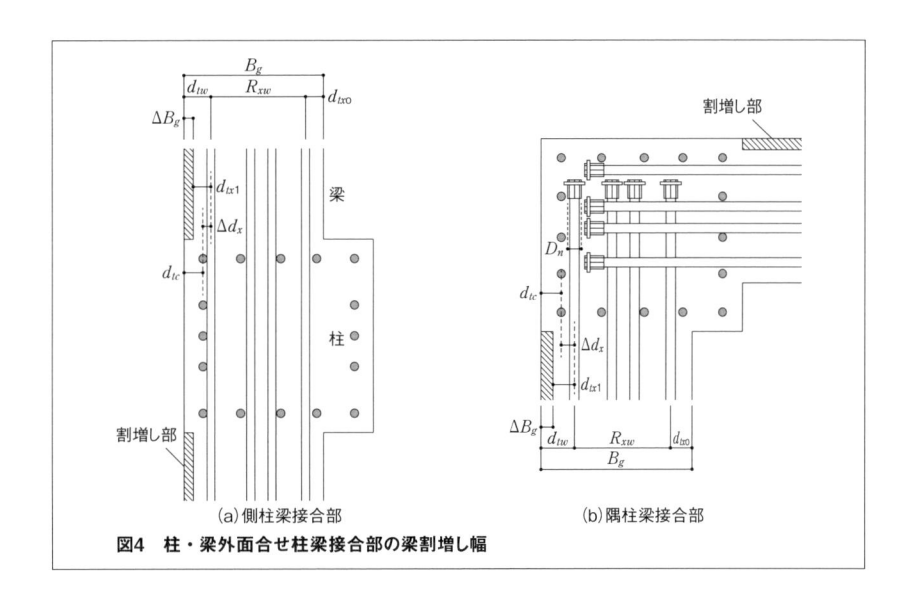

(a)側柱梁接合部　　　(b)隅柱梁接合部

図4　柱・梁外面合せ柱梁接合部の梁割増し幅

定着金物，折曲げ筋の挿入箇所の梁主筋間隔

1）定着金物挿入箇所

　柱・梁外面合せの場合，図5に示すように，二次筋（上側梁主筋）の定着金物は直交する最外側と隣接の一次筋（下側梁主筋）の間に挿入するので，最外側と隣接の梁主筋間隔は，定着金物の全長 L_A に施工余裕値 Δs を加えた値以上とする。通常，施工余裕値 Δs は，D29 以上の場合 20 mm，それ以外の場合 10 mm とし，隅柱の出隅部では，施工精度を高めれば，施工余裕値 Δs は上記の値よりも小さくしてもよい。

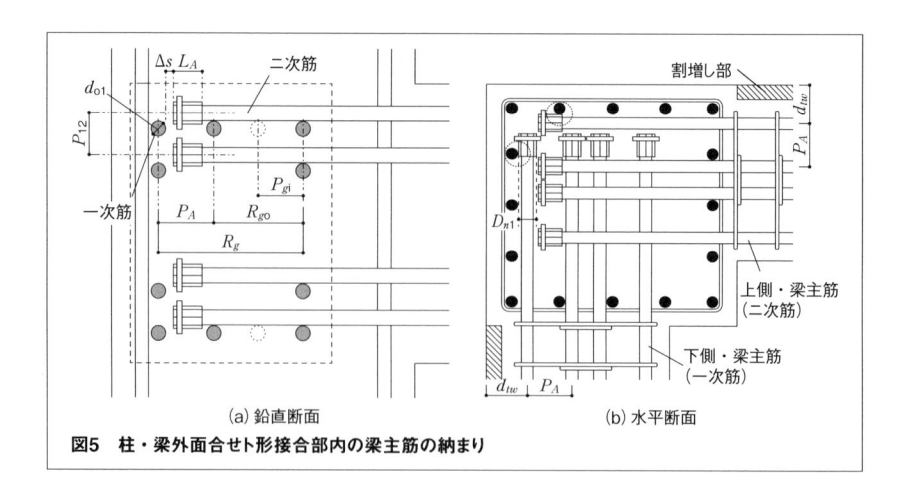

(a) 鉛直断面　　　　　　　　(b) 水平断面

図5　柱・梁外面合せト形接合部内の梁主筋の納まり

【参考文献】

2）（一社）建築構造技術支援機構：
SABTEC機械式定着工法RC構造
設計指針，2022年

2）折曲げ筋挿入箇所

　最上階L形接合部（側柱，隅柱梁接合部）の場合，図6に示すように，折曲げ二次筋は直交する最外側と隣接の一次筋の間に挿入する。図6は，梁折曲げ筋余長部先端に，SABTEC指針8.3節[2]の余長部タイプBの定着金物を取り付けた場合としている。

　この場合，折曲げ筋挿入箇所の梁主筋間隔は，二次筋の折曲げ直径と施工余裕値 Δs を考慮して定め，隅柱梁接合部では，一次筋側と二次筋側の梁上端筋余長部先端の定着金物同士，ならびにこれらの定着金物と柱主筋および梁下端筋が干渉しないようにする。

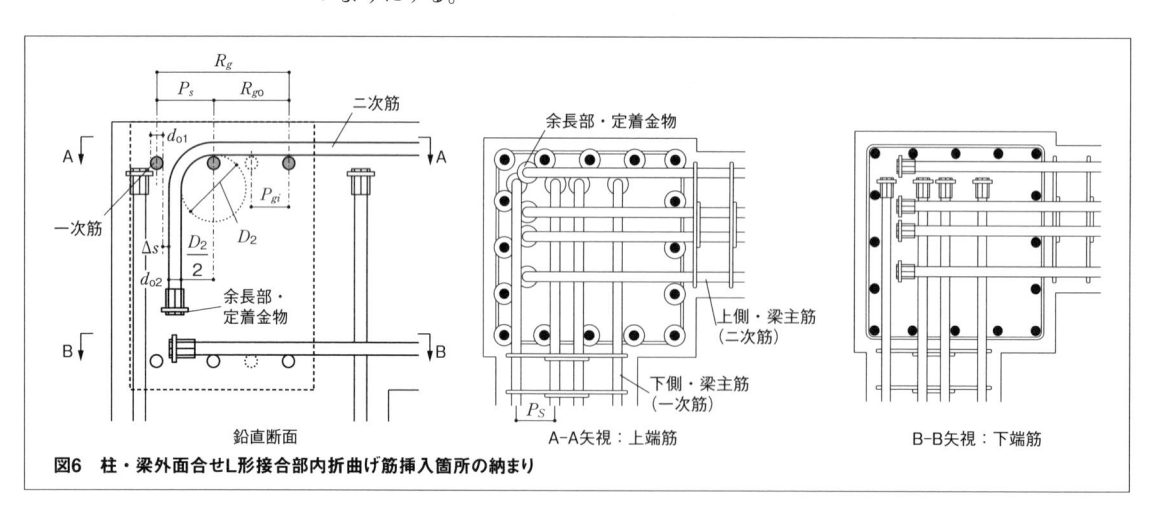

鉛直断面　　　　　　余長部・定着金物　　　A-A矢視：上端筋　　　B-B矢視：下端筋

図6　柱・梁外面合せL形接合部内折曲げ筋挿入箇所の納まり

梁主筋定着部と柱主筋との交差部

梁 主 筋 定 着 部 の 配 置

　図7に例示するように，ト形接合部内の梁主筋定着部は，柱主筋と干渉しないように，できるだけ折曲げないことを基本とする。図7では，桁行，梁間各通ともに，同一階の梁主筋中心かぶり厚さ d_{tT}, d_{tB} を同じとし，一段筋・二段筋間隔 P_{12} を示している。

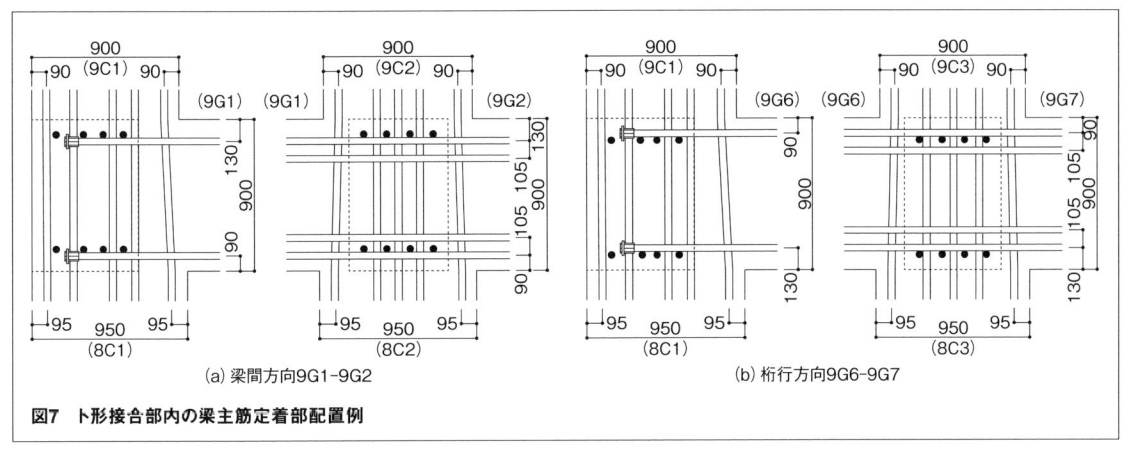

(a) 梁間方向9G1-9G2　　　　　(b) 桁行方向9G6-9G7

図7　ト形接合部内の梁主筋定着部配置例

柱 主 筋 の 配 置

　　柱梁接合部内の柱主筋は，できるだけ折曲げないことを基本とし，図8に例示するように，上階柱絞り柱梁接合部の場合，隅柱主筋以外の柱主筋は梁主筋と干渉しないように折り曲げている。また，上階柱絞りの場合，柱主筋の折曲げ加工だけでなく，接合部配筋詳細の納まりが複雑になるので，柱断面の形状寸法の決定時には柱絞り面数をできるだけ少なくする。

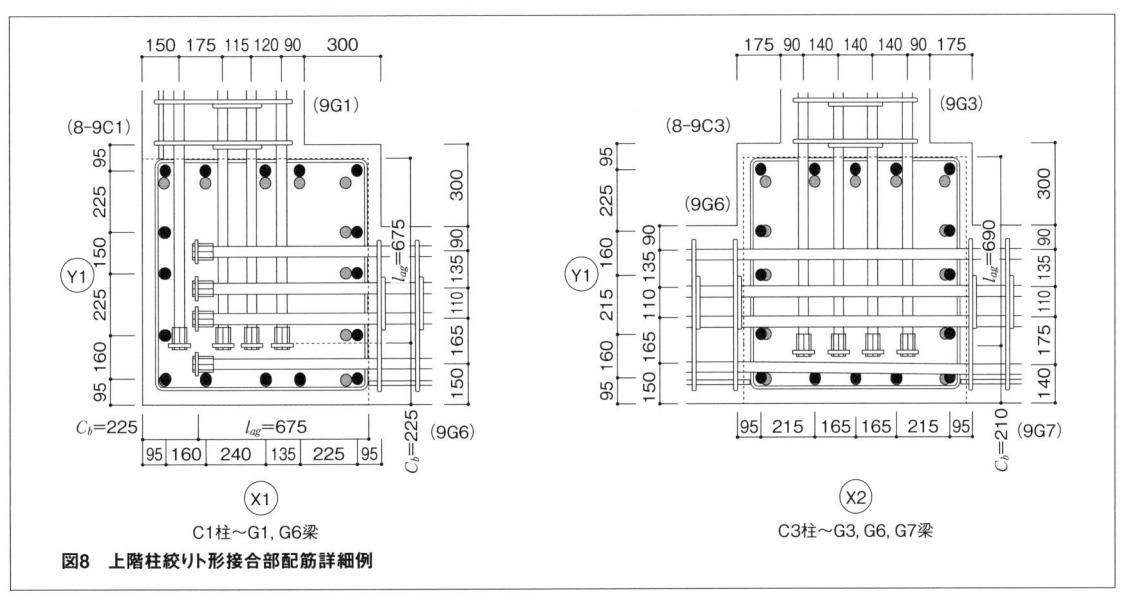

C1柱～G1, G6梁　　　　　　　　C3柱～G3, G6, G7梁

図8　上階柱絞りト形接合部配筋詳細例

接合部横補強筋の配置

【参考文献】
2)（一社）建築構造技術支援機構：
　SABTEC機械式定着工法RC構造
　設計指針，2022年

　　機械式定着工法によるト形，T形，L形，十字形接合部の場合，SABTEC指針[2] 7.1節では，XY方向ごとに，接合部横補強筋比 p_{jwh} を下式で求め，表3の接合部横補強筋比の最小値 p_{jwh1}，ならびに保証メカニズム時層間変形角 R_{uD} に応じて，接合部必要横補強筋比 p_{jwho} を定めている。

$$p_{jwh}=n_h \cdot a_{wh}/(B_c \cdot j_{tgo})$$

　　　B_c：柱幅，j_{tgo}：梁上下最外縁主筋中心間距離

　　　n_h：j_{tgo} 区間内の接合部横補強筋組数，a_{wh}：接合部横補強筋1組の断面積

表3　接合部横補強筋比の最小値（p_{jwh1}）

材料種別	接合部形状		p_{jwh1}
普通強度材料	ト形接合部		0.2%
	T形, L形, 十字形接合部	両側直交梁付き※	0.2%
		上記以外	0.3%
	最下階・逆T形, 逆L形接合部		0.2%
高強度材料 高強度コンクリート	T形, L形, ト形, 十字形接合部		0.3%
	最下階・逆T形, 逆L形接合部		0.2%

※ 接合部被覆率50%以上の両側直交梁付き

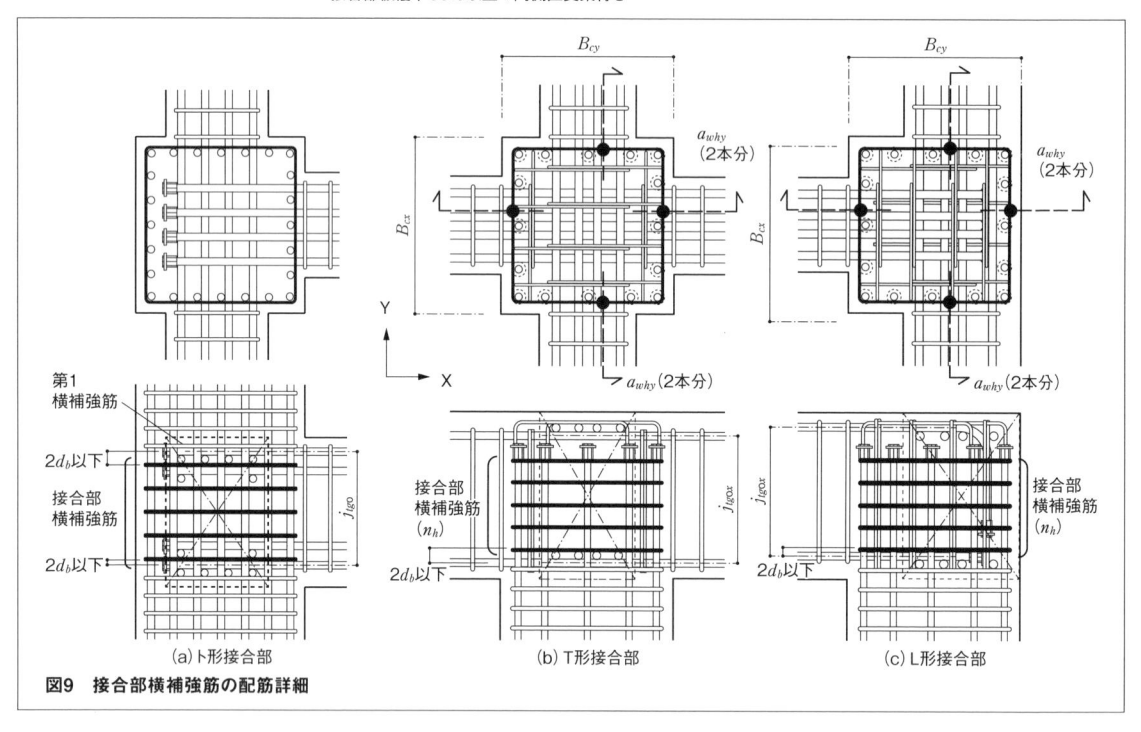

図9　接合部横補強筋の配筋詳細

　梁主筋定着部を配置するト形, 十字形接合部の場合, 図9に示すように, 梁主筋定着耐力確保のために, 梁上下主筋中心と直近の接合部横補強筋中心との距離を $2d_b$ 程度以下とし, j_{tgo} 区間に接合部横補強筋をできるだけ均等に配置する。

　また, 図10（b）に示すように, 梁主筋一段筋と二段筋の中間に接合部横補強筋を配置できない場合, 梁主筋と近接した位置に接合部横補強筋2組を配置し, 柱梁接合部内に所定組数の横補強筋を配置する。d_b は梁主筋呼び名の値を示す。

　一方, SABTEC指針（2022年）[2] 5.2節では, アスペクト比 $\xi \geqq 1.5$ のト形接合部の場合, 図11に示すように, 接合部横補強筋比 p_{jwh} には, 梁上下主筋中心の距離がそれぞれ梁主筋定着長さ ℓ_{ag} となる範囲A内の接合部横補強筋のみを算入し, 範囲A以外の中央部には, 接合部横補強筋を150mm以下の間隔で配置する。

　ここで, $\xi = D_g/D_c$, D_g：梁せい, D_c：柱せい

【参考文献】
2)　（一社）建築構造技術支援機構：
　　SABTEC機械式定着工法RC構造
　　設計指針（2022年）

最上階T形, L形接合部のかんざし筋

　最上階T形, L形接合部のかんざし筋は, 図12（a）,（b）に示すように, 加力・平行方向の梁上端筋に沿う付着割裂破壊と, 接合部せん断ひび割れ拡大防止のため

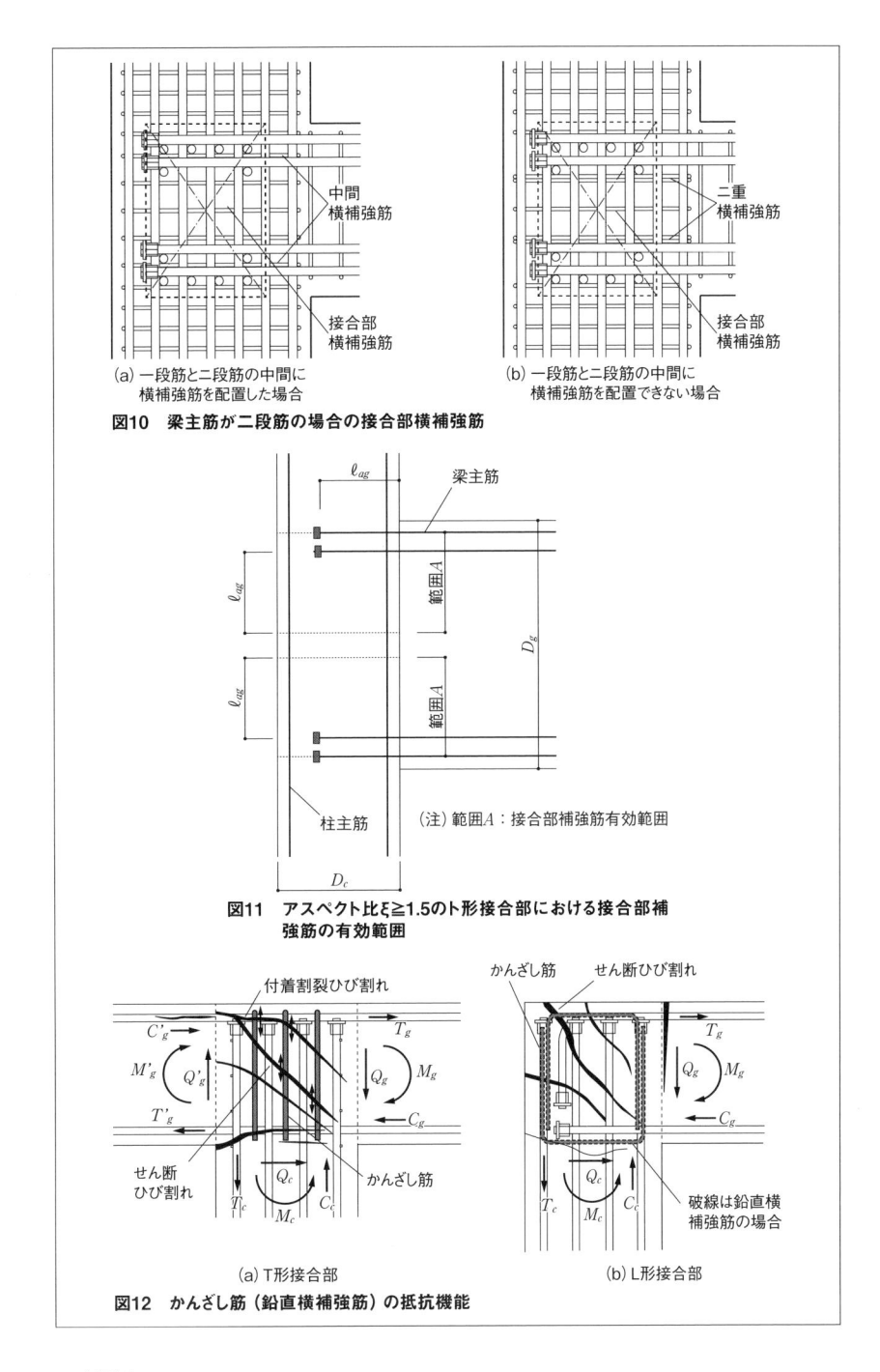

(a) 一段筋と二段筋の中間に
横補強筋を配置した場合

(b) 一段筋と二段筋の中間に
横補強筋を配置できない場合

図10　梁主筋が二段筋の場合の接合部横補強筋

(注) 範囲A：接合部補強筋有効範囲

**図11　アスペクト比ξ≧1.5のト形接合部における接合部補
強筋の有効範囲**

(a) T形接合部

(b) L形接合部

図12　かんざし筋（鉛直横補強筋）の抵抗機能

に配置する。

　また，L形接合部の場合，加力・平行方向に配置したかんざし筋は，L形が閉じ
る正加力時には，梁上端筋の折曲げ終点からの余長部と柱主筋定着部との重ね継ぎ
効果を向上させ，出隅部から入隅部にかけて発生するせん断ひび割れ拡大防止に寄
与する。

【参考文献】

2)　(一社) 建築構造技術支援機構：
　　SABTEC機械式定着工法RC構造
　　設計指針（2022年）

　SABTEC指針[2] 7.2節では，T形，L形接合部には，図13に示すように，XY両
方向ともに，下式のかんざし筋比p_{jwv}≧0.25％を規定している。同式中のかんざし
筋配置断面積（$B_{ce} \times D_{ce}$）は，原則として図14に示した梁部以外Ⓐの断面積として

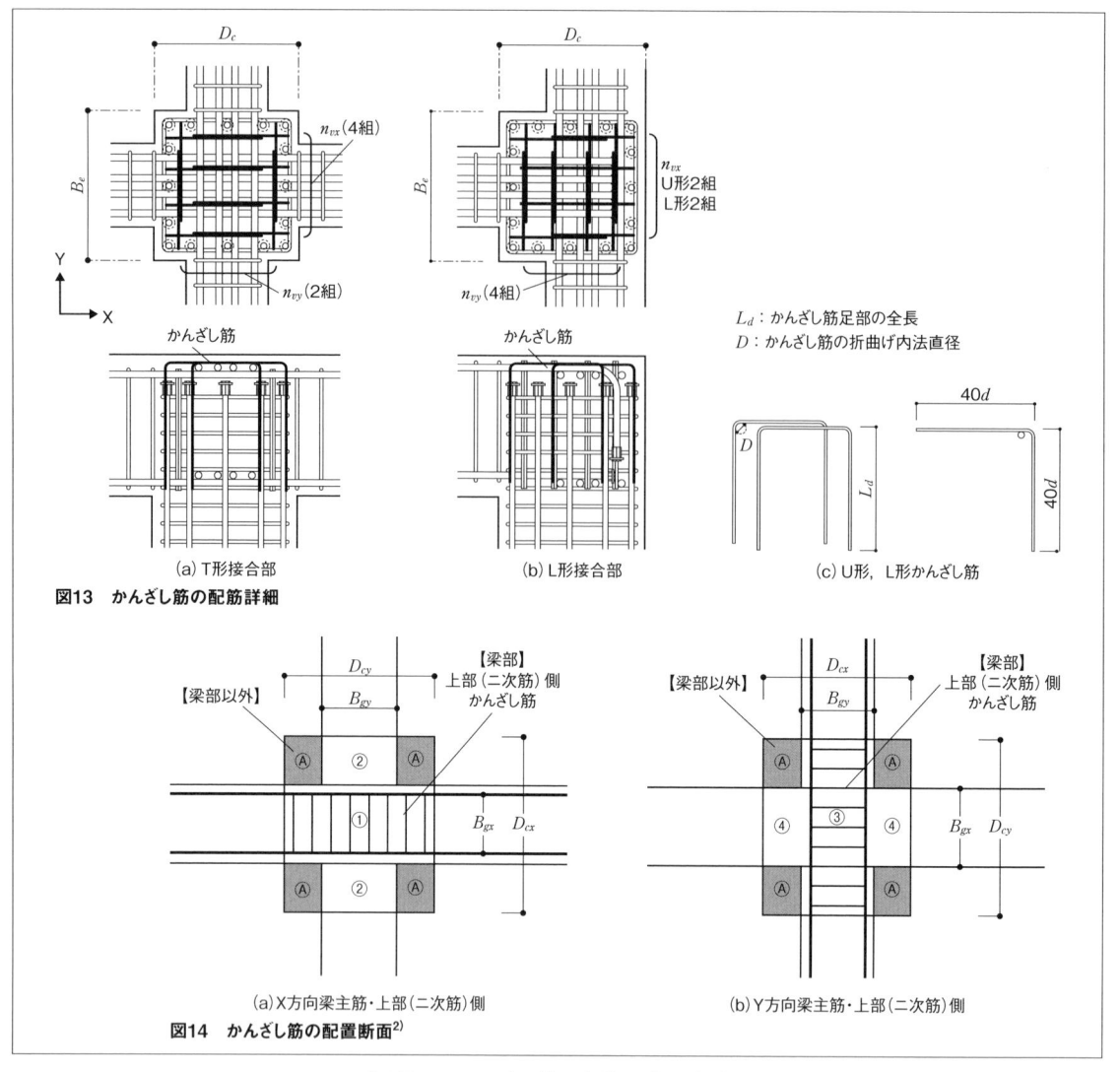

（a）T形接合部　　　　　　　　　　　　（b）L形接合部　　　　　　　　　（c）U形，L形かんざし筋

図13　かんざし筋の配筋詳細

（a）X方向梁主筋・上部（二次筋）側　　　　　　　（b）Y方向梁主筋・上部（二次筋）側

図14　かんざし筋の配置断面[2]

いる。ただし，かんざし筋は配筋工事の支障にならないように配置し，上側梁上端筋（二次筋）で拘束される範囲では，下側梁上端筋（一次筋）には配置しなくてもよいとしている。

$$p_{jwv}=n_v \cdot a_{wv}/(B_{ce} \cdot D_{ce})$$

ここに，B_{ce}，D_{ce}：かんざし筋配置断面幅およびせい，n_v：かんざし筋の組数

a_{wv}：かんざし筋1組の断面積（足部全本数の断面積）

その他の主筋定着部

【参考文献】

2）（一社）建築構造技術支援機構：
SABTEC機械式定着工法RC構造
設計指針（2022年）

梁・梁接合部の配筋詳細

SABTEC指針15.3節[2]では，図15，図16に示すように，大梁G_x端部と直交大梁G_yの中間部が交差する梁・梁接合部の場合，大梁G_xの上下梁主筋定着部を大梁G_yの最外縁上下主筋間に配置するとともに，大梁G_yの横補強筋比p_{wy}の設計値で決まる下式の横補強筋組数n_{wy}を配置している。この場合，上下梁主筋中心から梁上下面までのかぶり厚さC_gは$3d_b$以上とし，定着板内面からの背面かぶり厚さC_bは，

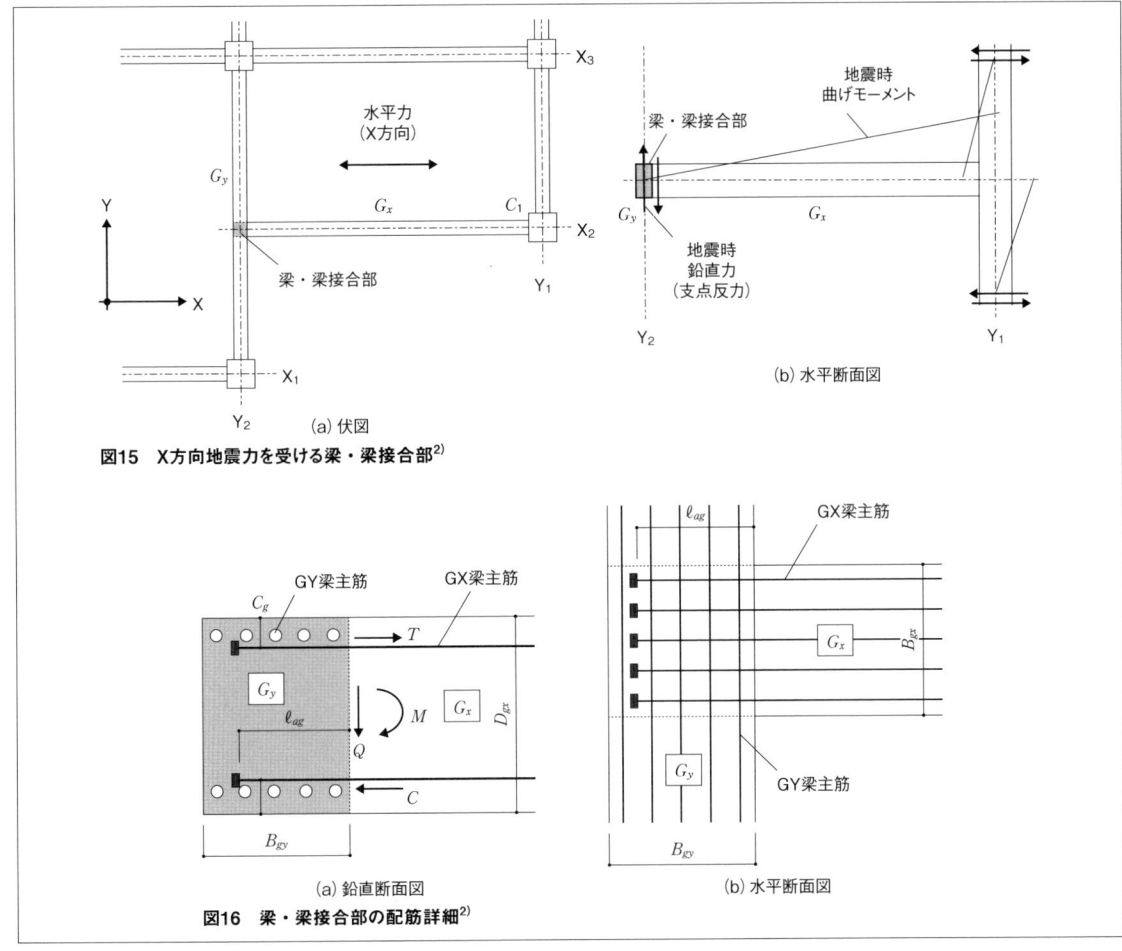

図15　X方向地震力を受ける梁・梁接合部[2]

(a) 伏図

(b) 水平断面図

図16　梁・梁接合部の配筋詳細[2]

(a) 鉛直断面図

(b) 水平断面図

SABTEC 指針 8.1 節（2）2）の構造規定を満足しなければならない。d_b は梁主筋呼び名の値を示す。

$$n_{wy}=p_{wy}\cdot B_{gx}\cdot B_{gy}/a_{wy}+1$$

　　p_{wy}, a_{wy}：Y 方向大梁 G_y の横補強筋比および横補強筋 1 組の断面積

　　B_{gx}, B_{gy}：X 方向大梁 G_x 幅および Y 方向大梁 G_y 幅

【参考文献】

2）（一社）建築構造技術支援機構：
　　SABTEC機械式定着工法RC構造
　　設計指針（2022年）

壁 接 合 部 に お け る 鉄 筋 定 着 部

　　SABTEC 指針 15.4 節[2]では，図 17 に示すように，柱，梁断面内の壁筋定着部の

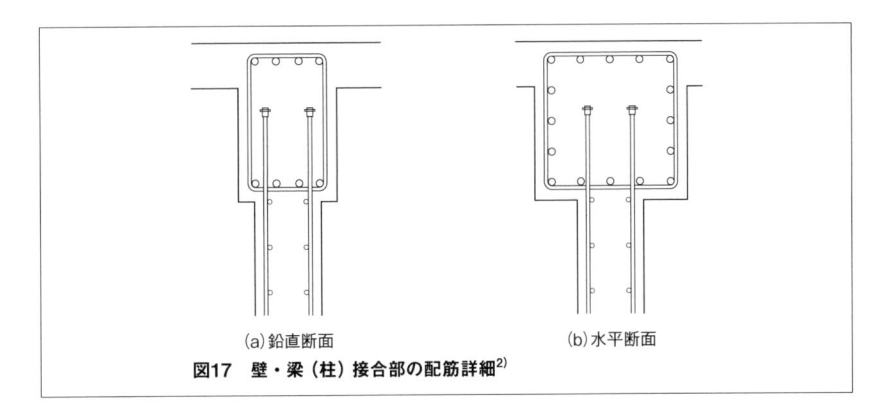

(a) 鉛直断面

(b) 水平断面

図17　壁・梁（柱）接合部の配筋詳細[2]

【参考文献】

2) （一社）建築構造技術支援機構：
SABTEC機械式定着工法RC構造
設計指針，2022年

場合，ト形接合部内の梁主筋定着部に準じ，壁筋定着長さ ℓ_a は梁主筋必要定着長さ ℓ_{ao} 以上，$12d_b$ 以上，かつ，壁厚さ，柱，梁断面の幅またはせいの（1/2）倍以上としている。d_b は壁筋呼び名の値を示す。

また，図18の壁・床接合部では，ト形接合部の横補強筋と同様，下式の拘束筋比 $p_{wa} \geqq 0.2\%$ を目安に，上下スラブ筋近傍に拘束筋を配置している。

$$p_{wa} = \frac{n_z \cdot a_w}{b_x \cdot T}$$

a_w：拘束筋1本の断面積，n_z：床と壁交差部内の拘束筋本数

b_x：拘束筋の水平方向の間隔，T：スラブ厚さ

この場合，b_x はスラブ筋間隔と同じとし，拘束筋D10，$b_x = 200$ mm，$T = 300$ mm，$p_{wa} = 2 \times 71/(200 \times 300) = 0.24\%$ としている。また，拘束筋は，既往実験を基に，1端135°フック，他端90°フックとし，135°フックの位置は定着金物の背面側とすることを推奨している。

図19の壁・壁接合部では，壁横筋の端部に添え筋を配置するとともに，添え筋端部を機械式定着とし，図18と同様，拘束筋を配置している。

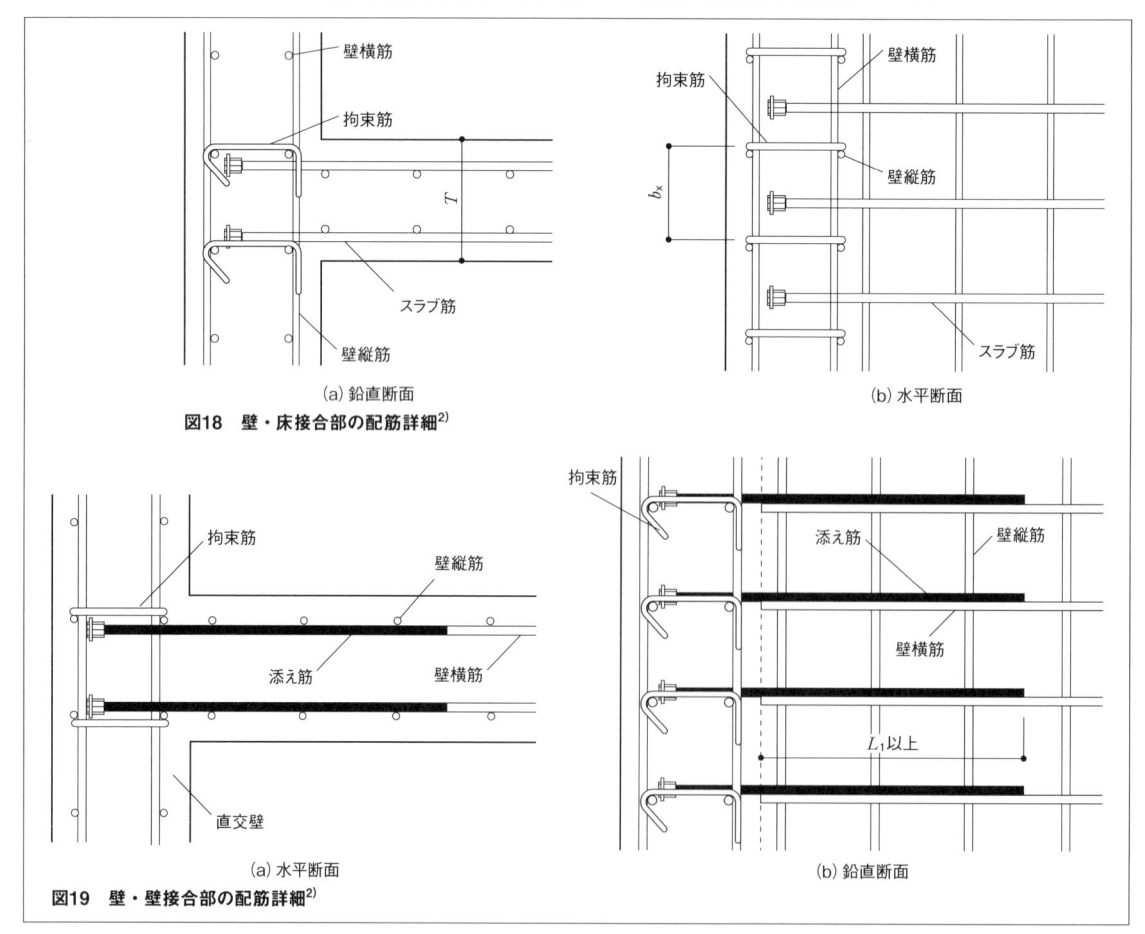

(a) 鉛直断面 　　　　　　　　　　　　　(b) 水平断面

図18　壁・床接合部の配筋詳細[2]

(a) 水平断面 　　　　　　　　　　　　　(b) 鉛直断面

図19　壁・壁接合部の配筋詳細[2]

第Ⅲ章では，RC 構造の特殊接合部配筋詳細の①鉛直段差梁付き柱梁接合部について，1）基本タイプおよび重なり部の梁主筋定着形式，2）接合部横補強筋と柱部帯筋の配置範囲を示し，接合部横補強筋比と柱部帯筋比の大小関係より，接合部横補強筋と柱部帯筋の配置範囲が定まることを紹介する。また，②柱主筋外定着方式柱梁接合部，③免震基礎・基礎梁主筋定着部では，設計の考え方を示すとともに，それぞれの接合部配筋詳細例について紹介する。

第Ⅲ章
特殊接合部配筋詳細の注意点

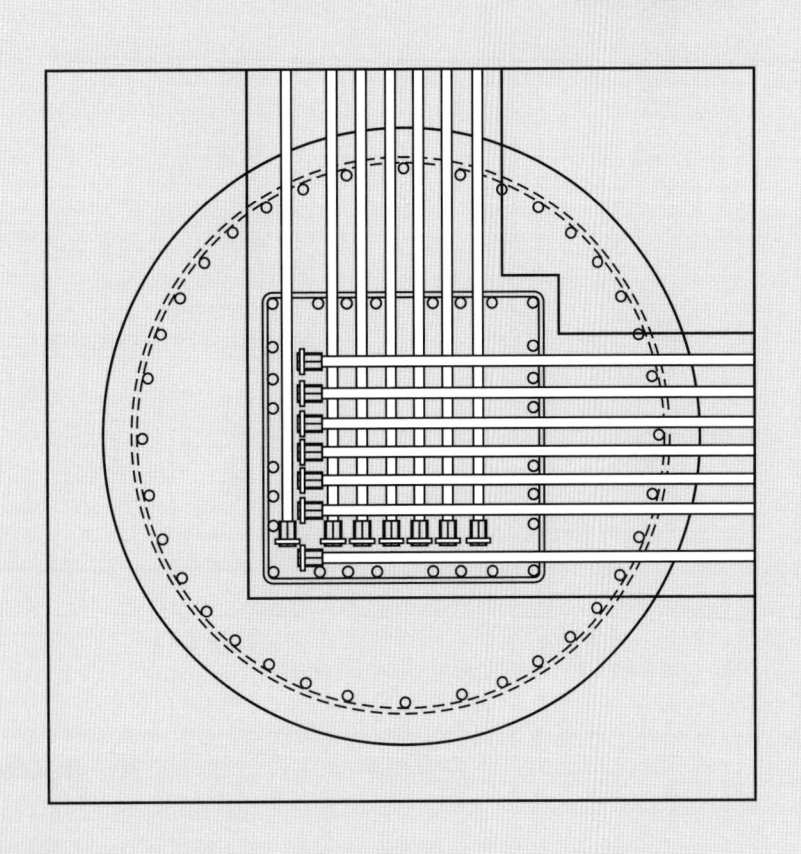

鉛直段差梁付き十字形接合部

【参考文献】

1）（一社）建築構造技術支援機構：
SABTEC機械式定着工法RC構造
設計指針（2022年）

基本タイプおよび重なり部の梁主筋定着形式

SABTEC指針[1] 11.1節の鉛直段差梁付き十字形接合部は，図1のType AとType Bを基本タイプとし，それぞれ重なり部の梁主筋定着形式を図2の (a) 貫通定着，(b) 非貫通定着，(c) 準貫通定着としている。図2 (a) の貫通定着と (c) の準貫通定着の場合，梁主筋定着部は反対側の最外縁柱主筋の外側まで延長し，図2 (b) の非貫通定着の場合，SABTEC指針[1] 7.1節 (1) の接合部横補強筋比 p_{jwh} は，必要横補強筋比 p_{jwho} 以上とすることを規定している。また，上記 (a)〜(c) の梁主筋定着形式の場合，いずれも $D_{jh}=D_c$ としてもよい。

D_c は柱せい，D_{jh} は SABTEC指針[1] 6章で定める接合部せん断終局耐力 V_{puh} の算定に用いる接合部有効せいを示す。

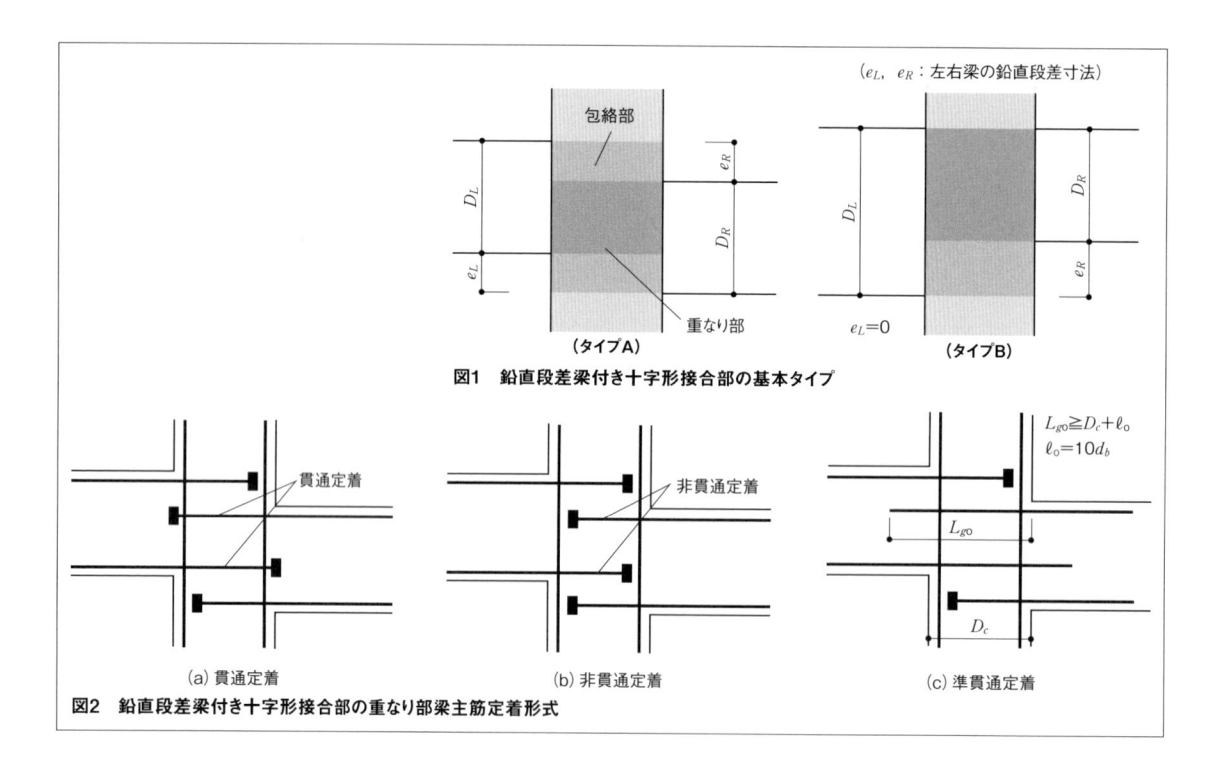

図1　鉛直段差梁付き十字形接合部の基本タイプ

図2　鉛直段差梁付き十字形接合部の重なり部梁主筋定着形式

接合部横補強筋と柱部帯筋の配置範囲

鉛直段差梁付き十字形接合部の場合，図3に示すように，接合部横補強筋比 p_{jwh} と柱部帯筋比 p_{cw} の大小関係より，接合部横補強筋と柱部帯筋の配置範囲が定まる。図3 (a) は Type B の左右梁せいが異なる十字形接合部，図3 (b) は Type A の鉛直段差梁付き十字形接合部であり，それぞれ左図が $p_{jwh} \leqq p_{cw}$ の場合，右図が $p_{jwh} > p_{cw}$ の場合である。

図3 (a)，(b) の左図の鉛直段差梁付き十字形接合部の場合，包絡部の接合部横補強筋比 p_{jwh} は柱部帯筋比 p_{cw} よりも小さいので，柱梁接合部における包絡部全範囲が安全側になるように柱部帯筋を配置している。

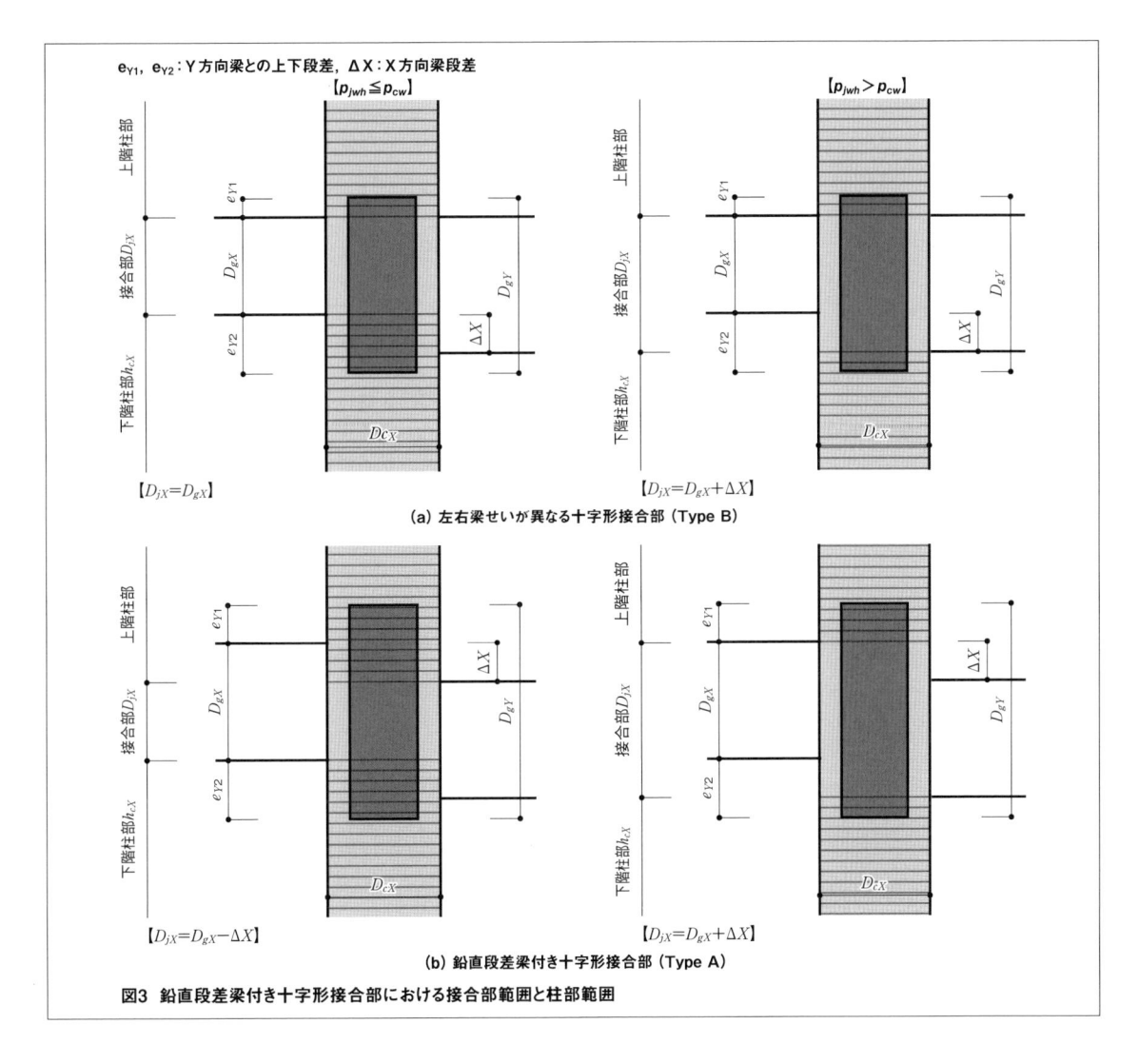

図3　鉛直段差梁付き十字形接合部における接合部範囲と柱部範囲

　　鉛直段差梁付き十字形接合部の場合，一貫構造計算プログラムでは，構造計算の段階で，X方向の接合部範囲D_{jX}の接合部横補強筋と柱部範囲h_{cX}の柱部帯筋の組数が定まる。また，Y方向も同様，接合部横補強筋と柱部帯筋の組数を自動集計できれば，実務設計で遭遇する十字形接合部の場合，接合部横補強筋と柱部帯筋の配置範囲を的確に設定できる。

　　本マニュアル「提案する加工帳プログラム仕様」（63頁）で提案するように，上記の自動集計を応用した接合部横補強筋と柱部帯筋の加工帳プログラムを用いれば，鉄筋工事で欠かせない鉄筋加工帳作成は格段に省力化される。

柱主筋外定着方式柱梁接合部

柱主筋外定着方式開発の背景

　　最上階L形接合部内の柱，梁主筋定着部は，最上階だけでなく，下階柱梁接合部における柱，梁主筋定着部の納まりにも影響するので，特に太径鉄筋の場合，配筋施工上，重要である。

従来の機械式定着工法によるL形接合部の場合，柱，梁主筋定着部が輻輳するので，接合部配筋詳細の納まりが難しい。また，鉛直スタブ付きL形接合部の場合，梁上端筋定着部はト形接合部と同様，柱主筋定着部からの押え効果によって機械式直線定着とすることができるが，鉛直スタブは屋上に突出するので，意匠上，採用されにくい。一方，柱主筋定着部は，梁上端筋の上部でも屋上防水層の押えコンクリート厚さ以内に納まれば都合がよい。

　これらより，最上階梁上端筋定着部を機械式直線定着とした柱主筋外定着方式の接合部配筋詳細が考案され，従来の機械式定着工法による定着方式を柱主筋内定着方式と呼んでいる[1]。

【参考文献】
1)（一社）建築構造技術支援機構：SABTEC機械式定着工法RC構造設計指針（2022年）

柱主筋外定着方式接合部の抵抗機構

　柱主筋外定着方式の場合，図4（a）のように，T形，L形接合部ともに，柱主筋定着部を梁上端筋定着部の上部まで延長するとともに，定着部拘束筋で拘束し，かつ，梁上端筋定着部の上部から下向き抵抗力が作用するように，かんざし筋を挿入している。また，L形接合部の場合，図4（b）に示すように，梁上端筋定着部から延びる水平構面ストラットの効果によって，梁端仕口面での梁上端筋の全引張力 T_g が定着部拘束筋足部に伝達される。

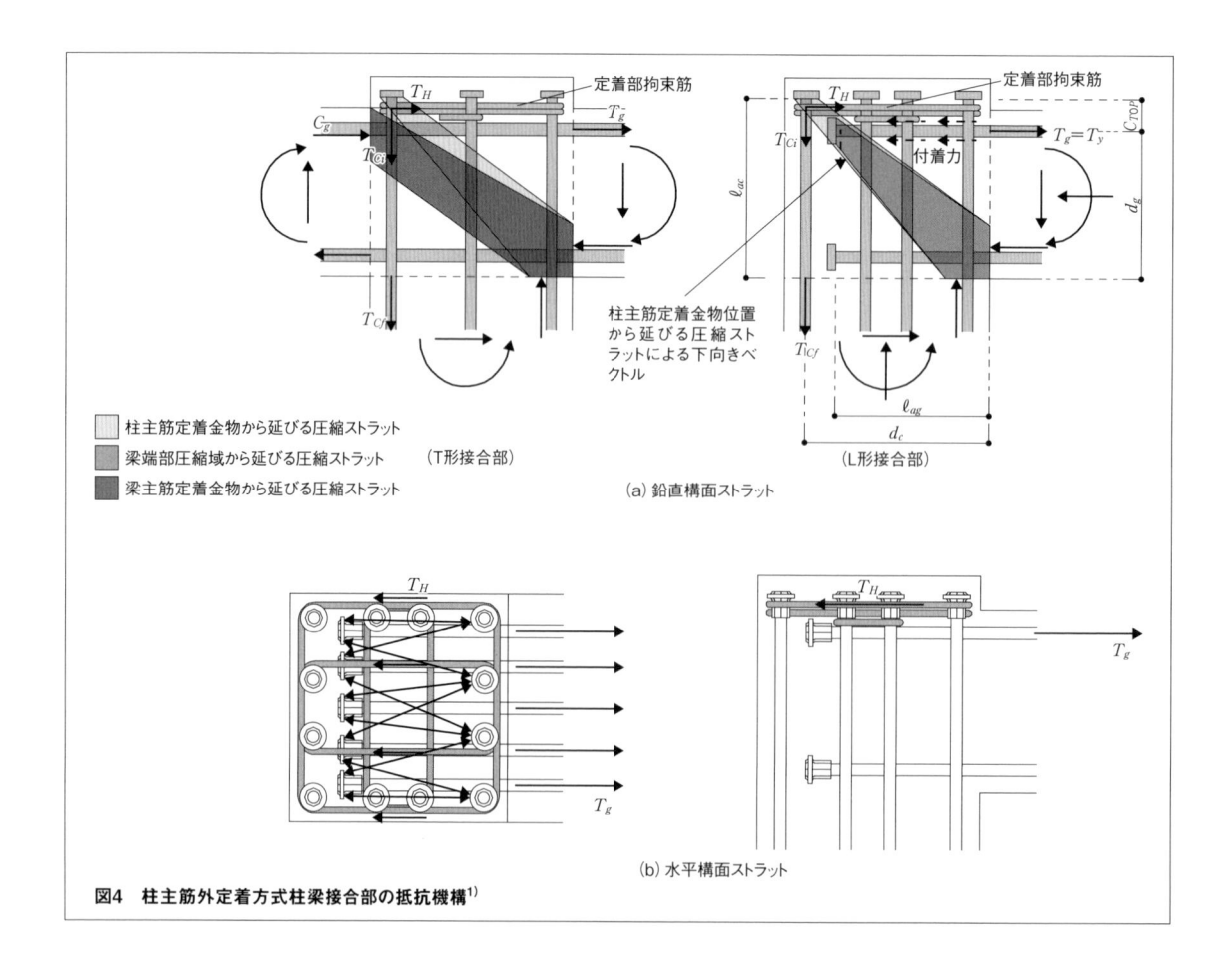

図4　柱主筋外定着方式柱梁接合部の抵抗機構[1]

柱 主 筋 外 定 着 方 式 ・ 最 上 階 L 形 接 合 部 の 配 筋 詳 細 例

　図5は，柱主筋外定着方式による梁曲げ降伏型最上階L形接合部の配筋詳細例であり，XY方向ともに，梁主筋定着長さ ℓ_{ag} および柱主筋定着長さ ℓ_{ac} は，以下のように，SABTEC指針の構造規定を満足する[※1]。

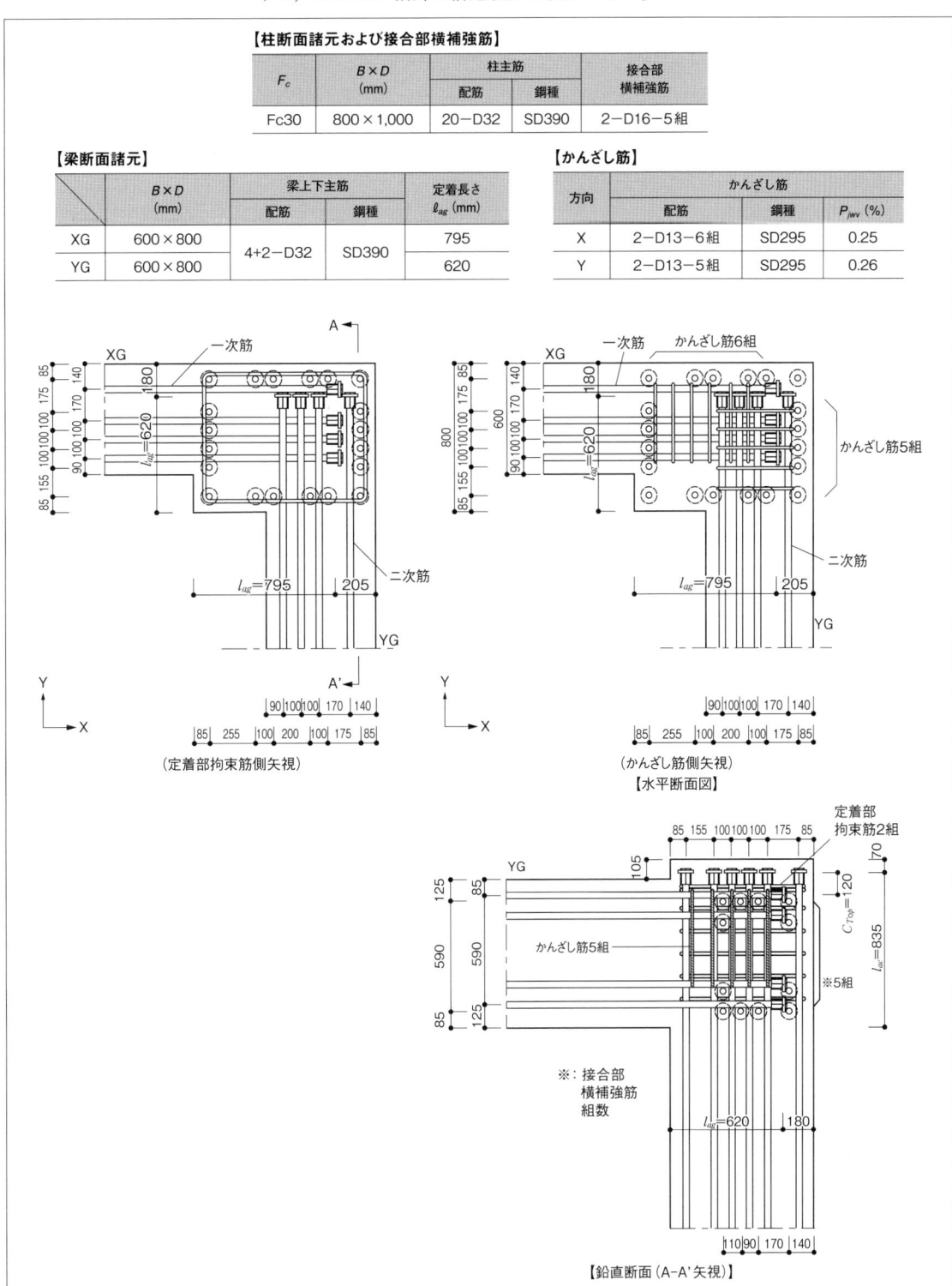

【柱断面諸元および接合部横補強筋】

F_c	$B \times D$ (mm)	柱主筋		接合部横補強筋
		配筋	鋼種	
Fc30	800×1,000	20−D32	SD390	2−D16−5組

【梁断面諸元】

	$B \times D$ (mm)	梁上下主筋		定着長さ ℓ_{ag} (mm)
		配筋	鋼種	
XG	600×800	4+2−D32	SD390	795
YG	600×800			620

【かんざし筋】

方向	かんざし筋		P_{jwv} (%)
	配筋	鋼種	
X	2−D13−6組	SD295	0.25
Y	2−D13−5組	SD295	0.26

（定着部拘束筋側矢視）

（かんざし筋側矢視）
【水平断面図】

【鉛直断面（A-A'矢視）】

図5　柱主筋外定着方式による最上階L形接合部の配筋詳細例[※1]

【梁主筋定着長さ ℓ_{ag}】

[X 方向] $\ell_{ag}/d_b=795/32=24.8\geqq12$, $\ell_{ag}/D_c=0.80\geqq0.75$,

$\ell_{ao}=15.7d_b\leqq25d_b$ ∴OK

[Y 方向] $\ell_{ag}/d_b=620/32=19.3\geqq12$, $\ell_{ag}/D_c=0.78\geqq0.75$,

$\ell_{ao}=15.7d_b\leqq25d_b$ ∴OK

【柱主筋定着長さ ℓ_{ac}】

$\ell_{ac}/d_b=840/32=26.3$, $\ell_{ac}/D_g=1.05\geqq1.0$, $\ell_{ao}=17.7d_b\leqq25d_b$ ∴OK

定着部拘束筋（2-D16-2 組）は，表 1 に示すように，定着部拘束筋への引張力基準伝達係数 $\gamma H_{go}\geqq0.15$ を満足する。この場合，XY 方向ともに，両側直交梁付き以外であるが，SD490 の定着部拘束筋による追加横補強筋比 $\Delta p_{jwh}=2\times2\times199/(1{,}000\times590)=0.14\%$ となるので，Δp_{jwh} を含めた接合部横補強筋比は，$p_{jwh}\geqq0.3\%$ の規定を満足する。

表1 定着部拘束筋の検討結果

梁上端筋		柱主筋定着長さ			γH_{go}
配筋	T_{gy} (kN)	配筋	鋼種	T_{Hy} (kN)	
4+2-D32	1,858	2-D16-2 組	SD490	310	0.17

$\gamma H_{co}=T_{Hy}/T_{cy}$：引張力基準伝達係数≧0.15
T_{Hy}：定着部拘束筋足部の全降伏引張力
T_{gy}：梁上端筋の全降伏引張力

また，かんざし筋は，かんざし筋比 $p_{jwv}\geqq0.25\%$ の構造規定より，XY 方向ともに，梁幅（600 mm）と柱せい（X 方向 1,000 mm，Y 方向 800 mm）で決まる断面積のかんざし筋とし，梁上端筋中心から柱主筋定着金物（定着板）内面までの寸法 C_{Top} は 120 mm（$=3.8d_b\geqq3$）としている。

柱主筋外定着方式・最下階 L 形接合部の配筋詳細例

図 6 は，柱主筋外定着方式による柱脚部曲げ降伏型の最下階 L 形接合部内基礎梁主筋定着部の配筋詳細例を示す。基礎梁上下主筋定着長さ ℓ_{ag} および柱主筋定着長さ ℓ_{ac} は，SABTEC 指針の構造規定より[*1]，柱主筋定着長さ ℓ_{ac} は JASS 5 の直線定着長さ L_2 よりも長いので，以下のように確認している。

① (XG, YG) $\ell_{ag}/d_b=900/35=25.7\geqq12$, $\ell_{ag}/D_c=0.82\geqq0.75$,

$\ell_{ao}=20.9d_b\leqq25d_b$ ∴OK

② $\ell_{ac}/d_b=2{,}585/35=73.9\geqq L_2/d_b=35$, $\ell_{ac}/D_g=1.03\geqq1.0$,

$\ell_{ao}=16.1d_b\leqq25d_b$ ∴OK

$T_{cy}=a_{ct}\cdot\sigma c_y/(\ell_{ac}/L_2)$

a_{ct}, σ_{cy}：引張側柱主筋の断面積および降伏強度

L_2：JASS5 の直線定着長さ

最下階柱・基礎梁接合部での接合部横補強筋は，2-D13-18 組（$p_{jwh}=0.20\%$）とし，表 2 に示すように，それ以外に定着部拘束筋（2-D13-3 組）を配置している。

また，図 6 に示すように，杭主筋（36-D32）が XY 方向の基礎梁下端筋（2×7-D35）と干渉しないように，基礎梁下端筋との交差部では密に配置し，杭主筋定着長さは杭頭面から $40d$ とし，基礎フーチング周囲には SABTEC 指針[1] 14.2 節の解説（5）で定義した有効なはかま筋を配置している。d は杭主筋呼び名の値を示す。

【参考文献】
1) （一社）建築構造技術支援機構：
SABTEC 機械式定着工法 RC 構造
設計指針（2022 年）

【柱断面諸元および接合部横補強筋】

F_c	$B \times D$ (mm)	柱主筋		定着長さ ℓ_{ac} (mm)	接合部 横補強筋
		配筋	鋼種		
F_c36	$1,100 \times 1,100$	28−D35	SD390	2,585	2−D13−18組

【梁断面諸元】

	$B \times D$ (mm)	梁上下主筋		定着長さ ℓ_{ag} (mm)
		配筋	鋼種	
XG, YG	$900 \times 2,500$	2×7−D35	SD390	900

【杭断面諸元】

杭径 ϕ (mm)	杭主筋
2,100	36−D32

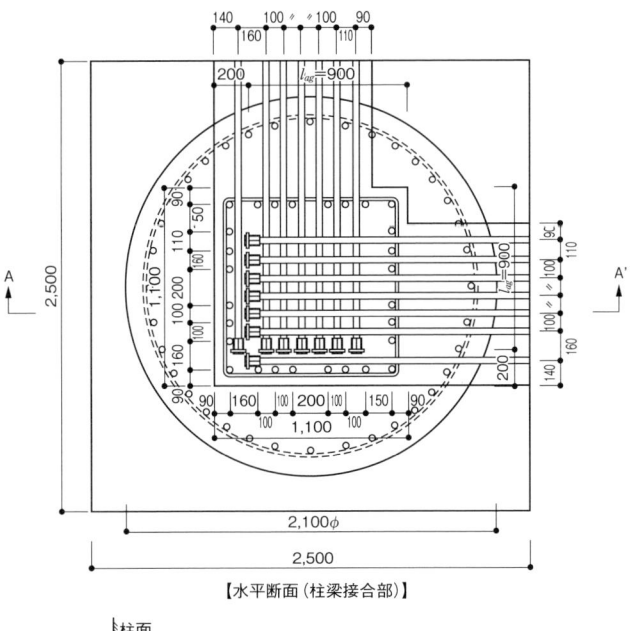

【水平断面（柱梁接合部）】

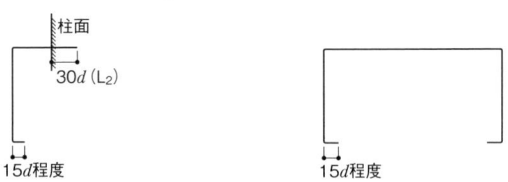

（柱断面面内の場合）　　　　　（柱断面面外の場合）

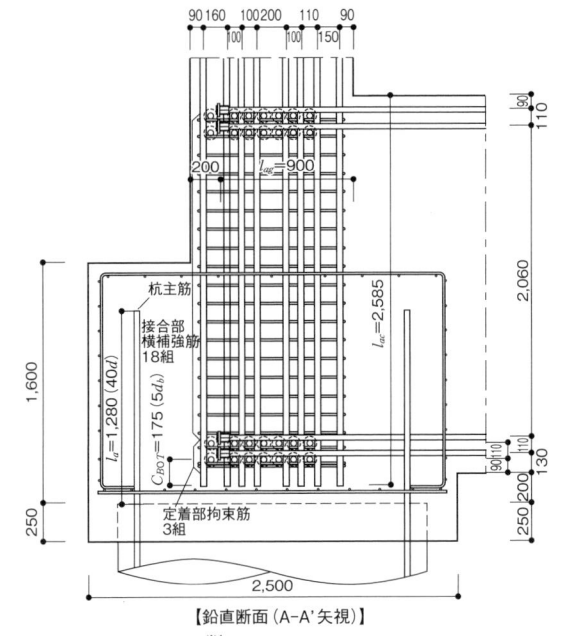

【鉛直断面（A-A'矢視）】

図6　柱主筋外定着方式最下階L形接合部の配筋詳細例[※1]

表2 定着部拘束筋の検討結果

引張側柱主筋		定着部拘束筋			γH_{co}
配筋	T_{cy} (kN)	配筋	鋼種	T_{Hy} (kN)	
8−D35	1418	2−D13−3組	SD295	225	0.16

$\gamma H_{co}=T_{Hy}/T_{cy}$：引張力基準伝達係数≧0.1
T_{Hy}：定着部拘束筋足部の全降伏引張力
T_{cy}：引張側柱主筋の全降伏引張力

はかま筋は，基礎フーチング全体がコア部を形成するように，XY 方向ともに，縦筋と上部水平筋からなるカゴ筋，ならびにその周囲のフープ状の外周筋を配置し，上部水平筋9-D13，外周筋2-D13-9組およびベース筋12-D16とすることで，有効なはかま筋の設計条件を満足している。

免震基礎・基礎梁主筋定着部

【参考文献】
1) （一社）建築構造技術支援機構：
SABTEC機械式定着工法RC構造
設計指針（2022年）

設 計 応 力

免震部材（積層ゴムアイソレータ）を用いた上部構造側と下部構造側免震基礎[1]では，図7（a）の場合，免震部材の負担せん断力 Q_d による設計応力が生じ，図7（b）の場合，水平変形 δ による付加曲げモーメントによる $N-\delta$ 効果が生じる。その結果，上部構造側と下部構造側の基礎梁主筋定着部には，図中の曲げモーメント $_tM_d$ または $_bM_d$ と M_v によって生じる引張力が伝達される[1]。

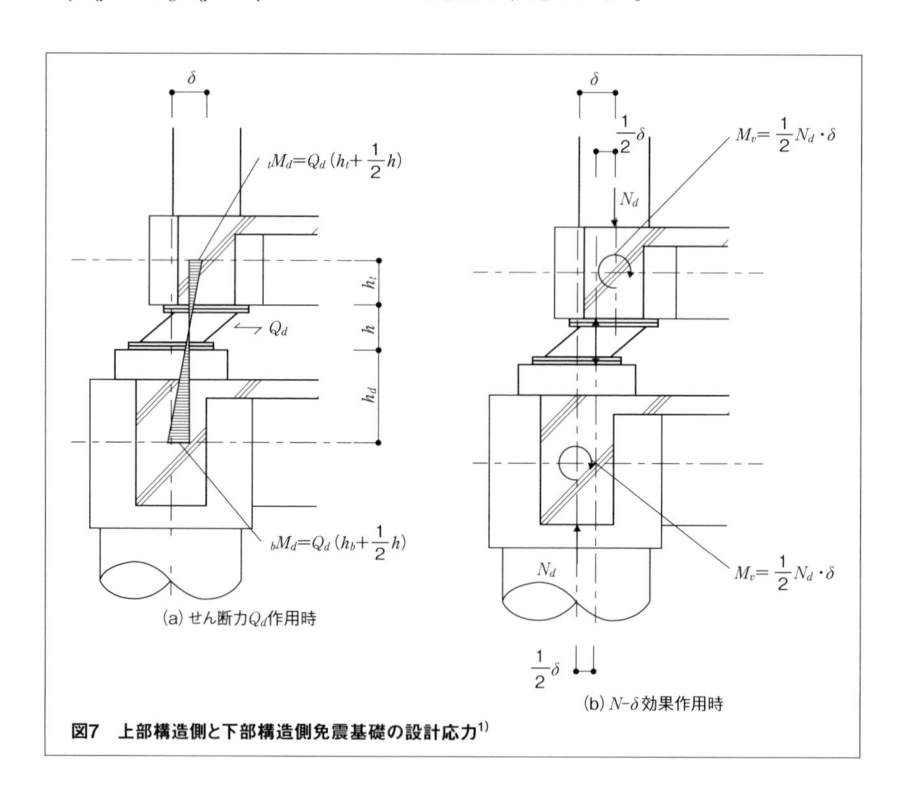

図7 上部構造側と下部構造側免震基礎の設計応力[1]

また，上部構造側の基礎梁主筋定着部の配筋詳細は，柱型部（取付け躯体）を介して免震部材と最下階柱が接続されることを考慮すると，SABTEC 指針[1] 14.2 節の解説【基礎配筋詳細例】の場所打ち杭基礎の配筋詳細を応用できる。

設 計 例

　　図8は免震基礎・基礎梁主筋定着部の配筋詳細例であり，図8の留意事項を以下に示す[1]。

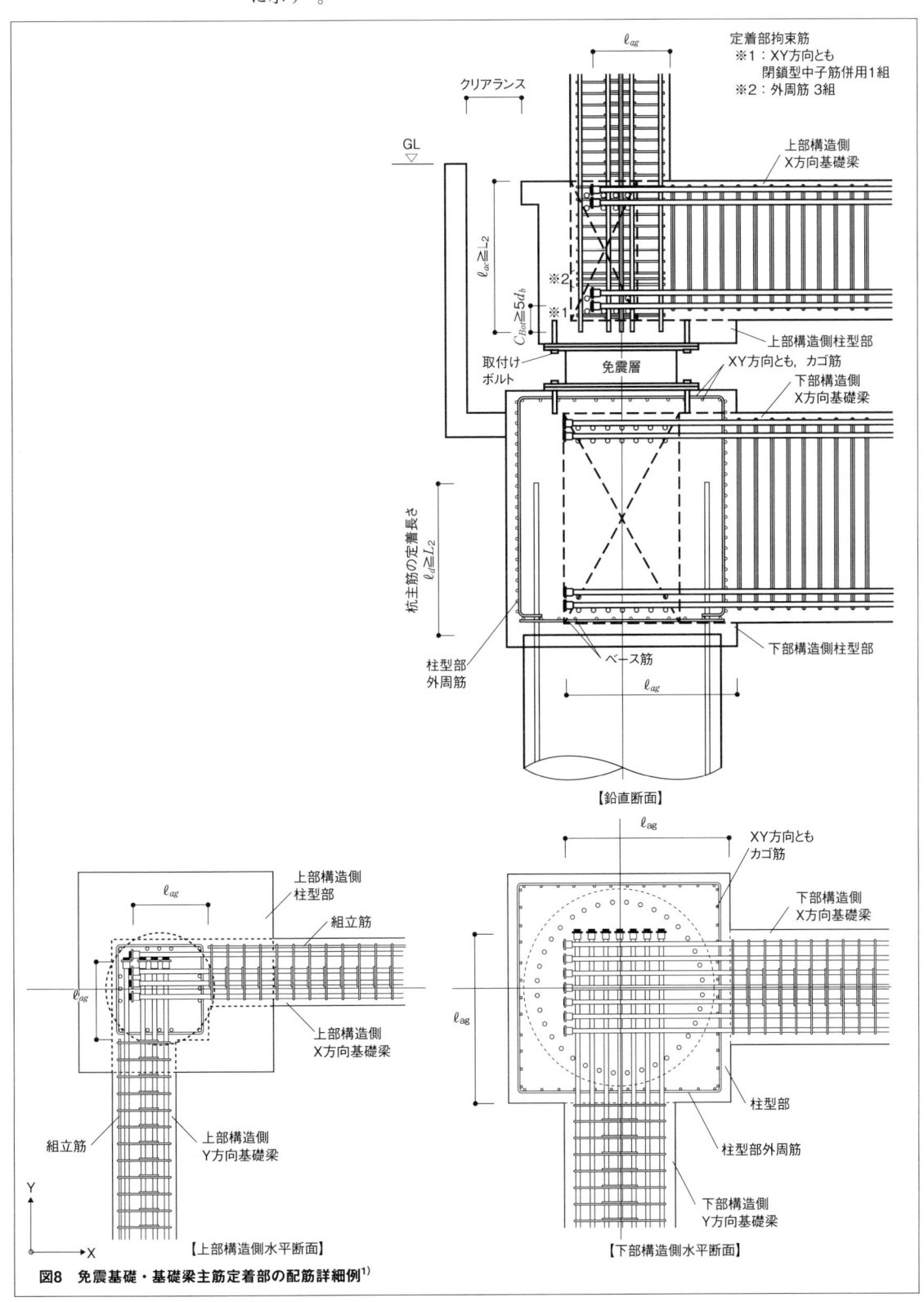

図8　免震基礎・基礎梁主筋定着部の配筋詳細例[1]

【参考文献】

1) （一社）建築構造技術支援機構：
SABTEC機械式定着工法RC構造
設計指針（2022年）

【上部構造側】

①上部構造側では，柱主筋定着長さ $\ell_{ac} \geqq L_2$ かつ基礎梁下端筋（1段筋）中心からの柱主筋突出長さ $C_{Bot} \geqq 5d_b$ とし，基礎梁下端筋の直下および直上に定着部拘束筋を配置している。

L_2：JASS 5 の直線定着長さ

d_b：柱主筋呼び名の値

②XY方向基礎梁上下主筋定着部は，それぞれ同じ定着長さ ℓ_{ag} の機械式直線定着とし，柱主筋と接合部横補強筋で囲まれたコア内に配置している。

③定着部拘束筋は，XY方向ともに，基礎梁下端筋直下では中子筋併用1組，直上では外周筋3組とし，別途，接合部横補強筋を配置している。

④上部構造側柱型部では，柱型部全体がコア部を形成するように，カゴ筋の周囲に外周筋を配置するとし，接合部横補強筋比 p_{jwh} は，接合部被覆率が50％以上の両側直交梁付きの場合，$p_{jwh} \geqq 0.2\%$，それ以外の場合，$p_{jwh} \geqq 0.3\%$ としている（下部構造側⑤参照）。

【下部構造側】

⑤下部構造側柱型部では，柱型部全体がコア部を形成するように，XY方向ともに，上部からカゴ筋で覆い，その周囲に外周筋を配置している。

⑥XY方向基礎梁上下主筋定着部は，それぞれ同じ定着長さ ℓ_{ag} の機械式直線定着とし，杭主筋で囲まれた範囲内で，直交梁の屋外側主筋定着部の外側まで延長している。

⑦図8では，下部構造側の基礎梁幅は，基礎梁下端筋定着部と杭主筋との干渉防止のために，柱型部寸法よりも小さくしている。

【免震部材との躯体接合部】

　免震部材との躯体接合部は，上部構造側，下部構造側ともに，参考文献[2]の設計指針に従い，免震部材に作用する力を伝達できるように設計する。

【参考文献】

※1 益尾潔：機械式定着工法による接合部配筋詳細「連載第3回」柱主筋外定着方式柱梁接合部，建築技術2015年7月号，pp.48-52

※2 （一社）日本免震構造協会：免震部材の接合部・取り付け躯体の設計指針，5. 取り付け躯体の設計（第3版），pp.93-96，2020年1月

第IV章の RCS 混合構造設計指針の共通事項では，同設計指針は，①SRC 柱梁接合部，②柱 RC 梁 S 接合部・柱 SRC 梁 S 接合部，③鉄骨露出柱脚・基礎梁主筋定着部，④鉄骨根巻き柱脚・基礎梁主筋定着部で構成されることを示し，適用可能な材料について記載している。次に，①〜④について接合部配筋詳細図を示すとともに，柱，梁主筋定着長さ，接合部横補強筋比の構造規定を列挙し，②〜④について各接合部固有の抵抗機構に基づく構造規定について紹介する。

第IV章
RCS 混合構造における配筋詳細の注意点

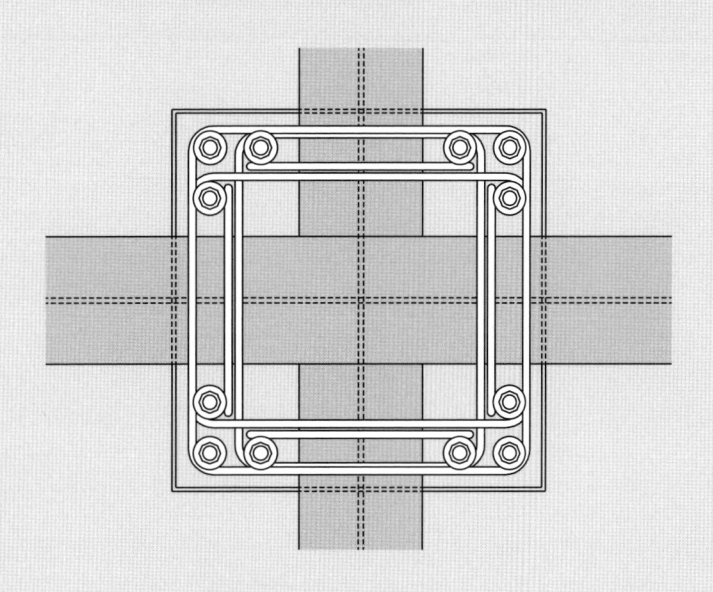

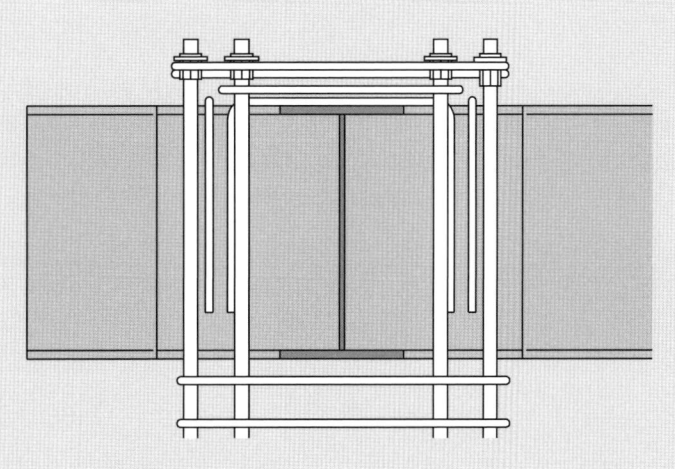

RCS 混合構造設計指針の共通事項

【参考文献】
1) (一社) 建築構造技術支援機構：
SABTEC 機械式定着工法 RCS 混
合構造設計指針（2022 年）

ＲＣＳ混合構造設計指針の構成

SABTEC 機械式定着工法 RCS 混合設計指針[1]は，SABTEC 技術評価取得工法①〜④の共通設計指針であり，SRC 柱梁接合部編，柱 RC 梁 S 接合部・柱 SRC 梁 S 接合部編，鉄骨露出柱脚・基礎梁主筋定着部編，鉄骨根巻き柱脚・基礎梁主筋定着部編で構成される。

①共英製鋼(株)：タフ定着工法 RCS 混合構造設計指針 2022 年 (SABTEC 評価 17-02R2)

②合同製鐵(株)：EG 定着板工法 RCS 混合構造設計指針 2022 年 (SABTEC 評価 17-03R2)

③(株)伊藤製鐵所：オニプレート定着工法 FRIP 定着工法 RCS 混合構造設計指針 2022 年 （SABTEC 評価 17-04R2)

④(株)ディビーエス：DB ヘッド定着工法 RCS 混合構造設計指針 2022 年 (SABTEC 評価 17-05R2)

ＲＣＳ混合設計指針に適用可能な材料

1) コンクリート

種類：普通コンクリート

設計基準強度 (F_c)：21 N/mm^{2}以上，かつ，60 N/mm^{2}以下

ただし，柱 RC 梁 S 接合部・柱 SRC 梁 S 接合部編では，柱主筋鋼種 SD490 の場合，F_cは 24 N/mm^{2}以上とする。

2) 鉄筋

鉄筋の適用鋼種と呼び名は，表 1 による。

ただし，機械式定着工法の主筋鋼種は，SABTEC 技術評価取得工法で規定する SD295〜SD490 であり，SRC 柱梁接合部編以外の各編で適用する定着部拘束筋は各編の規定による。

また，鉄骨根巻き柱脚・基礎梁主筋定着部編で規定する根巻き横補強筋と根巻き拘束筋には，大臣認定取得の高強度せん断補強筋を用いることができる。

表1　鉄筋の適用鋼種と呼び名

使用箇所	鋼種	呼び名
主筋	SD295, SD345, SD390, SD490	D13〜D41
接合部横補強筋 (定着部拘束筋)	SD295, SD345, SD390, SD490	D10〜D16
かんざし筋	SD295, SD345, SD390	D10〜D16

3) 定着金物

定着金物は，SABTEC 技術評価取得機械式定着工法の定着金物とする。

4) 鋼材

鋼材の材質は，表 2 による。ただし，柱 RC 梁 S 接合部・柱 SRC 梁 S 接合部編で用いる鋼材は，SS400, SN400A, B, C, SN490B, C, SM400A, B, C, SM490A,

B, C, SM490YA, YB, SM520B, C としている。

　ただし，上記と同等の機械的性質を有する鋼材，ならびに表2の鋼材と同等の機械的性質を有する鋼材は使用してもよい。一方，鉄骨根巻き柱脚・基礎梁主筋定着部編で用いる角形鋼管の幅厚比は，幅厚比種別FAランクとする。

表2　鋼材の材質

記号	規格
SN400A, B, C, SN490B, C	JIS G 3136（建築構造用圧延鋼材）
SS400	JIS G 3101（一般構造用圧延鋼材）
SM400A, B, C, SM490A, B, C, SM490YA, YB, SM520B, C	JIS G 3106（溶接構造用圧延鋼材）
SMA400A, B, C, SMA490A, B, C	JIS G 3114（溶接構造用耐候性熱間圧延鋼材）
STKN400W, B, STKN490B	JIS G 3475（建築構造用炭素鋼鋼管）
STK400, STK490	JIS G 3444（一般構造用炭素鋼鋼管）
STKR400, STKR490	JIS G 3466（一般構造用角形鋼管）
BCR295	建築構造用冷間ロール成形角形鋼管
BCP235, BCP325	建築構造用冷間プレス成形角形鋼管
BCP325T	建築構造用高性能冷間プレス成形角形鋼管

5）鉄骨露出柱脚・基礎梁主筋定着部編に適用可能なアンカーボルト

　アンカーボルトは，JIS B 1220（構造用両ねじアンカーボルトセット）に適合するアンカーボルト，および第三者機関の技術評価を取得した既製品露出柱脚アンカーボルトとする。

　ただし，鉄骨露出柱脚・基礎梁主筋定着部編は表3の既製品露出柱脚，ならびにコンクリート充填鋼管柱（CFT柱）に用いる既製品露出柱脚にも適用可能である。

表3　柱型部配筋詳細を確認した既製品露出柱脚

商品名	開発会社
ベースパック	岡部㈱，旭化成建材㈱
ハイベース	センクシア㈱
NCベース	日本鋳造㈱

配 筋 詳 細 に 関 す る 一 般 事 項

　配筋詳細に関する一般事項は，械式定着工法RC構造設計指針（2022年）に準拠した標準配筋詳細仕様書と同様，表4〜表7とする。

表4　RC配筋指針（2021年）の異形鉄筋のあきと間隔の最小値

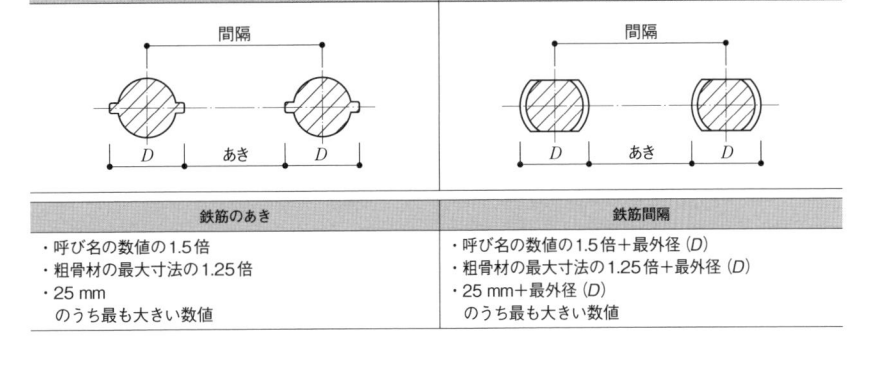

竹節等		ねじ節	
鉄筋のあき		**鉄筋間隔**	
・呼び名の数値の1.5倍 ・粗骨材の最大寸法の1.25倍 ・25 mm のうち最も大きい数値		・呼び名の数値の1.5倍＋最外径（D） ・粗骨材の最大寸法の1.25倍＋最外径（D） ・25 mm＋最外径（D） のうち最も大きい数値	

表5　JASS 5の最小かぶり厚さおよび設計かぶり厚さ

(a) 最小かぶり厚さ（単位：mm）

部材の種類		短期	標準・長期		超長期	
		屋内・屋外	屋内	屋外 [2]	屋内	屋外 [2]
構造部材	柱・梁・耐力壁	30	30	40	30	40
	床スラブ・屋根スラブ	20	20	30	30	40
非構造部材	構造部材と同等の耐久性を要求する部材	20	20	30	30	40
	計画供用期間中に維持保全を行う部材 [1]	20	20	30	(20)	(30)
直接土に接する柱・梁・壁・床および布基礎の立ち上がり部分		40				
基礎		60				

(b) 設計かぶり厚さ（単位：mm）

部材の種類		短期	標準・長期		超長期	
		屋内・屋外	屋内	屋外 [2]	屋内	屋外 [2]
構造部材	柱・梁・耐力壁	40	40	50	40	50
	床スラブ・屋根スラブ	30	30	40	40	50
非構造部材	構造部材と同等の耐久性を要求する部材	30	30	40	40	50
	計画供用期間中に維持保全を行う部材 [1]	30	30	40	(30)	(40)
直接土に接する柱・梁・壁・床および布基礎の立ち上がり部分		50				
基礎		70				

[注]　(1) 計画供用期間の級が超長期で計画供用期間中に維持保全を行う部材では，維持保全の周期に応じて定める。
　　　(2) 計画供用期間の級が標準，長期および超長期で，耐久性上有効な仕上げを施す場合は，屋外側では，設計かぶり厚さを10 mm減じることができる。

表6　RC配筋指針（2021年）による異形鉄筋の最外径（mm）

D10	D13	D16	D19	D22	D25	D29	D32	D35	D38	D41	D51
11	15	19	22	26	29	33	37	40	43	47	58

(注) 表記の最外径は，鉄筋間隔の算出に用いる値

表7　JASS 5の鉄筋折曲げ形状・寸法

図	折曲げ角度	鉄筋種類	鉄筋径による区分	鉄筋の折曲げ内法直径 (D)
180°　余長4d以上	180° 135° 90°	SR295 SD345	D16以下	3d以上
			D19〜D41	4d以上
135°　余長6d以上		SD390	D41以下	5d以上
	90°	SD490	D25以下	
90°　余長8d以上			D29〜D41	6d以上

1) d：異形鉄筋の呼び名の数値（直径）
2) スパイラル筋の重ね継手部に90°フックを用いる場合，余長は12d以上とする。
3) 片持ちスラブ先端，壁筋の自由端側の先端で，90°フック，135°フックまたは180°フックを用いる場合，余長は4d以上とする。
4) 折曲げ内法直径を上表の数値より小さくする場合，事前に鉄筋の曲げ試験を行い，支障ないことを確認した上で，工事管理者の承認を得ること。
5) SD490の鉄筋を90°を超える曲げ角度で折曲げ加工する場合，事前に鉄筋の曲げ試験を行い，支障ないことを確認した上で，工事管理者の承認を得ること。

SRC 柱梁接合部の配筋詳細[2]

【参考文献】
2)（一社）建築構造技術支援機構：
　　SRC 柱梁接合部編

基 本 事 項

1）SRC 柱梁接合部編に適用可能な SRC 柱梁接合部

　SRC 柱梁接合部編に適用可能な SRC 柱梁接合部は，図1に示すように，梁主筋と平行な鉄骨ウェブが存在する場合とし，直交鉄骨ウェブへの梁主筋非貫通型定着と貫通型定着がある。

2）RC 柱梁接合部とみなす SRC 柱梁接合部

　RC 柱梁接合部とみなす SRC 柱梁接合部は，図2に示すように，直交鉄骨ウェブへの梁主筋非貫通型定着，貫通型定着ともに，梁主筋と平行な鉄骨ウェブが存在しない場合とする。

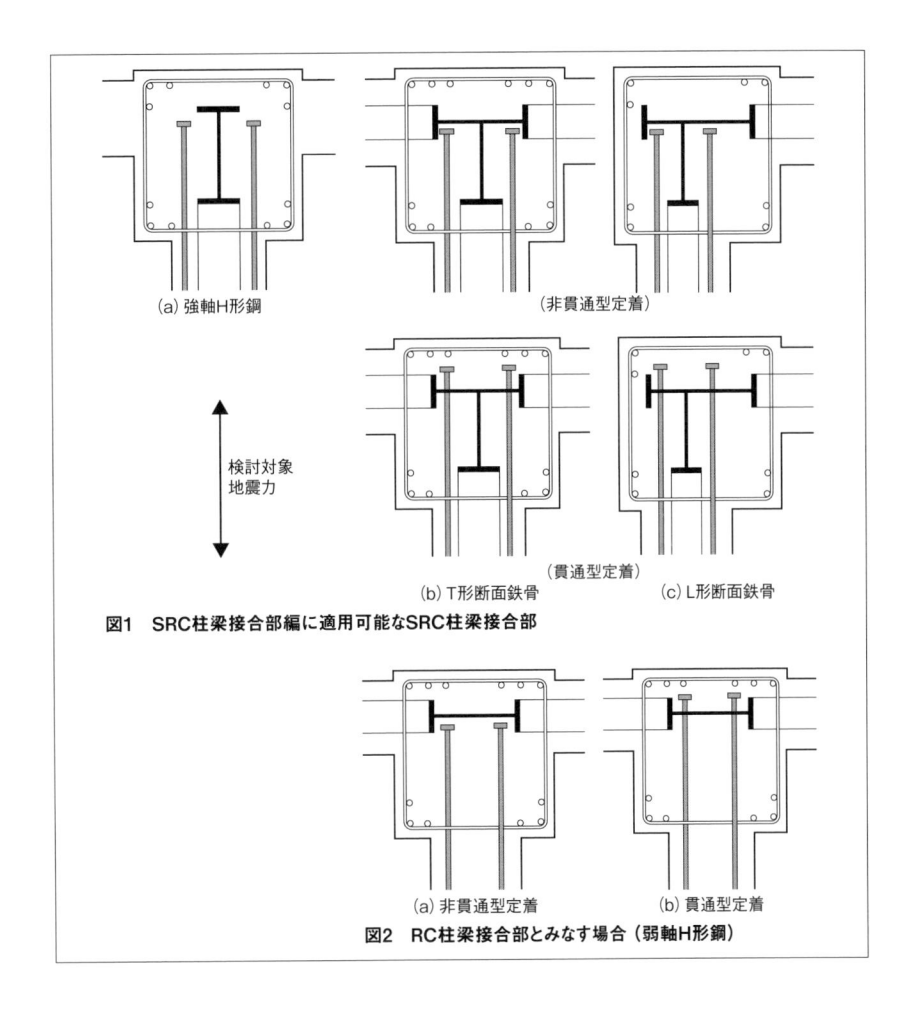

(a) 強軸H形鋼　　　　　　　　　　（非貫通型定着）

検討対象
地震力

（貫通型定着）

(b) T形断面鉄骨　　　　(c) L形断面鉄骨

図1　SRC柱梁接合部編に適用可能なSRC柱梁接合部

(a) 非貫通型定着　　　　　　　(b) 貫通型定着

図2　RC柱梁接合部とみなす場合（弱軸H形鋼）

ＳＲＣ 柱 梁 接 合 部 の 配 筋 規 定

1）SRC 造ト形接合部

①梁主筋非貫通型定着の場合（図3）：

　梁主筋定着長さ $\ell_{ag} \geqq \max\{\ell_{ao},\ 12d_b,\ D_c/2\}$

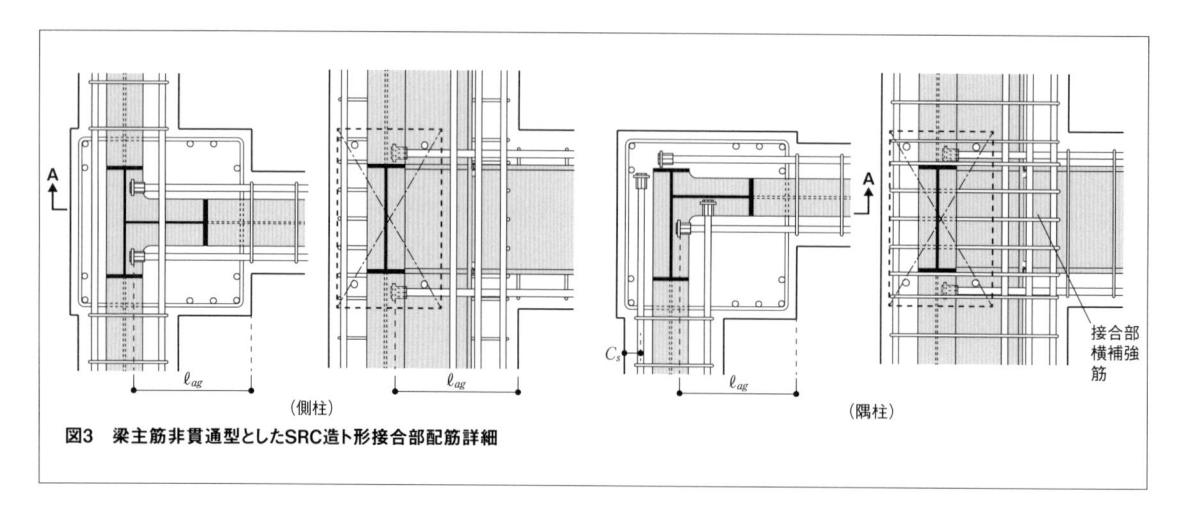

図3　梁主筋非貫通型としたSRC造ト形接合部配筋詳細

ただし，出隅柱梁接合部では，$\ell_{ag} \geq (2/3)D_c$ かつ鉄骨フランジとウェブで囲まれた鉄骨コアの範囲に定着金物を配置し，出隅側の場合，梁上下主筋定着長さをできるだけ長くする。

②梁主筋貫通型定着の場合：

梁主筋定着長さ $\ell_{ag} \geq \max\{12d_b,\ D_c/2\}$

非貫通型定着，貫通型定着ともに，梁主筋中心からの側面かぶり厚さ $C_s \geq 3d_b$

ここに，ℓ_{ao}：RC構造設計指針式（8.1）の必要定着長さ

$\quad\quad\quad d_b$：梁主筋呼び名の値

$\quad\quad\quad D_c$：柱せい

2）SRC造T形，L形接合部（図4，図5）

①梁上端筋投影定着長さ $\ell_{dh} \geq \max\{\ell_{ao},\ 16d_b,\ (3/4)D_c\}$

②梁下端筋定着長さ $\ell_{ag} \geq \max\{\ell_{ao},\ 14d_b,\ D_c/2\}$

ただし，出隅柱梁接合部では，$\ell_{ag} \geq (2/3)D_c$ かつ鉄骨フランジとウェブで囲まれた鉄骨コアの範囲に定着金物を配置し，出隅側の場合，梁上下主筋定着長さをできるだけ長くする。

③柱主筋定着長さ $\ell_{ac} \geq \max\{\ell_{ao},\ 16d_b\}$ かつ定着金物底面が梁鉄骨フランジ上面を超える長さ

④柱主筋中心からの側面かぶり厚さ $C_s \geq 2d_b$

ここに，d_b：柱主筋呼び名の値

【接合部横補強筋比】

①梁主筋非貫通型定着の場合：$p_{jwh} \geq 0.2\%$

②梁主筋貫通型定着の場合：$p_{jwh} \geq 0.1\%$

ただし，柱主筋の定着金物と梁鉄骨フランジ上面の間に1組以上の接合部横補強筋を配置する。また，接合部横補強筋比 p_{jwh} の定義は本マニュアル「接合部横補強筋の配置」（21頁）による。

【かんざし筋比】$p_{jwv} \geq 0.15\%$

かんざし筋比 p_{jwv} の定義は，本マニュアル「最上階T形，L形接合部のかんざし筋」（22頁）による。

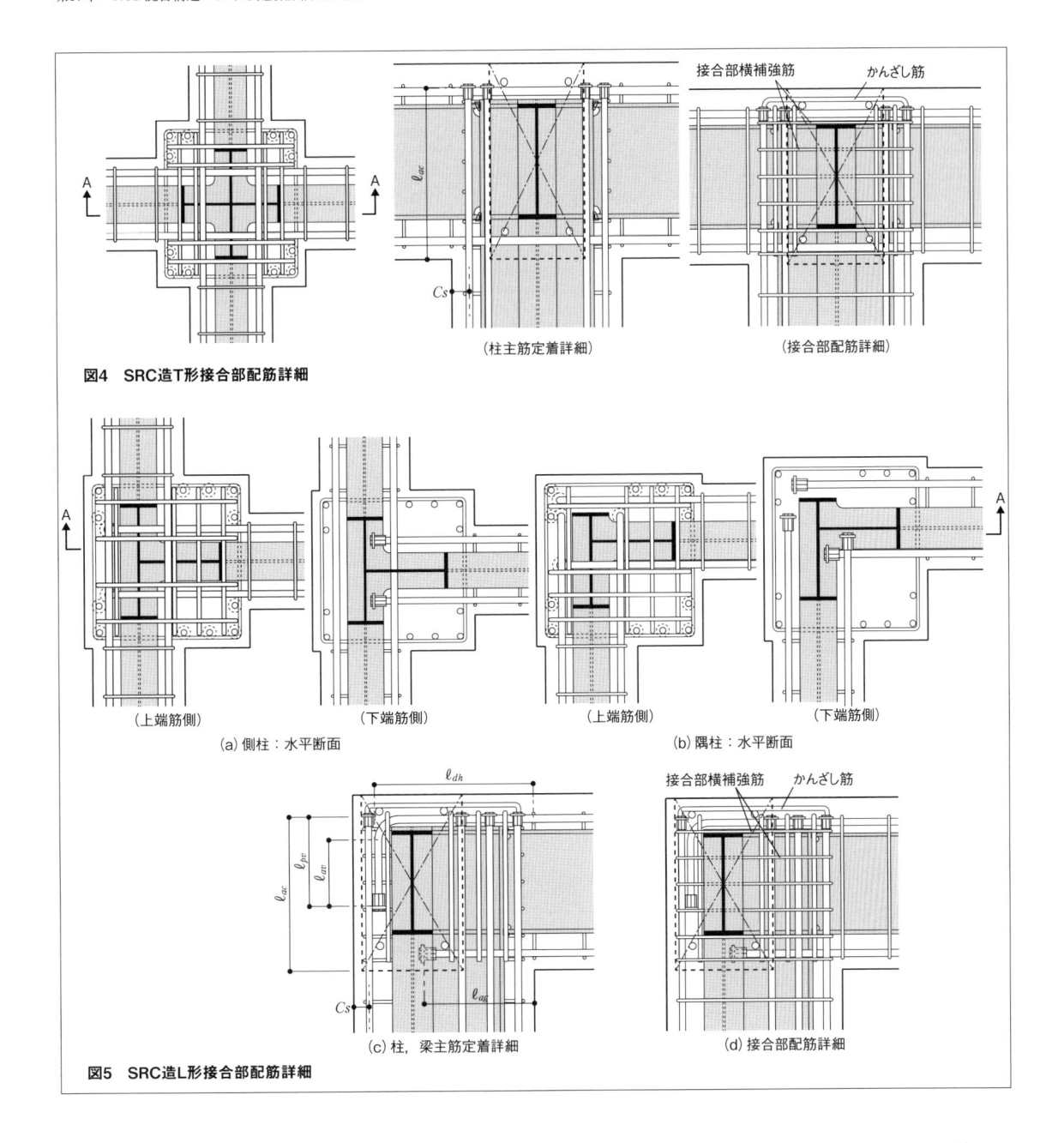

図4 SRC造T形接合部配筋詳細

（柱主筋定着詳細）

（接合部配筋詳細）

接合部横補強筋　かんざし筋

（上端筋側）　　（下端筋側）

（a）側柱：水平断面

（上端筋側）　　（下端筋側）

（b）隅柱：水平断面

接合部横補強筋　かんざし筋

（c）柱，梁主筋定着詳細

（d）接合部配筋詳細

図5 SRC造L形接合部配筋詳細

柱RC梁S接合部・柱SRC梁S接合部の配筋詳細[3]

【参考文献】
3）（一社）建築構造技術支援機構：
　　柱RC梁S接合部・柱SRC梁S
　　接合部編

基本事項

　一般階の柱RC梁S接合部・柱SRC梁S接合部では，図6のふさぎ板形式およびせん断補強筋形式が採用される。また，図7，図8に示すように，最上階の柱RC梁S接合部は，ふさぎ板形式と□形プレート併用せん断補強筋形式とし，また，柱SRC梁S接合部は，ふさぎ板形式とせん断補強筋形式とし，それぞれ機械式定着工法柱主筋定着部としてもよい。ただし，柱主筋鋼種SD490の場合，□形プレート併用せん断補強形式を適用できない。

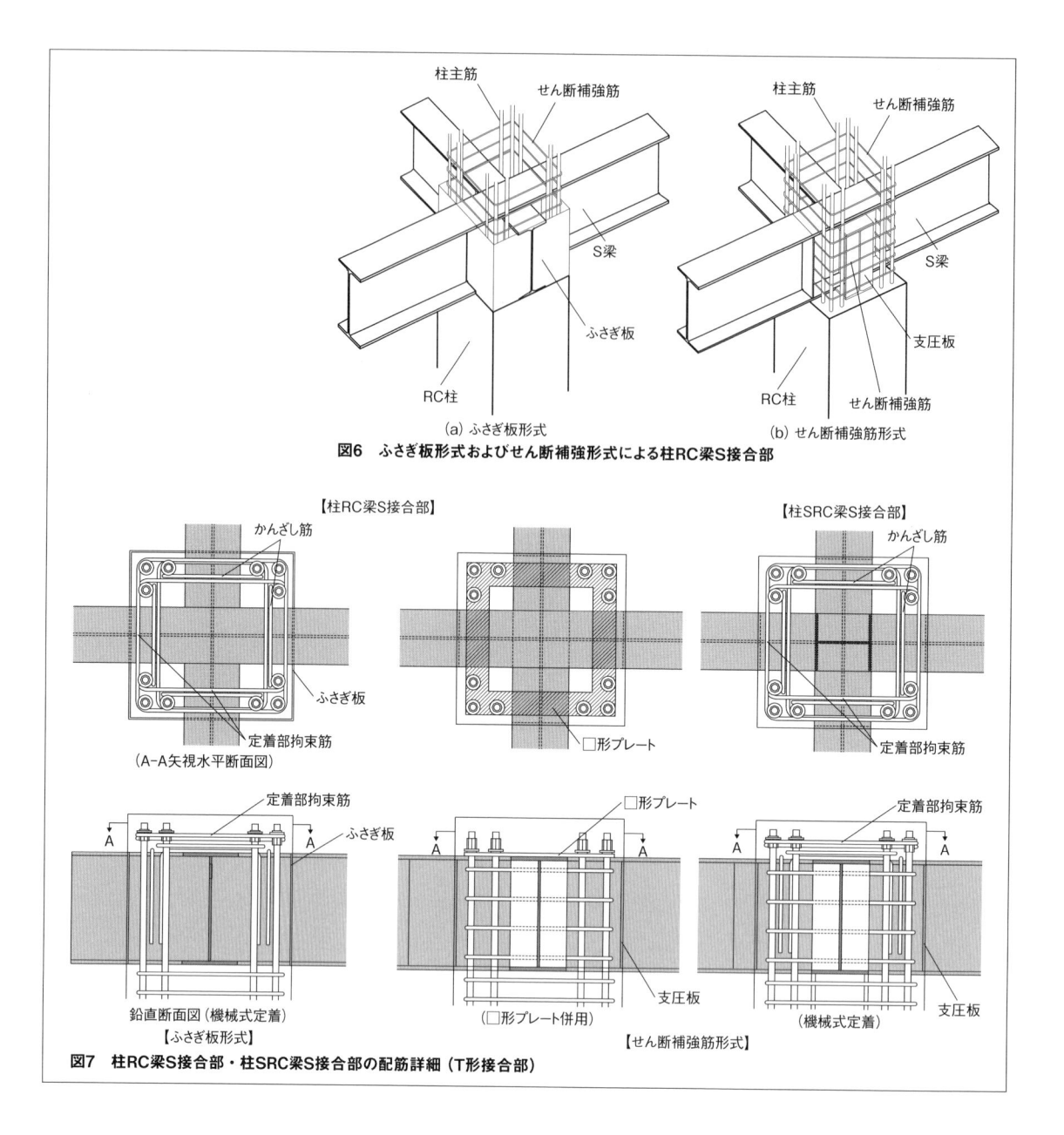

(a) ふさぎ板形式 　　　(b) せん断補強筋形式

図6　ふさぎ板形式およびせん断補強形式による柱RC梁S接合部

【柱RC梁S接合部】　　　　　　　　　　　　　　　　　　　【柱SRC梁S接合部】

図7　柱RC梁S接合部・柱SRC梁S接合部の配筋詳細（T形接合部）

柱主筋必要定着長さ

　柱主筋定着長さ ℓ_{ac} は，梁鉄骨下フランジ下面から柱主筋の定着板内面までとし，ふさぎ板形式では指針式（4.1），せん断補強筋形式では指針式（4.2）の必要定着長さ ℓ_{ab} 以上とする。

（ふさぎ板形式）　　　　$\ell_{ab}=\max\{S\cdot\sigma_t\cdot d_b/(10f_b),\ 18d_b\}$　　　　指針式（4.1）

（せん断補強筋形式）　　$\ell_{ab}=\max\{1.25S\cdot\sigma_t\cdot d_b/(10f_b),\ 21d_b\}$　　　指針式（4.2）

　ただし，柱 RC 梁 S 接合部の場合，□形プレート併用せん断補強筋形式とする。

　ここに，S：必要定着長さ係数で，$S=0.7$ とする。

　　　　　　d_b：柱主筋呼び名の値

　　　　　　σ_t：柱主筋の短期許容引張応力度（N/mm²）

　　　　　　$f_b=(F_c/40)+0.9$：付着割裂基準強度（N/mm²）

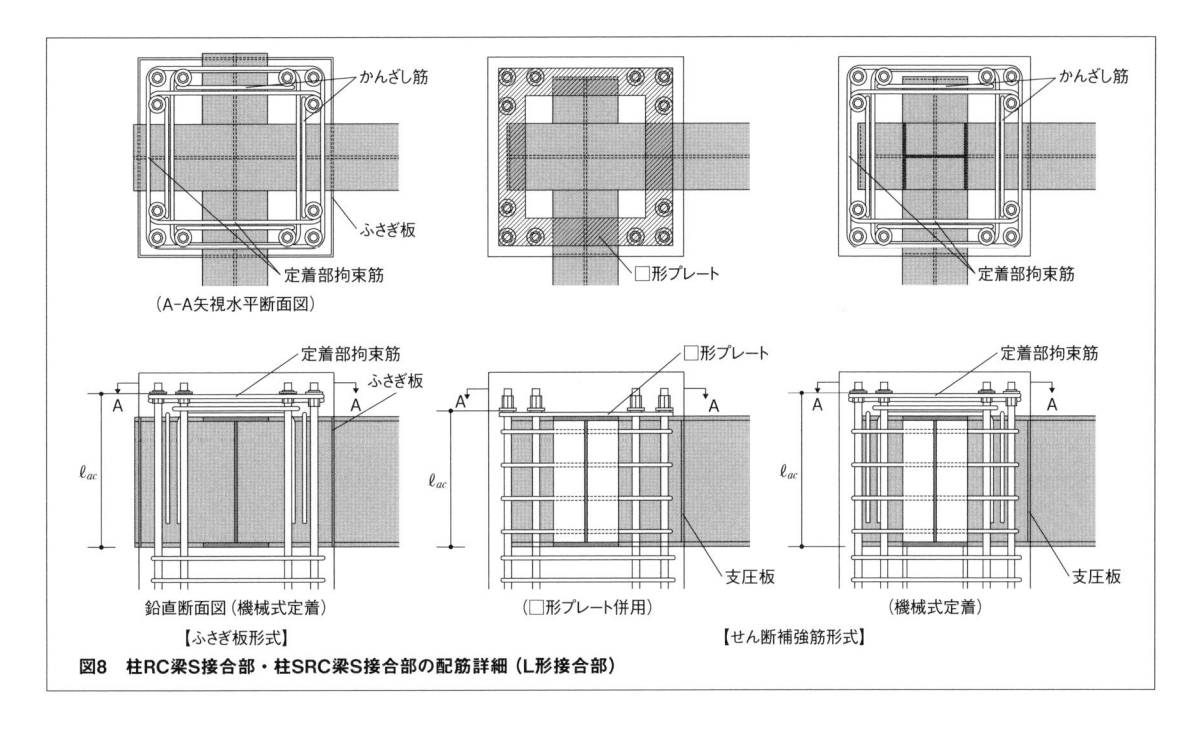

（A-A矢視水平断面図）　□形プレート　定着部拘束筋

鉛直断面図（機械式定着）　（□形プレート併用）　（機械式定着）
【ふさぎ板形式】　【せん断補強筋形式】

図8　柱RC梁S接合部・柱SRC梁S接合部の配筋詳細（L形接合部）

$$F_c：コンクリートの設計基準強度（N/mm^2）$$

□ 形 プ レ ー ト の 基 本 寸 法

①厚さ t_p：12 mm 以上，幅 B_p：$3d_b$ 以上，d_b：柱主筋呼び名の値

②□形プレートの外面は，JASS5 の設計かぶり厚さを確保する。

各 部 構 造 規 定

1）梁鉄骨

①柱 RC 梁 S 接合部・柱 SRC 梁 S 接合部の梁鉄骨は，XY 方向ともに，原則として，柱梁接合部内を貫通させ，ふさぎ板形式では，梁鉄骨先端部とふさぎ板を溶接し，せん断補強筋形式では，L 形接合部内の梁鉄骨先端部をせん断補強筋の内側に配置する。

②T 形および L 形接合部内の梁鉄骨柱面には，原則として，梁鉄骨ウェブの厚さ以上の支圧板を溶接する。

2）ふさぎ板

①ふさぎ板の厚さは 6 mm 以上，かつ，柱せい D_c の 1/125 以上とする。

②ふさぎ板と梁鉄骨とは，ふさぎ板の厚さが 6 mm の場合，両面隅肉溶接とし，9 mm 以上の場合，両面隅肉溶接または部分溶け込み溶接とする。

　鉄骨梁とふさぎ板との標準接合詳細を，図 9 に示す。

3）SRC 内蔵鉄骨

　SRC 柱内蔵鉄骨は，強軸方向・短期許容曲げ耐力比 $_{sC}M_A/_{sB}M_A$ が 0.2 以上の広幅型 H 形鋼を基本とする。

　　$_{sC}M_A$：SRC 柱内蔵鉄骨の強軸方向・短期許容曲げモーメント

　　$_{sB}M_A$：梁鉄骨の短期許容曲げモーメント

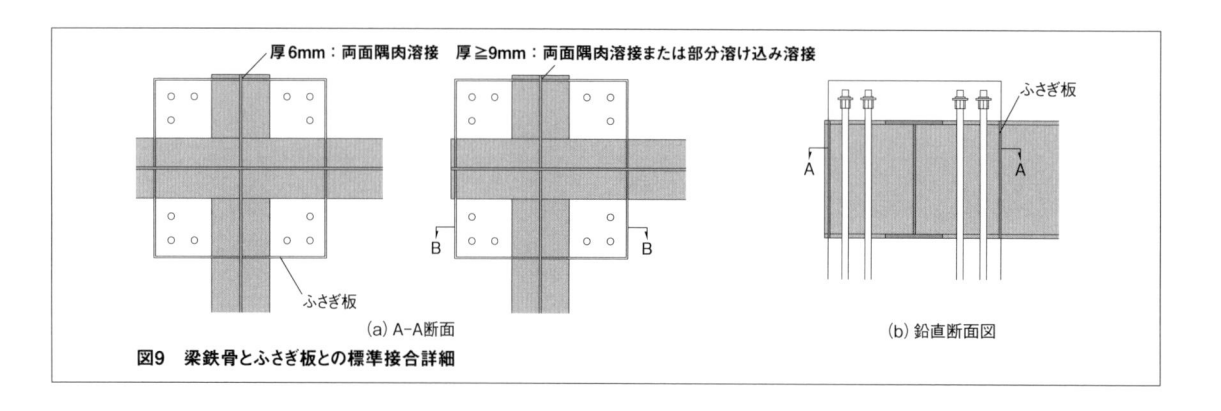

厚6mm：両面隅肉溶接　厚≧9mm：両面隅肉溶接または部分溶け込み溶接

(a) A-A断面　　　　　　　　　　　　　　　(b) 鉛直断面図

図9　梁鉄骨とふさぎ板との標準接合詳細

　図10の被覆型角形鋼管を内蔵鉄骨とした柱SRC梁S接合部は，構造規定①，②を満足する場合，ふさぎ板形式，せん断補強筋形式ともに，本マニュアル「鉄骨根巻き柱脚・基礎梁主筋定着部の配筋詳細」(52頁) の根巻き柱主筋定着部に準拠し，機械式定着工法柱主筋定着部としてもよい。また，上階柱が角形鋼管柱で，下階柱が被覆型角形鋼管を内蔵鉄骨とした場合も，機械式定着工法柱主筋定着部としてもよい。

(構造規定)

①角形鋼管柱の強軸方向・短期許容曲げ耐力比$_{sC}M_A/_{sB}M_A≧0.2$を満足するとともに，鋼管柱の幅厚比を幅厚比種別FAランクとする。

②4) 項の接合部せん断補強筋，5) 項のかんざし筋，6) 項の定着部拘束筋の規定を満足しなければならない。ただし，接合部せん断補強筋比p_{jwh}は，SRC計算規準7条「構造の細則」2. の式 (7.1) に準じ，$p_{jwh}=n_h・a_w/(B_c'・D_{sg})$として算定する。

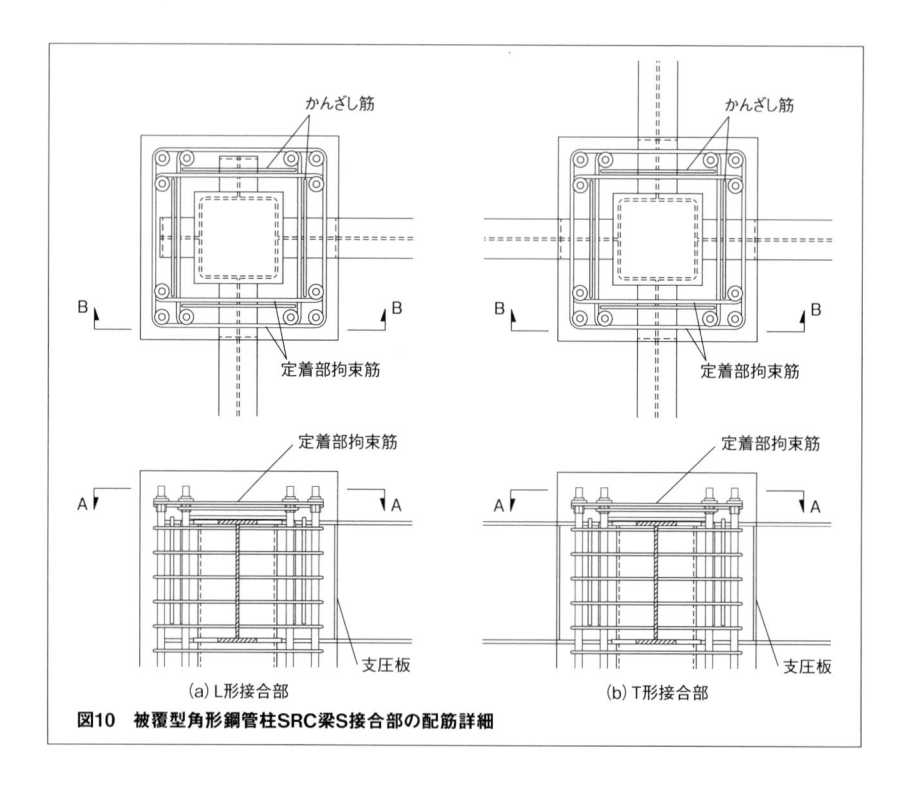

(a) L形接合部　　　　　　　　　　　　　(b) T形接合部

図10　被覆型角形鋼管柱SRC梁S接合部の配筋詳細

$B_c' = B_c - B_s$：被覆型鋼管コンクリートの有効幅

B_c：SRC 柱幅，B_s：角形鋼管柱幅

4）接合部せん断補強筋

①接合部せん断補強筋は，原則として，フレア溶接・閉鎖型とする。ただし，フレア溶接・閉鎖型と同等の接合部せん断耐力を有するせん断補強筋であれば用いてもよい。

②接合部せん断補強筋の鋼種は SD295〜SD490，呼び名は D10〜D16 とし，せん断補強筋比 $p_{jwh} = n_w \cdot a_w / (B_c \cdot D_{sg})$ は 0.2％以上とする。

　　a_w：せん断補強筋 1 組の断面積

　　n_w：梁鉄骨せい D_{sg} 区間内せん断補強筋の組数，B_c：柱幅，D_{sg}：梁鉄骨せい

③梁鉄骨ウェブのせん断補強筋貫通孔の断面欠損（孔径および箇数）は，日本建築学会「鉄骨鉄筋コンクリート構造計算規準・同解説」7 条 6．柱梁接合部の解説に示された条件を満足しなければならない。

　　接合部せん断補強筋の標準配筋詳細を，図 11 に示す。

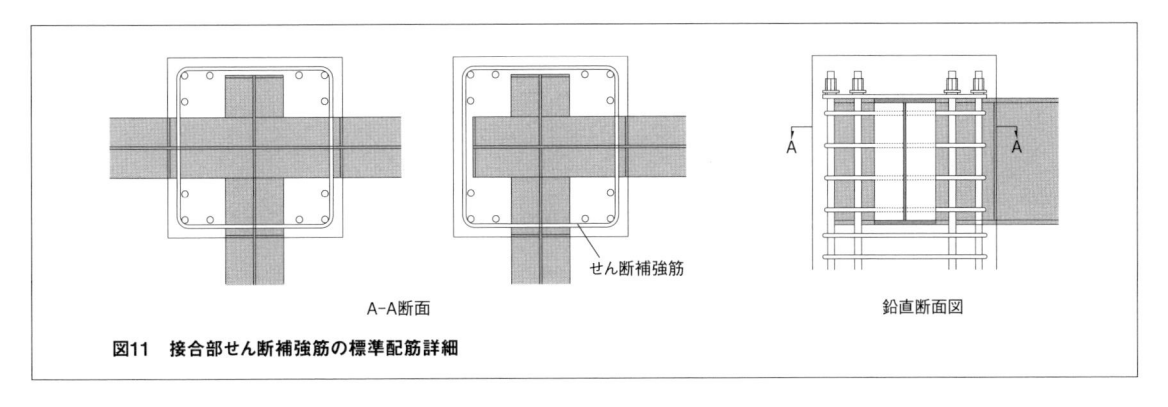

A-A断面　　　　せん断補強筋　　　　鉛直断面図

図11　接合部せん断補強筋の標準配筋詳細

5）かんざし筋

①柱梁接合部内には，梁鉄骨上フランジを跨ぐかんざし筋を 1 組以上配置する。

　　ただし，□形プレート併用の場合，かんざし筋を配置しなくてもよい。

②かんざし筋比 p_{jwv} は 0.15％以上とし，かんざし筋足部の全長は $30d$ 以上とする。

　　$p_{jwv} = \Sigma a_{jv} / (B_c \cdot D_c)$

　　　　Σa_{jv}：かんざし筋足部の全断面積，B_c，D_c：柱幅および柱せい

　　　　d：かんざし筋呼び名の値

　　かんざし筋の標準配筋詳細を，図 12 に示す。

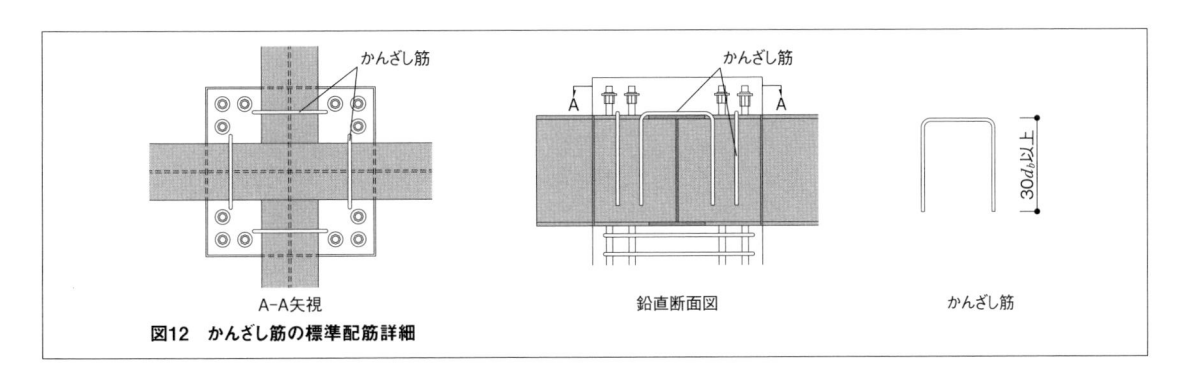

A-A矢視　　　　鉛直断面図　　　　かんざし筋

図12　かんざし筋の標準配筋詳細

【参考文献】

3）（一社）建築構造技術支援機構：
柱 RC 梁 S 接合部・柱 SRC 梁 S
接合部編

6）定着部拘束筋

　ふさぎ板形式，せん断補強筋形式ともに，柱 RC 梁 S 接合部および柱 SRC 梁 S 接合部の場合，柱 RC 梁 S 接合部・柱 SRC 梁 S 接合部編[3]5.3 節（2）に従い，柱主筋定着部の定着金物周囲に，中子形式の定着部拘束筋を 1 組以上配置する。ただし，□形プレート併用せん断補強筋形式の場合，定着部拘束筋を配置しなくてもよい。

　定着部拘束筋の標準配筋詳細を，図 13 に示す。

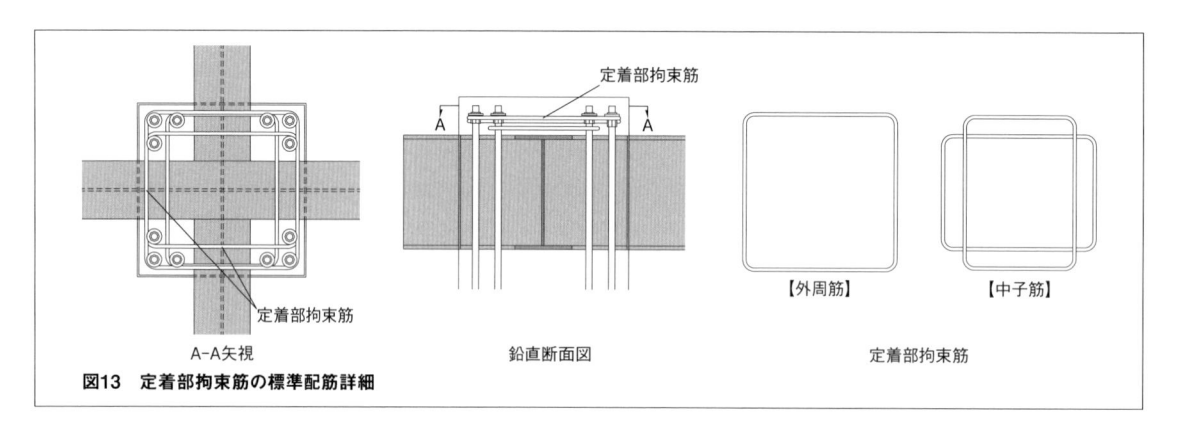

図13　定着部拘束筋の標準配筋詳細

鉄骨露出柱脚・基礎梁主筋定着部の配筋詳細[4]

【参考文献】

4）（一社）建築構造技術支援機構：
鉄骨露出柱脚・基礎梁主筋定着
部編

柱 型 部 配 筋 詳 細 の 構 造 規 定 （ 図 １ ４ ）

1）アンカーボルト

①定着長さ L_{ab}

　JIS 適合アンカーボルト：$L_{ab} \geqq 20d_a$

　既製品露出柱脚アンカーボルト：既製品メーカー仕様を満足するアンカーボルト定着長さ

②最外縁アンカーボルト中心からの柱型側面かぶり厚さ $C_{sa} \geqq 4d_a$

　　d_a：アンカーボルト軸部直径

2）柱型主筋

①柱型主筋本数：各辺 3 本以上，計 8 本以上

②柱型主筋比 p_g：0.6 ％以上

　　$p_g = \Sigma a_c / (B_c \cdot D_c)$，$\Sigma a_c$：柱型主筋全断面積，$B_c$，$D_c$：柱型幅とせい

③柱型主筋全長：

　（柱型主筋上端・定着金物付き）30d 以上，（柱型主筋上端・直線定着）40d 以上

④基礎梁下端 1 段筋中心からの柱型主筋突出長さ C_{Bot}：

　（柱型主筋下端・定着金物付きまたは 90°フック定着）3d 以上，（フックの余長：8d 以上）

　（柱型主筋下端・直線定着）5d 以上

　　ただし，XY 方向ともに，基礎梁下端 1 段筋中心から 3d 以内に，2 組以上の外周筋または 1 組以上の中子筋併用の定着部拘束筋を配置する。

⑤柱型主筋のかぶり厚さ：

　（柱型主筋中心からの側面かぶり厚さ）3d 以上，d：柱型主筋呼び名の値

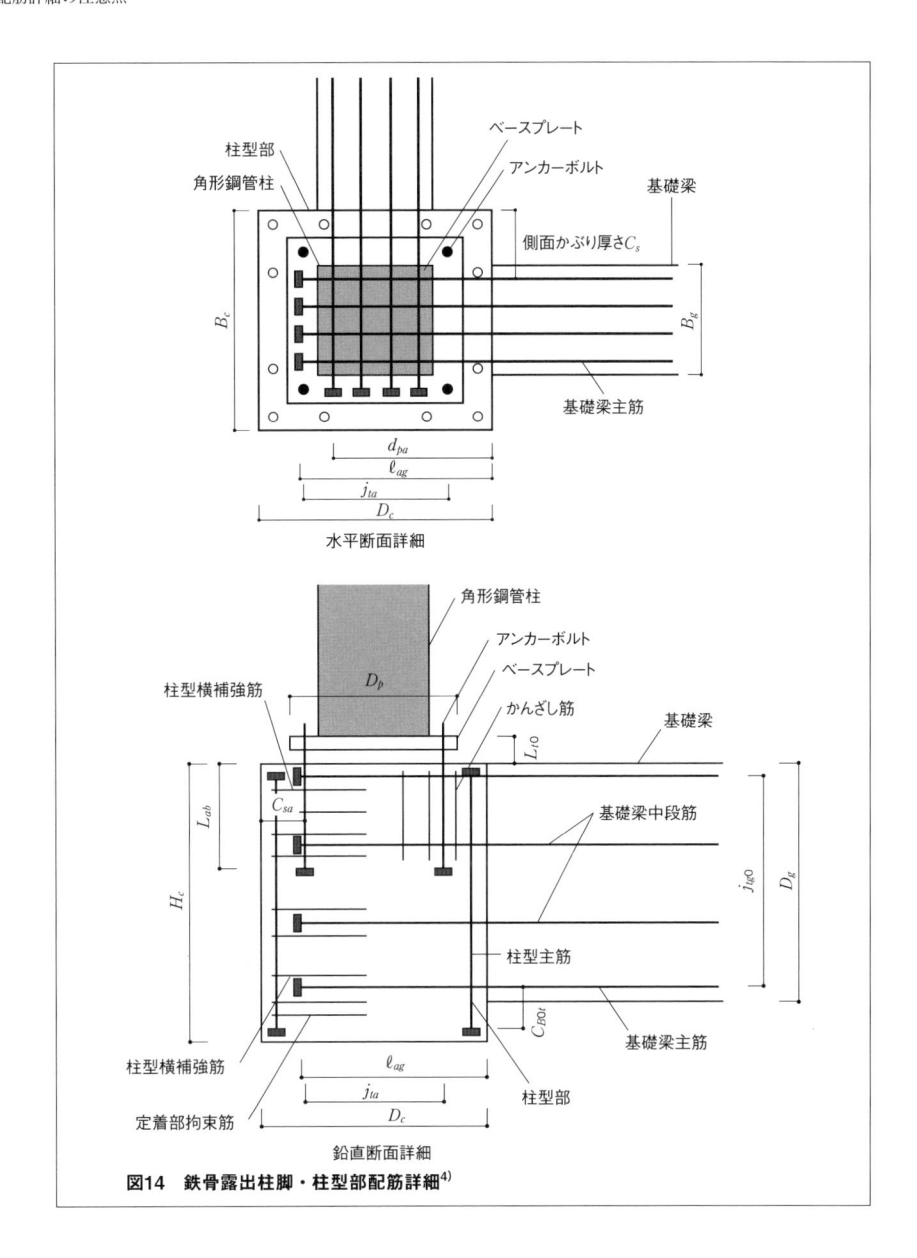

図14　鉄骨露出柱脚・柱型部配筋詳細[4]

【参考文献】
4）（一社）建築構造技術支援機構：鉄骨露出柱脚・基礎梁主筋定着部編

　　（柱型上下面からの柱型主筋上下かぶり厚さ）JASS 5 の設計かぶり厚さ以上

⑥定着金物のかぶり厚さ：JASS 5 の設計かぶり厚さ以上

3）柱型横補強筋および定着部拘束筋

①XY 方向ともに，柱型横補強筋比 $p_{jwh} \geqq 0.3\%$，$p_{jwh} = n_w \cdot a_{wh} / (B_c \cdot j_{tgo})$

　　B_c：柱型幅，j_{tgo}：基礎梁最外縁主筋の上下中心間距離

　　a_{wh}：柱型横補強筋 1 組の断面積，n_w：j_{tgo} 区間内柱型横補強筋の組数

②XY 方向ともに，基礎梁下端 1 段筋直下に，鉄骨露出柱脚・基礎梁主筋定着部編[4] 5.4 節の 2 組以上の外周筋，または 1 組以上の中子筋（副帯筋 2 本）併用とした定着部拘束筋を配置する。

③XY 方向ともに，柱型横補強筋と定着部拘束筋の全補強筋量 $\Sigma (p_{jwh} \cdot \sigma_{wy})$ は，鉄骨露出柱脚・基礎梁主筋定着部編[4] 5.3 節の規定を満足しなければならない。

　　σ_{wy}：柱型横補強筋の降伏強度

4）基礎梁主筋定着部

①基礎梁上端筋定着部は，基礎形式に係わらず，機械式直線定着としてもよい。

②基礎梁主筋中心から柱型部側面までの側面かぶり厚さ C_s は $3d_b$ 以上とし，基礎梁主筋定着金物のかぶり厚さは JASS 5 の設計かぶり厚さ以上とする。d_b：基礎梁主筋呼び名の値

【直接基礎】

　直接基礎の場合，図 15 に示すように，基礎梁上下端面から梁せい $D_g/3$ の位置に基礎梁中段筋を配置し，基礎梁上下主筋定着部の応力を緩和すれば，基礎梁下端筋は機械式直線定着としてもよい。また，基礎梁中段筋定着長さは基礎梁上下主筋の定着長さ ℓ_{ag} と同じとする。

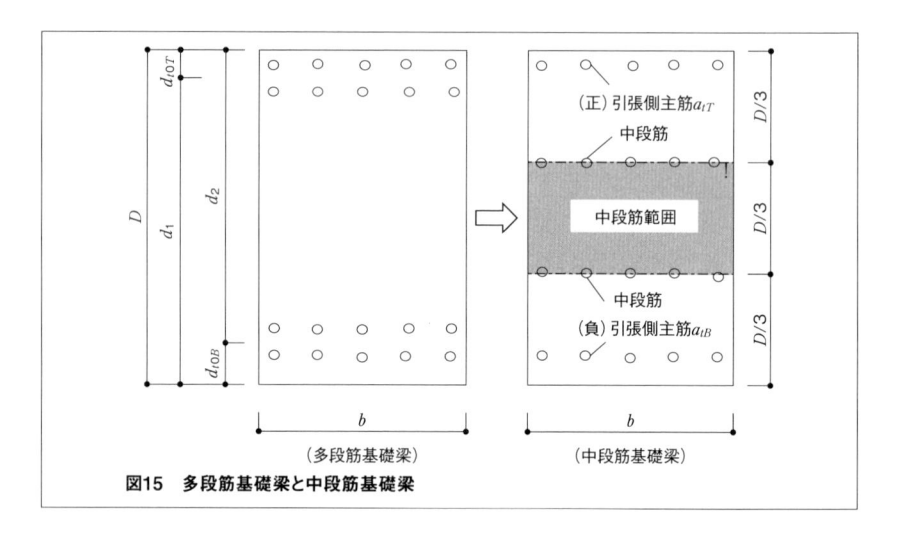

図15　多段筋基礎梁と中段筋基礎梁

【参考文献】

1）（一社）建築構造技術支援機構：SABTEC機械式定着工法RC構造設計指針（2022 年）

【杭基礎】

　杭基礎の場合，杭頭補強筋の定着長さを柱型部下面から L_2 または L_{2h} 以上とすれば，基礎梁下端筋は機械式直線定着としてもよい。ただし，基礎梁主筋の定着長さ ℓ_{ag} は，上端筋，下端筋ともに，SABTEC 指針[1] 8.1 節で規定する必要定着長さ ℓ_{ao} 以上，$16d_b$ 以上，かつ，$(D_c+j_{ta})/2$ 以上とし，引抜力が生じる 1 本杭基礎の場合，柱型主筋と杭頭補強筋の間をあき重ね継手とする。

　　　L_2, L_{2h}：JASS 5 の直線定着長さおよびフック付き定着長さ

　　　D_c：柱型せい，j_{ta}：最外縁アンカーボルト中心間距離

　　　d_b：基礎梁主筋呼び名の値

5）かんざし筋

①柱型部仕口面から埋め込まれた基礎梁上端筋定着部の上部に，かんざし筋比 $p_{jwv}≧0.10\%$ のかんざし筋を配置する。ただし，基礎梁上端筋定着部は上部側（二次筋側）だけとしてもよい。

　　　$p_{jwv}=\Sigma a_{jv}/(B_c \cdot D_c)$

　　　Σa_{jv}：かんざし筋足部の全断面積，B_c：柱型部幅，D_c：柱型部せい

②かんざし筋は，SD295，SD345，SD390 の D10〜D16 とし，足部の全長は $40d$ 以上とする。

　　　d：かんざし筋呼び名の値

既製品露出柱脚の柱型部配筋詳細例

【参考文献】

4)（一社）建築構造技術支援機構：
　　鉄骨露出柱脚・基礎梁主筋定着
　　部編

1）既製品露出柱脚の基礎梁主筋定着部

　　鉄骨露出柱脚・基礎梁主筋定着部編[4]4.2節では，既製品露出柱脚の基礎梁主筋定着部の場合，図16に例示した最外縁アンカーボルト中心間距離j_{ta1}区間の基礎梁主筋平均区間X_gは，JASS5の鉄筋間隔以上とし，柱型部内でアンカーボルトと基礎梁主筋が干渉しないように，基礎梁主筋1列の本数n_{ag}を決定する。

$$X_g = j_{ta1}/(n_{ag}-1)$$

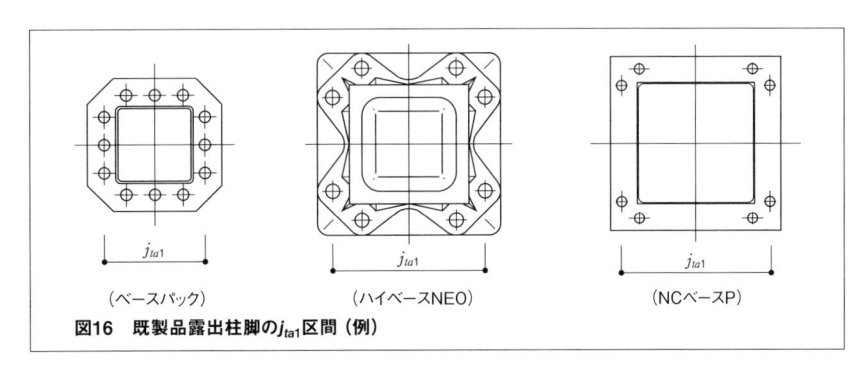

(ベースパック)　　　　　(ハイベースNEO)　　　　　(NCベースP)

図16　既製品露出柱脚のj_{ta1}区間（例）

2）柱型部配筋詳細例

　　鉄骨露出柱脚・基礎梁主筋定着部編[4]6章で検討した既製品露出柱脚ベースパック，ハイベースNEO，NCベースを用いた柱型部配筋詳細例のうち，ハイベースNEO（Gタイプ）を用いた柱型部配筋詳細設計例を図17に示す。

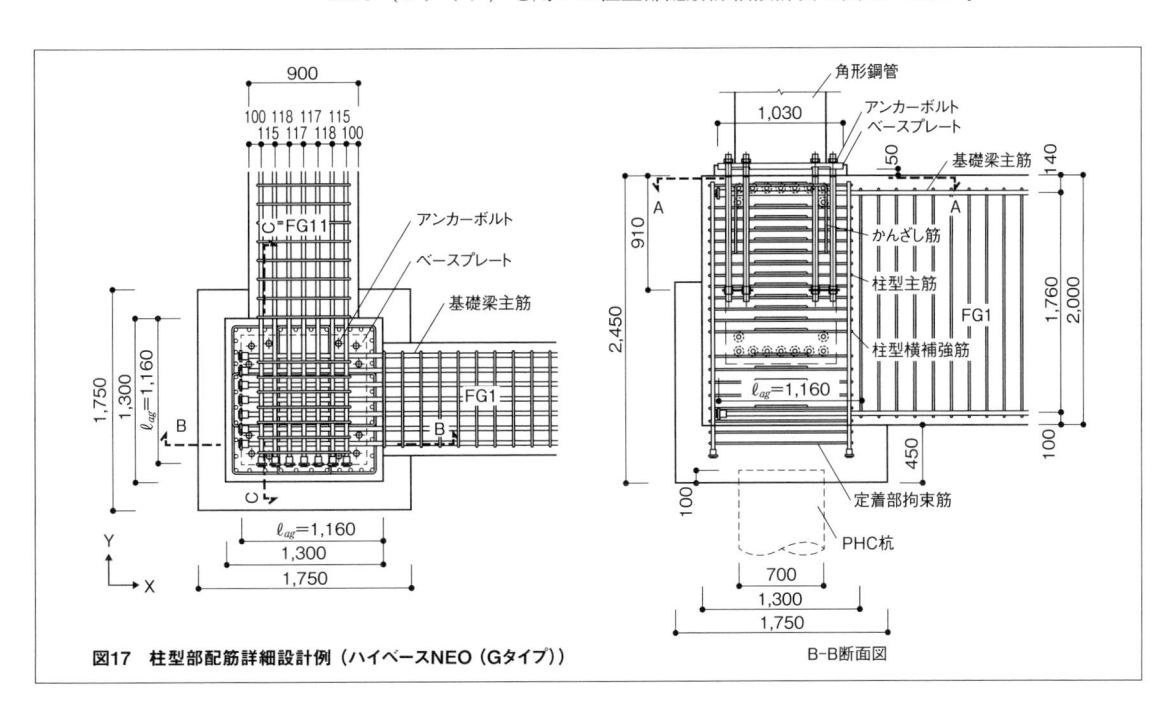

図17　柱型部配筋詳細設計例（ハイベースNEO（Gタイプ））

　　鉄骨露出柱脚・基礎梁主筋定着部編[4]6章では，同図の配筋詳細設計例の設計方針，設計諸元および検定結果を掲載している。

　　一方，同編による鉄筋露出柱脚・基礎梁主筋定着部は，上端筋，下端筋ともに機械式定着とした実験を基に規定されている。これに対し，柱型主筋定着長さをJASS5の

定着長さL_2またはL_{2h}としたうえで，基礎梁上端主筋だけ機械式定着とし，基礎梁下端主筋を折曲げ定着とした場合，図14中の基礎梁下端主筋近傍に配置された定着部拘束筋を省略することができる。

鉄骨根巻き柱脚・基礎梁主筋定着部の配筋詳細[5)]

【参考文献】

5)（一社）建築構造技術支援機構：
　　鉄骨根巻き柱脚・基礎梁主筋定
　　着部編

基 本 事 項

　根巻き柱脚・基礎梁主筋定着部の場合，図18に示すように，引張側根巻き柱主筋定着部から派生する前面ストラットと側面ストラットによる角形鋼管柱下端エンドプレートの押え効果によって，構造用アンカーボルトを用いず，基礎梁上下主筋定着部を機械式直線定着としている。

　図18中の根巻き柱の有効高さh_eは，基礎梁上面（エンドプレート下面）から根巻き柱主筋定着板内面までの距離であり，$2.2D_s$以上かつ$25d_b$以上とし，根巻き柱主筋定着金物のかぶり厚さは，JASS 5の設計かぶり厚さ以上としている。

　　D_s：角形鋼管柱せい，d_b：根巻き柱主筋呼び名の値

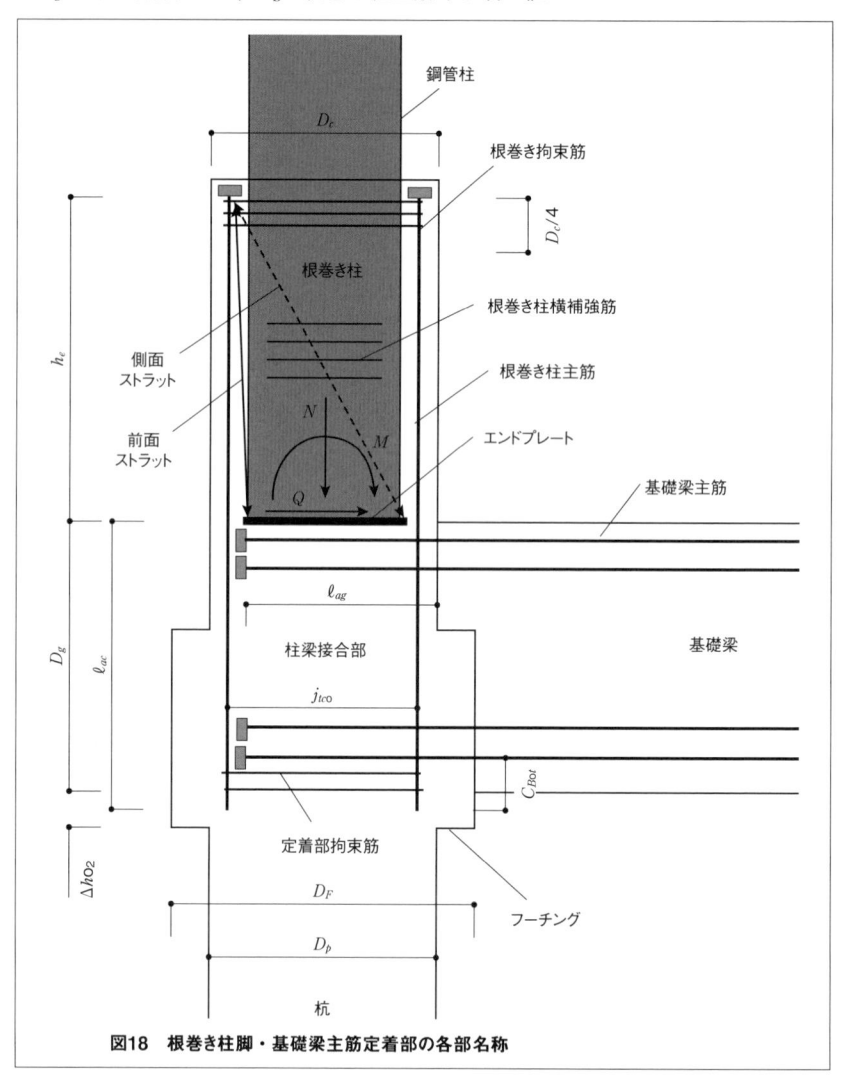

図18　根巻き柱脚・基礎梁主筋定着部の各部名称

【参考文献】

5) （一社）建築構造技術支援機構：
鉄骨根巻き柱脚・基礎梁主筋定
着部編

根巻き柱脚・基礎梁主筋定着部の各部諸元

1) 根巻き拘束筋および根巻き柱横補強筋

図19に示すように，XY方向ともに，根巻き柱主筋定着金物直下から根巻き柱せい$D_c/4$以内に中子筋併用（副帯筋2本以上）の根巻き拘束筋を1組以上配置し，根巻き拘束筋の下方に根巻き柱横補強筋を配置する。

ただし，根巻き柱横補強筋比p_{wr}は0.3%以上とし，根巻き拘束筋の断面積は鉄骨根巻き柱脚・基礎梁主筋定着部編[5]4.3節の式(4.16)の必要断面積a_{wo}以上とする。

$$p_{wr}=n_{wr}\cdot a_{wr}/(B_c\cdot h_e)$$

　　n_{wr}，a_{wr}：h_e区間内の根巻き柱横補強筋の組数と1組の断面積

　　B_c：根巻き柱幅

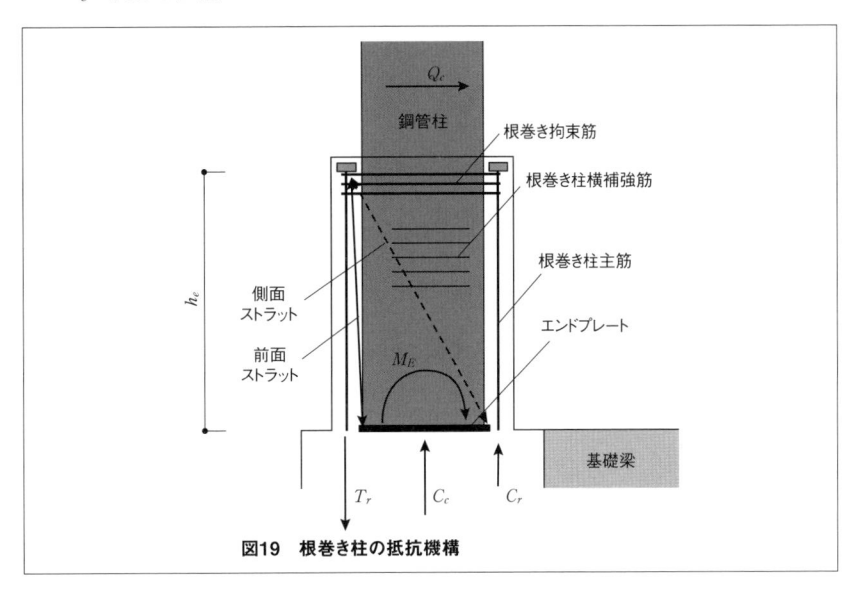

図19　根巻き柱の抵抗機構

2) エンドプレート突出部の面外曲げモーメントM_{EL}

エンドプレートの厚さT_Eは，$M_{pE}\geqq 1.1M_{EL}$を満足するように決定する。

$$M_{EL}=T_{ry}\cdot L_E/2,\ \ T_{ry}=\sigma_{cy}\cdot(a_{ct}+a_{cn}/2)$$

　$M_{pE}(=\sigma_{Ey}\cdot Z_{pE})$：エンドプレートの全塑性モーメント

　　σ_{Ey}：エンドプレートの降伏強度

　　$Z_{pE}=B_{ep}\cdot T_E^2/4$：エンドプレートの全塑性断面係数

　　$B_{ep}=B_s+2L_E$：エンドプレート有効幅

　　L_E：角形鋼管柱外面からのエンドプレートの出寸法，B_s：鋼管柱幅

　　$a_{cn}=\Sigma a_c-2a_{ct}$：根巻き柱中段筋の断面積，$\Sigma a_c$：根巻き柱全主筋の断面積

　　a_{ct}：根巻き柱主筋1列の断面積

3) エンドプレート突出部直上の局部支圧応力σ_{co}（図20）

エンドプレートの出寸法L_Eは，$\alpha_{co}\cdot F_c\geqq\sigma_{co}$を満足するように決定する。

$$\sigma_{co}=T_{cy}/(B_{ep}\cdot L_E),\ \ T_{cy}=\sigma_{cy}\cdot a_{ct}$$

　　T_{cy}：根巻き柱主筋1列の降伏引張力，σ_{cy}：根巻き柱主筋の降伏強度

　　$B_{ep}=B_s+2L_E$：エンドプレートの有効幅，B_s：鋼管柱幅

　　F_c：コンクリートの設計基準強度

　　α_{co}：コンクリートの局部支圧強度割増し係数（$\alpha_{co}=1.8$）

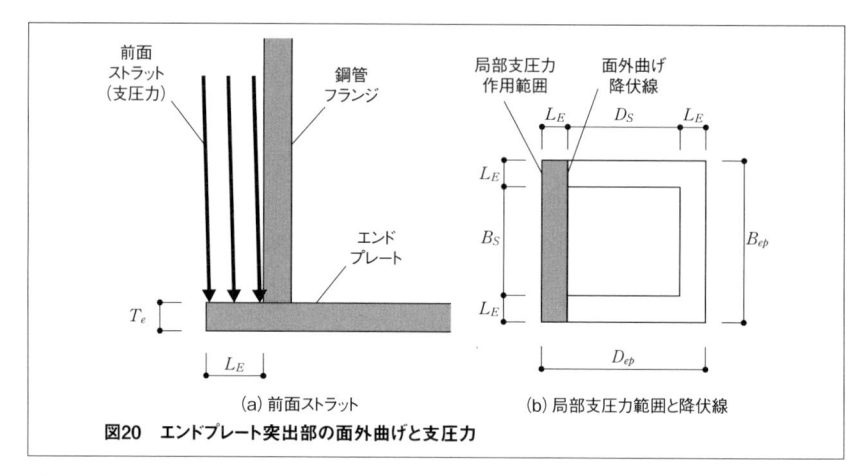

(a) 前面ストラット　　　　(b) 局部支圧力範囲と降伏線

図20　エンドプレート突出部の面外曲げと支圧力

4）エンドプレートの引張終局耐力 T_{eu}（図21）

　エンドプレートの引張終局耐力 T_{eu} は，$T_{eu}/T_{cta} \geqq 1.0$ かつ $\sigma_{Ey} \geqq \sigma_{sy}$ かつ $T_E \geqq 1.3t_s$ を満足することとする。

$$T_{eu} = 8m_p \cdot (1 + B_s/2L_E)$$

$m_p = \sigma_{Ey} \cdot z_{pe}$：単位長さ当たりのエンドプレートの全塑性モーメント

$z_{pe} = T_E^2/4$：単位長さ当たりのエンドプレートの塑性断面係数

　T_{cta}：メカニズム時保証引張軸力，$|N_{ct}| \leqq 0.3\Sigma T_{ry}$ の時：$T_{cta} = 0.3\Sigma T_{ry}$

　$|N_{ct}| > 0.3\Sigma T_{ry}$ の時：$T_{cta} = N_{ct}$

　N_{ct}：鋼管柱から伝達されるメカニズム時設計引張軸力

　σ_{Ey}：エンドプレートの降伏強度，σ_{sy}：角形鋼管の降伏強度

　t_s：角形鋼管の厚さ

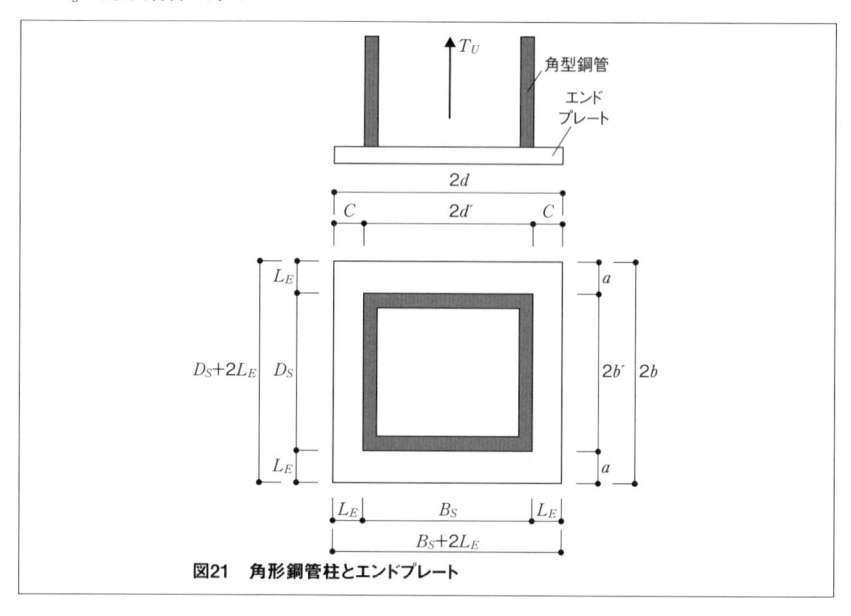

図21　角形鋼管柱とエンドプレート

根 巻 き 柱 脚 ・ 基 礎 梁 主 筋 定 着 部 の 構 造 規 定

1）根巻き柱主筋の柱梁接合部内定着部（図18）

①根巻き柱主筋の柱梁接合部内定着長さ ℓ_{ac} は，基礎梁上面から基礎梁下端筋の下部まで延長し，かつ，JASS 5 の直線定着長さ L_2 以上とする。ただし，引抜力が

【参考文献】

1)（一社）建築構造技術支援機構：
　SABTEC機械式定着工法RC構造
　設計指針（2022年）

生じる1本杭基礎の場合，根巻き柱主筋と杭頭補強筋の間はあき重ね継手とする。

②基礎梁下端筋（1段筋）中心から根巻き柱主筋下端までの寸法C_{Bot}は$5d_b$以上とし，$3d_b$以内に定着部拘束筋を配置する。

③根巻き柱主筋中心の側面かぶり厚さは$2d_b$以上とし，根巻き柱主筋定着金物のかぶり厚さはJASS 5の設計かぶり厚さ以上とする。

　　d_b：根巻き柱主筋呼び名の値

2）接合部横補強筋および定着部拘束筋

　ト形，十字形接合部ともに，XY方向ごとに，接合部横補強筋比$p_{jwh} \geqq 0.2\%$とし，かつ，接合部横補強筋と定着部拘束筋の全補強筋量$\Sigma(p_{jwh} \cdot \sigma_{wy})$は，鉄骨根巻き柱脚・基礎梁主筋定着部編[5]3.4節の式（3.10）を満足するとともに，定着部拘束筋は，同編3.3節の式（3.7）を満足しなければならない。

3）基礎梁主筋定着部（図22）

①基礎梁主筋定着長さℓ_{ag}は，根巻き柱面からSABTEC指針[1] 8.1節（1）で規定する必要定着長さℓ_{ao}以上，$16d_b$以上，かつ，$(d_p + d_b/2)$以上，かつ，$0.75D_c$以上とした場合，根巻き柱面から基礎梁主筋定着金物の定着板内面までの機械式直線定着とすることができる。

　　d_p：根巻き柱面から直交基礎梁最外縁主筋位置までの距離

　　d_b：基礎梁主筋呼び名の値，D_c：柱せい

②直交基礎梁最外縁主筋d_{pa}区間外の基礎梁上端筋定着部は，SABTEC指針[1] 14.2節（2），基礎梁下端筋定着部は同指針14.2節（3）の規定を満足しなければならない。

③基礎梁主筋中心から根巻き柱面までの側面かぶり厚さC_sは$3d_b$以上とし，基礎梁主筋先端の定着金物各部のかぶり厚さはJASS 5の設計かぶり厚さ以上とする。

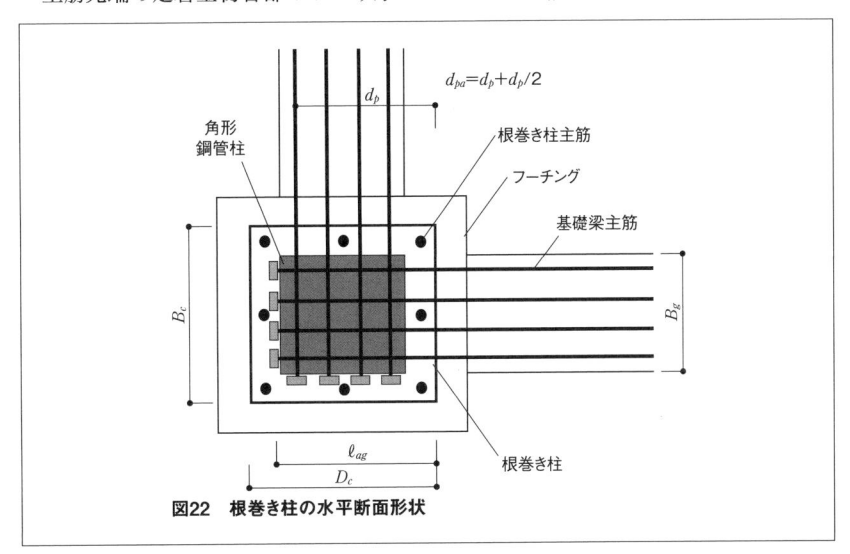

図22　根巻き柱の水平断面形状

【参考文献】

5)（一社）建築構造技術支援機構：
　鉄骨根巻柱脚・基礎梁主筋定着
　部編

基礎梁主筋定着部配筋詳細例

　鉄骨根巻き柱脚・基礎梁主筋定着部編6章による試設計骨組の 根巻き柱・柱梁接合部配筋詳細設計例を，図23に示す。同編6章では，同図の配筋詳細設計例の設計方針，設計諸元および検定結果の詳細を示している。

同編の根巻き柱・柱梁接合部配筋詳細の場合，図23に示すように，実験を基に根巻き柱主筋を機械式定着にしているので，根巻き柱断面寸法が抑えられる。これに対し，根巻き柱主筋先端を折曲げ定着にすると，JASS5で規定される折曲げ内法半径を確保する必要があるので，根巻き柱断面寸法が機械式定着の場合よりも大きくなる。

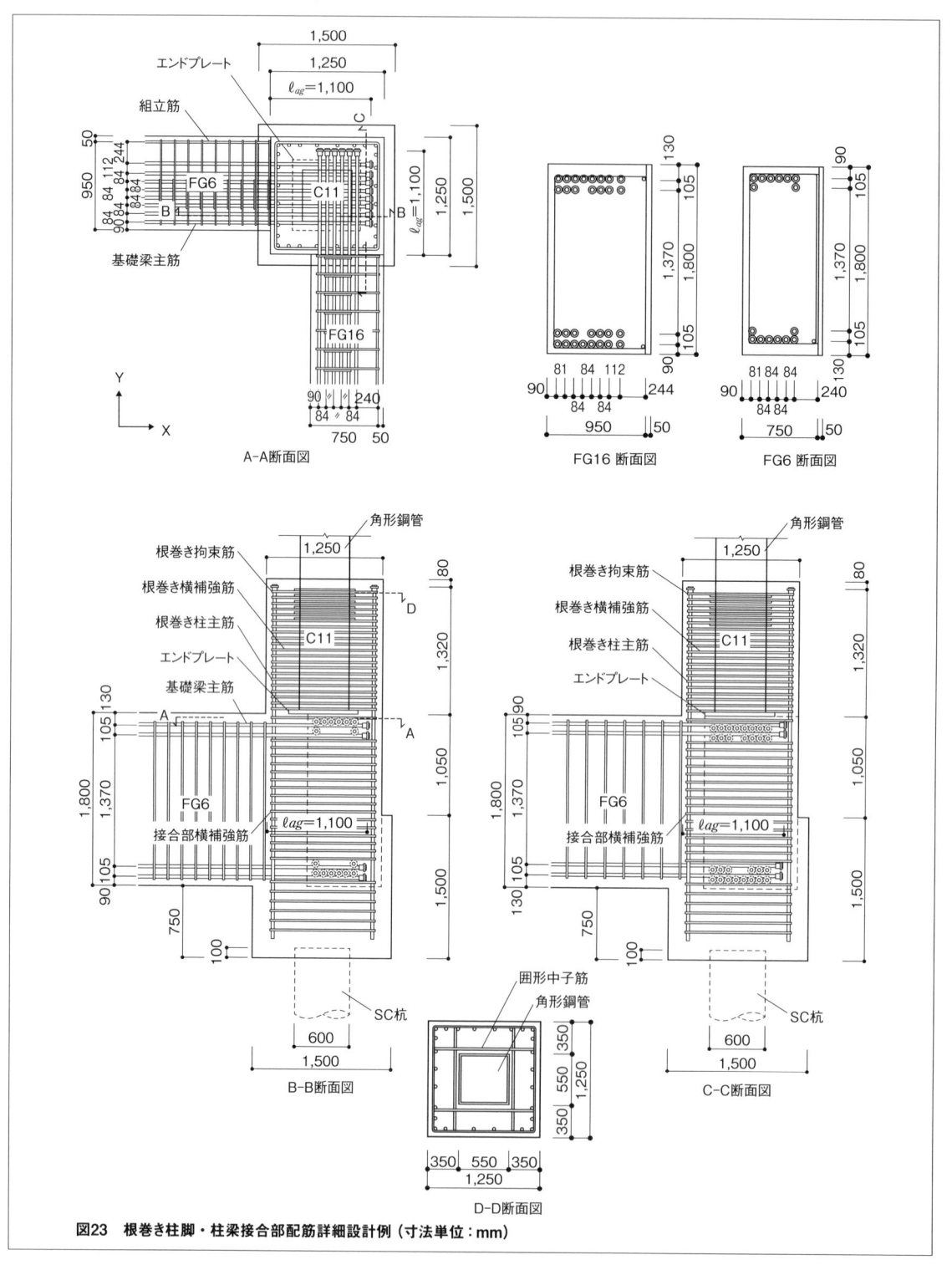

図23　根巻き柱脚・柱梁接合部配筋詳細設計例（寸法単位：mm）

第V章の①SABTEC機械式定着工法組込プログラムの概要では，SABTEC機械式定着工法RC構造設計指針10章で規定した置換え方式により，ト形，L形，T形，十字形接合部の梁，柱主筋定着長さと接合部横補強筋比を検定できることについて概説し，②SABTEC機械式定着工法組込プログラムの基本事項について紹介するとともに，③接合部横補強筋と柱部帯筋の加工帳プログラムに関して，SS7本体とSS7組込プログラムのデータを用いたプログラム仕様を提案する。

第V章
SABTEC機械式定着工法組込プログラム

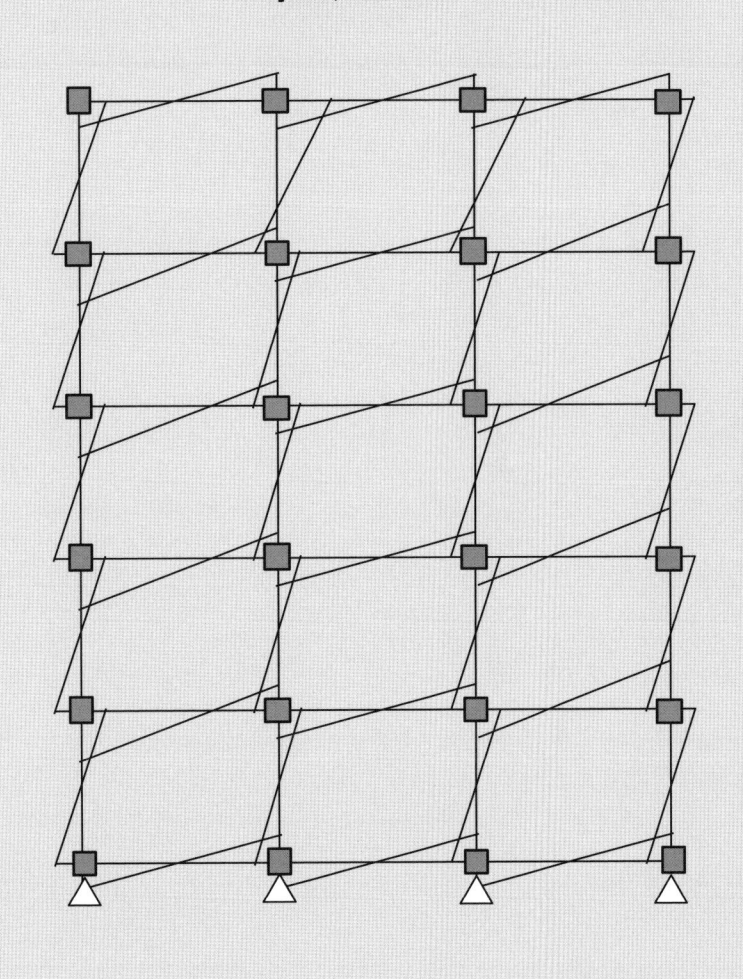

SABTEC 機械式定着工法組込プログラムの概要

【参考文献】
1) （一社）建築構造技術支援機構：SABTEC 機械式定着工法 SS7 組込プログラム取扱い説明書(2022年)
2) （一社）建築構造技術支援機構：SABTEC 機械式定着工法 RC 構造設計指針（2022年）

SABTEC 機械式定着工法組込プログラム[1]では，図1の分離モデルによる上部骨組の弾塑性解析結果を用い，図2に示すように，SABTEC 指針[2] 10 章で定義した置換え方式により，ト形，L 形，T 形，十字形接合部について，梁，柱主筋定着長さと接合部横補強筋比 p_{jwh} を検定することができる。

2019 年版の SS7 組込プログラム[※1]は，慣用配筋と梁主筋外定着配筋を適用対象として，SABTEC 指針（2019年）に準拠し，2016 年初版の SS3 組込プログラムを改定している。また，2019 年版リリース後 2022 年にかけて，幅広型直交基礎梁主筋定着部の平面的な納まり条件を考慮した梁主筋最小定着長さに関する検定方式を選定できるように，順次リリースしている。

一方，SABTEC 機械式定着工法 SS7 組込プログラム取扱説明書（2022年）では，鉄筋工事の合理化を意図した接合部横補強筋と柱部帯筋の加工帳プログラム仕様を提案している[※2]。また，BUILD. 一貫VI組込プログラム(2022 年)は，SABTEC 機械式定着工法 RC 構造設計指針（2022年）に準拠し，SS7 組込プログラムと同様の機能を追加し，2012 年リリースの BUILD. 一貫IV＋組込プログラムを改定している[※3]。

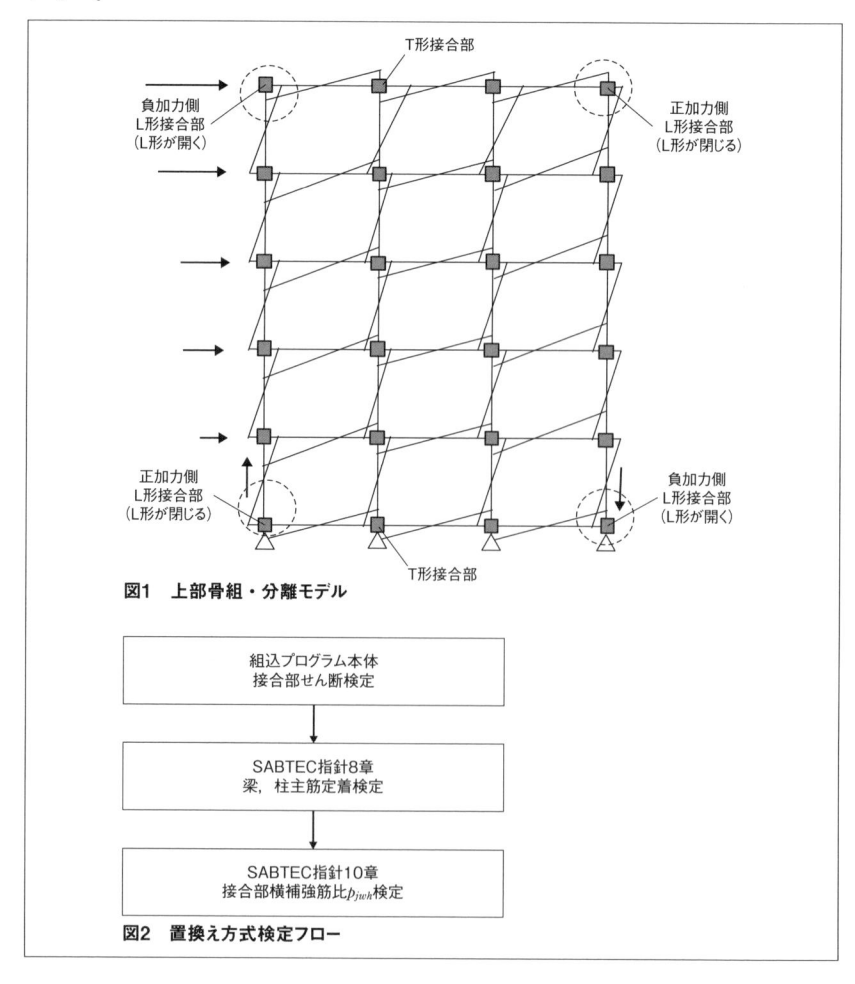

図1　上部骨組・分離モデル

図2　置換え方式検定フロー

SABTEC機械式定着工法組込プログラムの基本事項

【参考文献】
2)（一社）建築構造技術支援機構：
SABTEC機械式定着工法RC構造
設計指針（2022年）

本組込プログラムの特長および置き換え方式

　SABTEC機械式定着工法組込プログラムでは，一貫構造計算プログラム本体の
データを用い，置換え方式により，梁，柱主筋定着長さと接合部横強補筋比 p_{jwh} を
検定している。置換え方式は，一貫構造計算プログラムを用い，SABTEC指針[2] 10
章（1）で定義する技術基準解説書による接合部せん断設計条件と照し合せて確認
する検定方式である。

　すなわち，一貫構造計算プログラムによる構造計算書を用いて「建築確認」を申
請する場合，いずれも置換え方式を採用することができる。

　また，基礎免震工法や地震応答解析の場合にも，設計で採用する保証メカニズム
時層間変形角を設定するので，置換え方式の検定方法を適用することができる。

普通強度材料と高強度材料の適用範囲

　SABTEC機械式定着工法組込プログラムでは，SABTEC指針（2022年）[2]に従
い，図3に示すように，SD295〜SD490の普通強度鉄筋と F_c21〜F_c60 の普通強度
コンクリートを組合せた普通強度材料，590 N/mm²級，685 N/mm²級高強度鉄筋
と F_c45〜F_c120 の高強度コンクリートを組合せた高強度材料，ならびにSD295〜
SD490の普通強度鉄筋と F_c60〜F_c120 の高強度コンクリートを組み合わせた場合
を適用範囲としている。

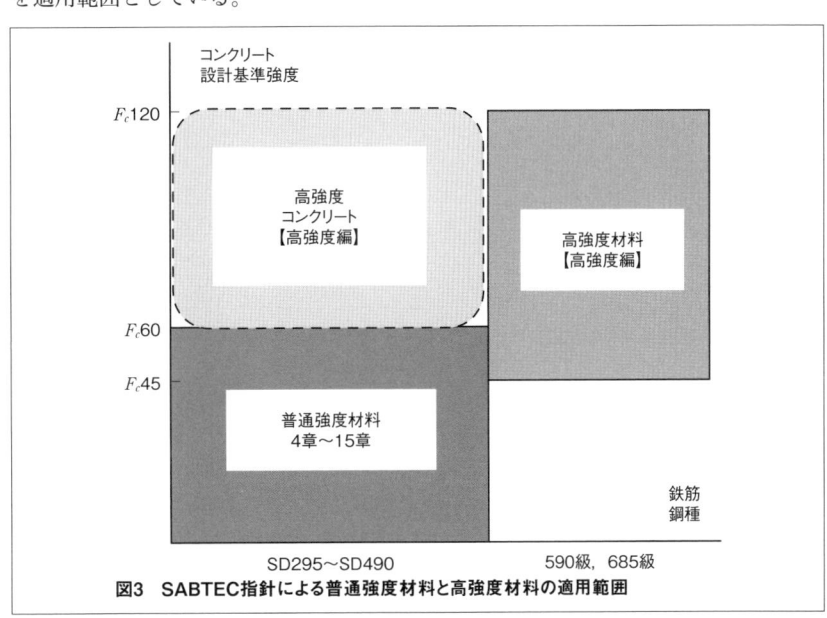

図3　SABTEC指針による普通強度材料と高強度材料の適用範囲

本組込プログラムで用いる定着金物の詳細寸法

　SABTEC機械式定着工法組込プログラムでは，表1のSABTEC技術評価を取得
したネジ節型と円形定着板型定着金物の詳細寸法を考慮し，梁主筋定着長さ ℓ_{ag} の
検定に用いる次項の直交梁付きト形接合部の接合部形式を基に，梁主筋最小定着長
さ L_{ag} を定義している。

表1　定着金物の詳細寸法

(a) ネジ節鉄筋型

定着筋呼び名	ネジ節鉄筋型											
	ネジプレート				タフネジナット				オニプレート			
	L_A (mm)	T_A (mm)	Δ (mm)	L_N (mm)	L_A (mm)	T_A (mm)	Δ (mm)	L_N (mm)	L_A (mm)	T_A (mm)	Δ (mm)	L_N (mm)
D13	40	5	3.4	31.6	48	7	0	41	—	—	—	—
D16	46	6	4.2	35.8	48	7	0	41	—	—	—	—
D19	46	7	5.0	34.0	48	7	0	41	60	7	10	43
D22	51	8	5.8	37.2	55	10	0	45	65	8	10	47
D25	57	9	6.6	41.4	60	11	0	49	70	9	10	51
D29	65	10	7.4	47.6	70	12	0	58	80	10	10	60
D32	74	11	8.4	54.6	80	13	0	67	90	11	10	69
D35	82	13	9.2	59.8	80	14	0	66	95	13	10	72
D38	85	15	10.0	60.0	80	15	0	65	100	15	10	75
D41	90	16	10.8	63.2	80	16	0	64	105	16	10	79

$L_N = L_A + (T_A + \Delta)$
ネジプレート：L_A：フリータイプ，$\Delta = L_3$
タフネジナット（タフナット）：$\Delta = 0$
オニプレート：$\Delta = 10$mm

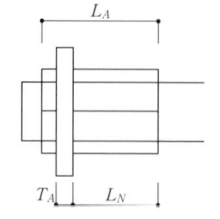

(b) 円形定着板型

定着筋呼び名	円形定着板型								
	タフヘッド		FRIP定着板		EG定着板		DBヘッド		
	L_A (mm)	T_A (mm)	L_A (mm)	T_A (mm)	L_A (mm)	T_A (mm)	L_A (mm)	Δ (mm)	T_A (mm)
D13	11	11	11	11	14	5	—	—	—
D16	13	13	13	13	16	6	20	10	10
D19	16	16	16	16	18	7	23	11	12
D22	19	19	18	18	20	7	27	13	14
D25	22	22	20	20	22	8	30	15	15
D29	25	25	24	24	24	8	35	17	18
D32	28	28	26	26	26	9	39	19	20
D35	28	28	28	28	29 (35)	10	42	21	21
D38	32	32	31	31	31 (38)	10	46	23	23
D41	33	33	33	33	33 (41)	11	50	25	25

【注記】EG定着板のL_A, T_Aの（　）内は，高強度材料用の値を示す。
タフヘッド，FRIP定着板：$L_A = T_A + \Delta$，$\Delta = 0$
EG定着板：$L_A = t$，$T_A = b_r$，$t =$ 円形定着板厚さ，$b_r =$ バリ幅
DBヘッドの場合：$L_A = T_A + \Delta$，$\Delta = L_o$：背面側鉄筋こぶ厚さ

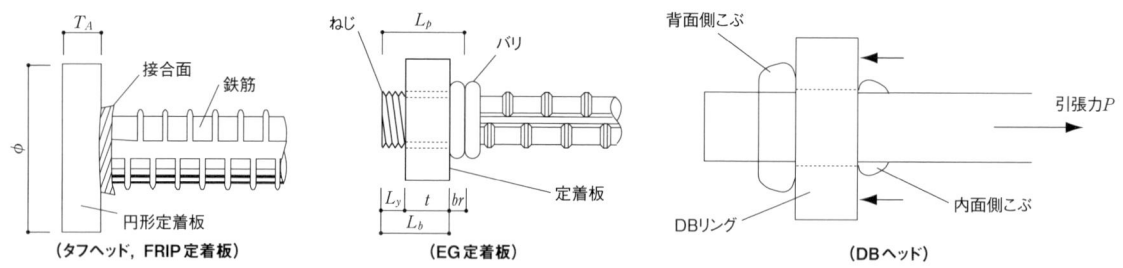

（タフヘッド，FRIP定着板）　　（EG定着板）　　（DBヘッド）

【参考文献】

1）（一社）建築構造技術支援機構：SABTEC 機械式定着工法 SS7 組込プログラム取扱い説明書(2022 年)

直交梁付きト形接合部の接合部形式

　本組込プログラム[1]では，図 4 の接合部形式に示すように，直交梁付きト形接合部について，梁割増し幅考慮方式の A1，A2，B1，B2, 梁割増し幅無視方式の C，D，A0 と本指針適用不可の C'，D' に応じて，SS7 や BUILD. 一貫Ⅵ本体のデータを用い，柱梁接合部内の加力梁主筋定着長さ ℓ_{ag} を検定することができる。

　図 4 では，柱内面から直交梁側面までの距離 ΔB_g を用い，$\Delta B_g<0$ は柱内面からの出寸法，$\Delta B_g>0$ は柱内面からの凹み寸法を判別している。梁割増し幅考慮方式は，$\Delta B_g=0$ の外面合せと内面合せ接合部の A1，A2，B1，B2 に適用し，A2，B2，C，D は幅広型直交梁，A1，B1，A0，C'，D' は非幅広型直交梁付き接合部を示す。梁割増し幅考慮方式の A1，A2，B1，B2 では，平面的な納まり関係より，数値計算上，接合部配筋詳細の納まりを考慮した梁主筋最小定着長さ L_{ag} を定義している。

　一方，梁割増し幅無視方式の場合，梁主筋最小定着長さ L_{ag}＝柱せい $D_c×0.75$ として梁主筋定着長さ ℓ_{ag} を検定するので，接合部配筋詳細図で，鉄筋工事前に接合部配筋詳細の納まりを確認する必要がある。2019 年版では，梁主筋最小定着長さの

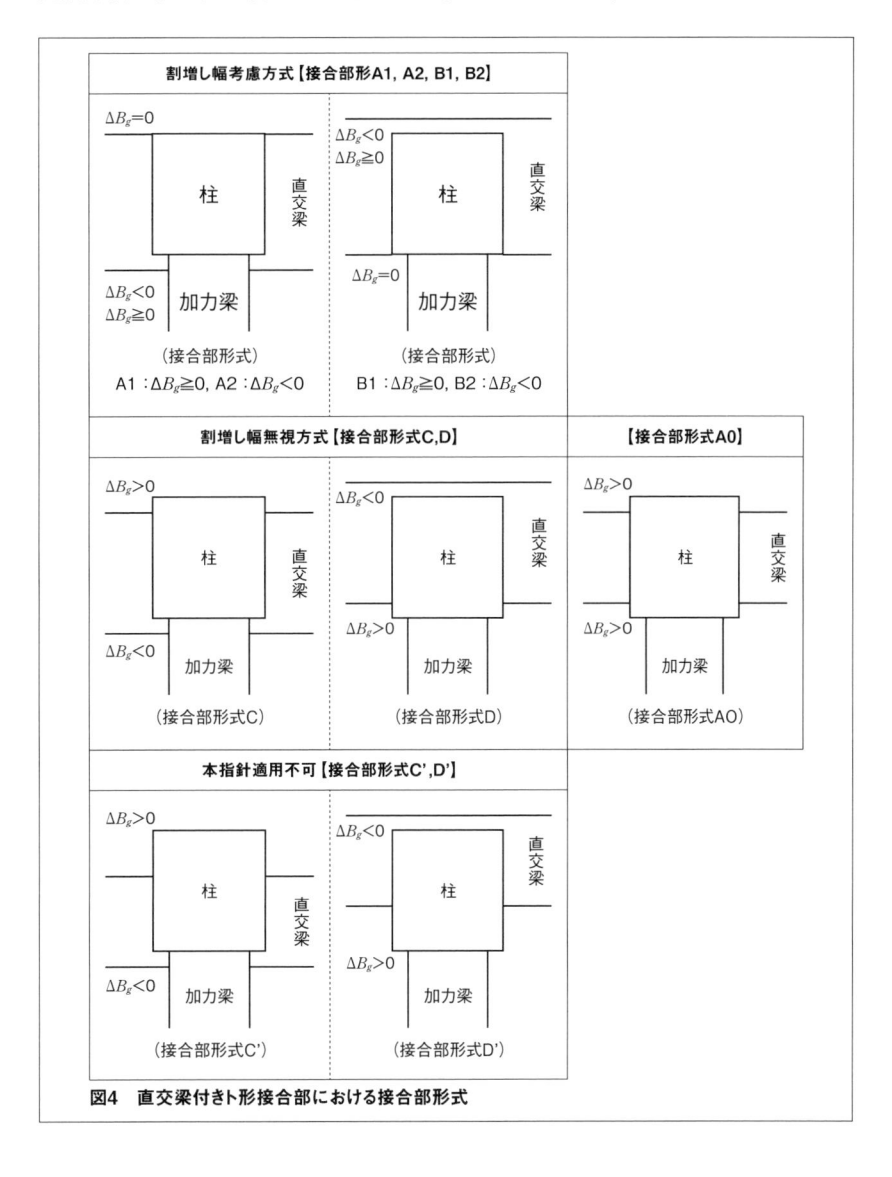

図4　直交梁付きト形接合部における接合部形式

算定時に梁割増し幅考慮方式のみとしていたが，RC 梁の断面設計の自由度を高めるために，2022 年版では，梁割増し幅考慮方式と梁割増し幅無視方式を選定できるようにしている。

ト 形 接 合 部 に お け る 梁 主 筋 定 着 長 さ

SABTEC 機械式定着工法組込プログラムでは，図 5 に示すように，外面合せと芯合せの場合には慣用配筋，内面合せの場合には梁主筋外定着配筋とし，図 6 に示すように，柱せい D_c が梁主筋定着長さ ℓ_{ag} と背面かぶり厚さ C_b の和以上になることを下式で判定している。

【梁主筋定着長さの判定条件】$D_c \geqq \ell_{ag} + C_b$

図 5 では，$C_0 = $ 梁隅筋かぶり厚さ（$P_{2A} + C$），C は RC 配筋指針による設計かぶり厚さ，P_{2A} は梁隅筋中心からあばら筋外面までの距離を示す（本マニュアル「柱，梁断面内の主筋位置」（16 頁）参照）。

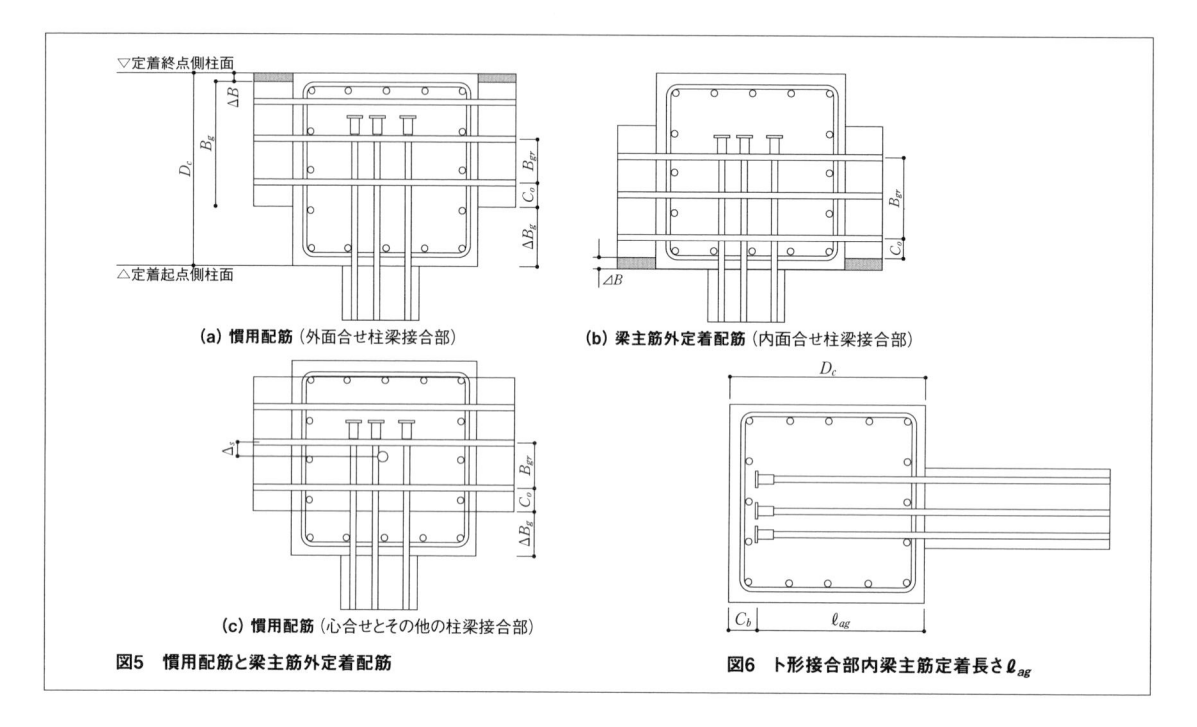

(a) 慣用配筋（外面合せ柱梁接合部）　　(b) 梁主筋外定着配筋（内面合せ柱梁接合部）

(c) 慣用配筋（心合せとその他の柱梁接合部）

図5　慣用配筋と梁主筋外定着配筋　　　　**図6　ト形接合部内梁主筋定着長さ ℓ_{ag}**

【参考文献】
2)（一社）建築構造技術支援機構：
　SABTEC 機械式定着工法RC構造
　設計指針（2022 年）

梁主筋外定着配筋の梁主筋定着長さ ℓ_{ag} および最上階と最下階の L 形，T 形接合部における柱主筋外定着の配筋仕様は，SABTEC 指針[2]・柱主筋外定着方式編（以下，外定着編と略記）3 章「梁，柱主筋定着設計」と 4 章「接合部配筋詳細」で規定されている。

柱 主 筋 定 着 長 さ

SABTEC 機械式定着工法組込プログラムでは，SABTEC 指針[2] 8.2 節に従い，図 7 に示すように，梁せい D_g が慣用配筋による柱主筋定着長さ ℓ_{ac} と背面かぶり厚さ C_b の和以上になることを下式で判定している。

$$D_g \geqq \ell_{ac} + C_b$$

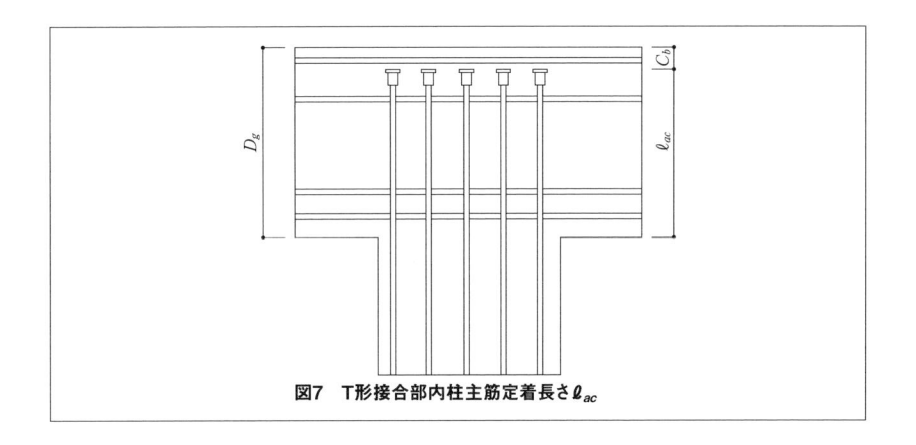

図7　T形接合部内柱主筋定着長さ ℓ_{ac}

接合部横補強筋と柱部帯筋の加工帳プログラム

提案する加工帳プログラム仕様

　RC配筋指針[4]によると，図8に示すように，設計図書と施工計画書および鉄筋施工図より，接合部横補強筋と柱部帯筋の鉄筋加工帳が作成される。一方，設計図書の柱，梁配筋諸元は，一貫構造計算プログラムの計算結果を基に決定するので，SS7本体とSS7組込プログラムのデータを用い，鉄筋加工帳データを作成できれば都合がよい。

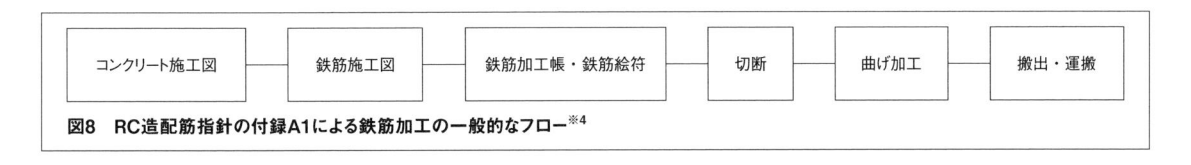

図8　RC造配筋指針の付録A1による鉄筋加工の一般的なフロー[4]

　本マニュアル「鉛直段差梁付き十字形接合部」（28頁）によると，鉛直段差梁付き柱梁接合部の場合，接合部横補強筋と柱部帯筋の組数は，XY方向ともに，図9，図10に示すように，接合部横補強筋比 p_{jwh} と柱部帯筋比 p_{cw} の大小関係より定まる。

　図9（a），（b），図10（a），（b）では，左図が直交梁・正梁，右図が直交梁・逆梁を示し，図9（a）と図10（a）は $p_{jwh} \leqq p_{cw}$ の場合，図9（b）と図10（b）は $p_{jwh} > p_{cw}$ の場合である。

　$p_{jwh} \leqq p_{cw}$ の場合，柱梁接合部の上下柱部帯筋は柱梁接合部内まで配置され，接合部横補強筋範囲 D_{jx} がSABTEC指針7.1節[2]で想定した接合部範囲よりも減少するので，鉄筋工事の際，接合部横補強筋が安全側に配置されるように，接合部横補強筋組数を的確に配置する必要がある。

　これらより，本節では，接合部横補強筋と柱部帯筋の加工帳プログラム仕様を提案している[2]。本加工帳プログラム仕様によると，設計段階で接合部配筋詳細の施工上の問題点を把握できるとともに，鉄筋加工帳作成作業が格段に省力化される。

　加工帳プログラムでは，p_{jwh} はSS7組込プログラムで求められる接合部横補強筋比とし，p_{cw} はSS7本体で求められる柱部帯筋比とする。ただし，SS7組込プログラムによる「断面省略部材」機能で接合部横補強筋比 p_{jwh} が算定されていない場合には，構造規定として定めた最小接合部横補強筋比とする。

【参考文献】
2）（一社）建築構造技術支援機構：
　　SABTEC機械式定着工法RC構造
　　設計指針（2022年）

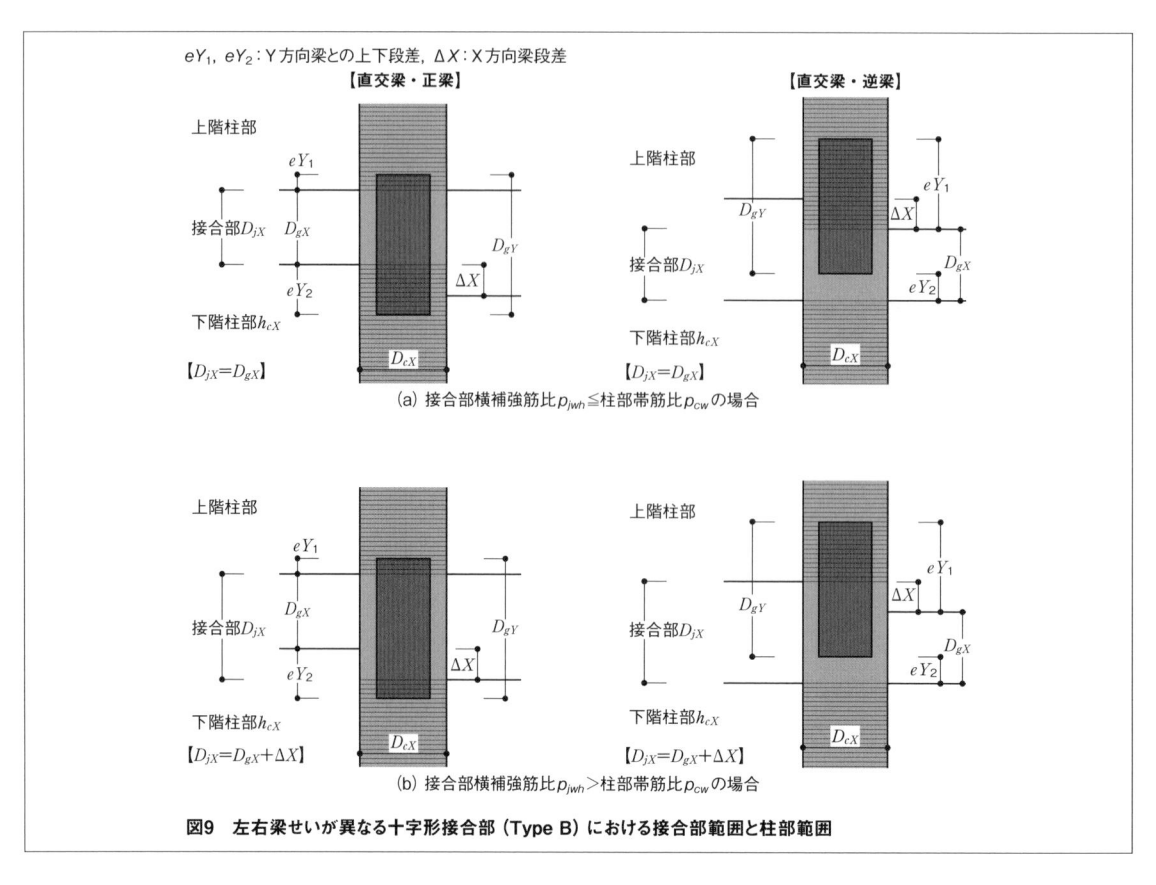

eY_1, eY_2：Y方向梁との上下段差，ΔX：X方向梁段差

【直交梁・正梁】　　　**【直交梁・逆梁】**

(a) 接合部横補強筋比$p_{jwh} \leqq$柱部帯筋比p_{cw}の場合

(b) 接合部横補強筋比$p_{jwh} >$柱部帯筋比p_{cw}の場合

図9　左右梁せいが異なる十字形接合部（Type B）における接合部範囲と柱部範囲

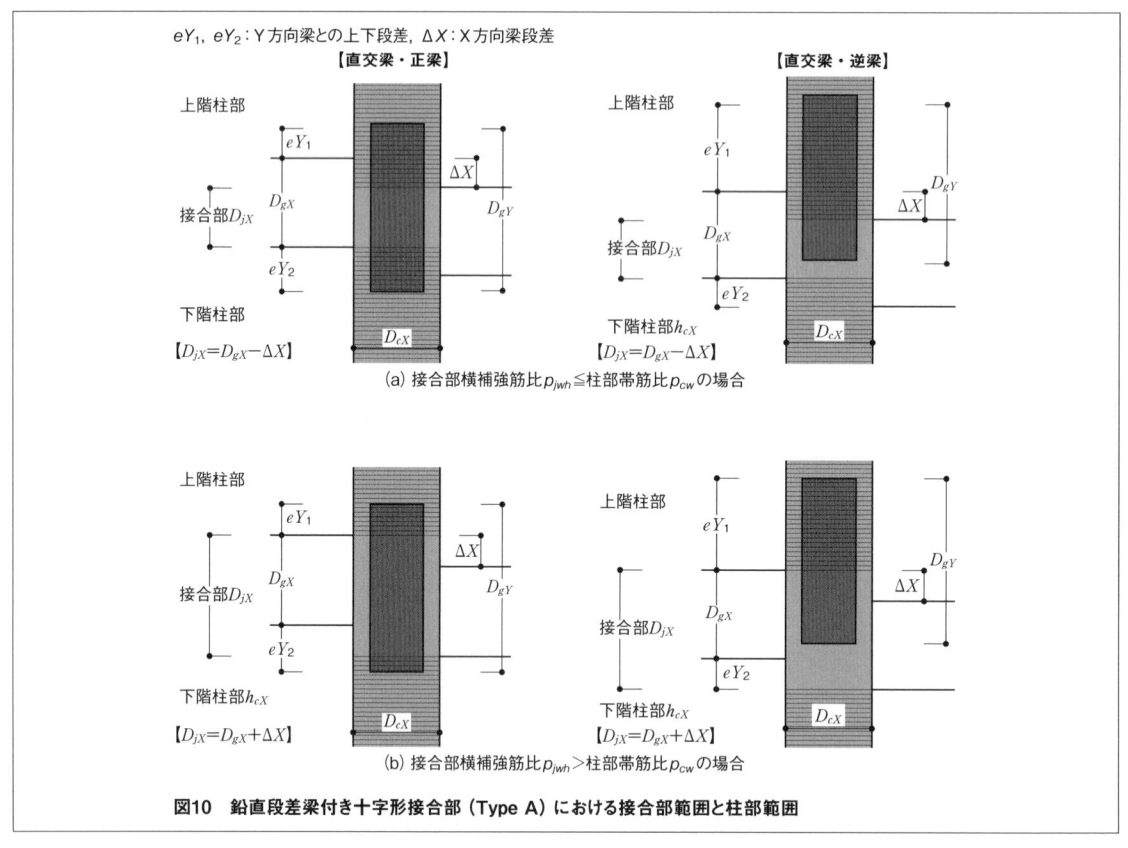

eY_1, eY_2：Y方向梁との上下段差，ΔX：X方向梁段差

【直交梁・正梁】　　　**【直交梁・逆梁】**

(a) 接合部横補強筋比$p_{jwh} \leqq$柱部帯筋比p_{cw}の場合

(b) 接合部横補強筋比$p_{jwh} >$柱部帯筋比p_{cw}の場合

図10　鉛直段差梁付き十字形接合部（Type A）における接合部範囲と柱部範囲

接 合 部 横 補 強 筋 と 柱 部 帯 筋 に か か わ る 寸 法 諸 元

1）接合部範囲 D_{jX}, D_{jY} と柱部範囲 h_{cX}, h_{cY}

　以下の（a）〜（d）の場合，図 9 の左右梁せいが異なる十字形接合部および図 10 の鉛直段差梁付き十字形接合部と同様，それぞれ接合部範囲と柱部範囲の算定式が定められる。

①左右梁せいが異なる十字形接合部および鉛直段差梁付き十字形接合部の接合部範囲 D_{jX}, D_{jY}

【左右梁せいが異なる十字形接合部】

$p_{jwhX} \leqq p_{cwX}$ の場合：$D_{jX}=D_{gX}$, $p_{jwhX}>p_{cwX}$ の場合：$D_{jX}=D_{gX}+\Delta X$　　　　(1)

$p_{jwhY} \leqq p_{cwY}$ の場合：$D_{jY}=D_{gY}$, $p_{jwhY}>p_{cwY}$ の場合：$D_{jY}=D_{gY}+\Delta Y$　　　　(2)

【鉛直段差梁付き十字形接合部】

$p_{jwhX} \leqq p_{cwX}$ の場合：$D_{jX}=D_{gX}-\Delta X$, $p_{jwhX}>p_{cwX}$ の場合：$D_{jX}=D_{gX}+\Delta X$　　(3)

$p_{jwhY} \leqq p_{cwY}$ の場合：$D_{jY}=D_{gY}-\Delta Y$, $p_{jwhY}>p_{cwY}$ の場合：$D_{jY}=D_{gY}+\Delta Y$　　(4)

②左右梁せいが異なる T 形接合部および鉛直段差梁付き T 形接合部の接合部範囲 D_{jX}, D_{jY}

【左右梁せいが異なる T 形接合部】

$p_{jwhX} \leqq p_{cwX}$ の場合：$D_{jX}=D_{gX}$, $p_{jwhX}>p_{cwX}$ の場合：$D_{jX}=D_{gX}+\Delta X$　　　　(5)

$p_{jwhY} \leqq p_{cwY}$ の場合：$D_{jY}=D_{gY}$, $p_{jwhY}>p_{cwY}$ の場合：$D_{jY}=D_{gY}+\Delta Y$　　　　(6)

【鉛直段差梁付き T 形接合部】

$p_{jwhX} \leqq p_{cwX}$ の場合：$D_{jX}=D_{gX}-\Delta X$, $p_{jwhX}>p_{cwX}$ の場合：$D_{jX}=D_{gX}+\Delta X$　　(7)

$p_{jwhY} \leqq p_{cwY}$ の場合：$D_{jY}=D_{gY}-\Delta Y$, $p_{jwhY}>p_{cwY}$ の場合：$D_{jY}=D_{gY}+\Delta Y$　　(8)

③ト形および L 形接合部の接合部範囲 D_{jX}, D_{jY}　　　$D_{jX}=D_{gX}$, $D_{jY}=D_{gY}$　　　　(9)

④XY 方向の柱部範囲 h_{cX}, h_{cY}　　　$h_{cX}=h-D_{jX}$, $h_{cY}=h-D_{jY}$　　　　(10)

2）接合部横補強筋の組数 N_{jX}, N_{jY}

　接合部範囲に配置すべき各地震力方向の接合部横補強筋の組数は，5.3.1 項（3）で前述のように，SS7 組込プログラムの場合，下記①の断面省略部材（省略）無と②断面省略部材（省略）有の算定式で定められる。ただし，接合部補強筋の中子筋本数 n_{jo} は，①断面省略部材（省略）無では SS7 機械式定着編の計算値とし，②断面省略部材（省略）有では SS7 本体の出力値とする。

①断面省略部材（省略）無

$p_{jwhX} \leqq p_{cwX}$ の場合：$N_{jX}=n_{hX}$

$p_{jwhX} > p_{cwX}$ の場合：$N_{jX} = \mathrm{Roundup} \left\{ \dfrac{n_{hX} \cdot D_{jX}}{D_{gX}+\Delta X}, 0 \right\}$　　　　(11)

$p_{jwhY} \leqq p_{cwY}$ の場合：$N_{jY}=n_{hY}$

$p_{jwhY} > p_{cwY}$ の場合：$N_{jY} = \mathrm{Roundup} \left\{ \dfrac{n_{hY} \cdot D_{jY}}{D_{gY}+\Delta Y}, 0 \right\}$　　　　(12)

②断面省略部材（省略）有

$$N_{jX} = \mathrm{Roundup} \left\{ \frac{p_{jwhX} \cdot B_{cX} \cdot j_{tgoX}}{(n_{joX}+2) \cdot a_w}, 0 \right\} \tag{13}$$

$$N_{jY} = \mathrm{Roundup} \left\{ \frac{p_{jwhY} \cdot B_{cY} \cdot j_{tgoY}}{(n_{joY}+2) \cdot a_w}, 0 \right\} \tag{14}$$

柱部帯筋の組数は SS7 本体の柱部帯筋間隔を用いると，式（15）で定められる。

$$N_{cX} = \text{Roundup}\left(\frac{h_{cX}}{X_c}\right)+1, \quad N_{cY} = \text{Roundup}\left(\frac{h_{cY}}{X_c}\right)+1 \tag{15}$$

ここに，p_{jwhX}, p_{jwhY}：接合部横補強筋比

a_w：接合部横補強筋の断面積（SS7 機械式定着・計算結果）

n_{hX}, n_{hY}：接合部横補強筋の必要組数，n_{joX}, n_{joY}：接合部中子筋の本数

p_{cwX}, p_{cwY}：柱部帯筋比，x_c：柱部帯筋間隔（SS7 本体・計算結果）

h：階高，D_{jX}, D_{jY}：接合部範囲，h_{cX}, h_{cY}：X 方向と Y 方向の柱部範囲

ΔX, ΔY：X 方向と Y 方向の左右梁せい差

j_{tgoX}, j_{tgoY}：X 方向と Y 方向の梁最外縁主筋の上下中心間距離

接 合 部 横 補 強 筋 と 柱 部 帯 筋 の 加 工 寸 法

外周筋の加工寸法 R_{cx}, R_{cy} は，式（16）で算定する（図 11 参照）。

$$R_{cX} = D_{cX} - (2C_0 + \Delta), \quad R_{cY} = D_{cY} - (2C_0 + \Delta) \tag{16}$$

ここに，D_{cX}, D_{cY}：柱幅および柱せい

C_0：設計かぶり厚さ，Δ：加工誤差

設計かぶり厚さ C_0 は，RC 配筋指針では，標準・長期の場合，屋内では 40 mm，屋外では 50 mm としている。また，加工誤差 Δ は，通常，5 mm 程度としている。

表 2　接合部横補強筋と柱部帯筋の加工帳データ出力例

層	X軸	Y軸	符号	h (mm)	方向	形状	D_c (mm)	D_g (mm)	j_{tgo} (mm)	段差有無	省略有無	種類1
RF	1	A	12C1	3,000	X	L形	1,000	850	640	無	無	SD345
					Y	L形	1,000	750	540	無	無	
12F	1	A	12C1	3,000	X	ト形	1,000	850	640	無	無	SD345
					Y	ト形	1,000	750	540	無	無	
9F	1	A	8C1	3,000	X	ト形	1,000	850	640	無	無	SD345
					Y	ト形	1,000	750	540	無	無	
9F	2	B	8C2	3,000	X	十字形	1,000	850	640	有	有	SD345
					Y	十字形	1,000	750	540	有	有	
1F	1	A	1C1	3,000	X	L形	1,000	850	640	無	無	SD345
					Y	L形	1,000	750	540	無	無	

【記号】

h：階高	(mm)	X_c：柱部帯筋間隔	(mm)
D_c：柱せい	(mm)	j_{tgo}：梁上下最外縁主筋の中心間距離	(mm)
D_g：梁せい	(mm)	n_{jp}：接合部中子筋の本数	(本)
D_j：接合部範囲	(mm)	n_h：接合部横補強筋の必要組数（SS7計算結果）	(組)
h_c：柱部範囲	(mm)	N_j：接合部横補強筋の組数	(組)
p_{jwh}：接合部横補強筋比（SS7計算結果）	(%)	N_c：柱部帯筋の組数	(組)
p_{ew}：柱部帯筋比（SS7計算結果）	(%)	R_c：柱部帯筋，接合部横補強筋（外周筋）加工寸法	(mm)
		種類1，2：柱部帯筋および接合部横補強筋の種類	
		呼び名1，2：柱部帯筋および接合部横補強筋の呼び名	

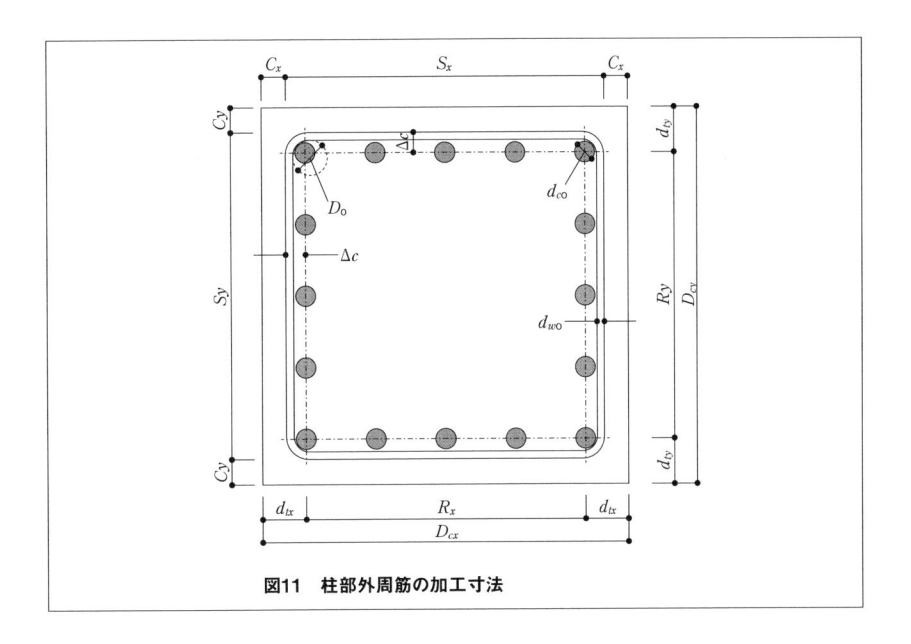

図11　柱部外周筋の加工寸法

【参考文献】

※1 益尾潔：「連載」SABTEC 機械式定着工法 RC 構造設計指針・SS7 組込プログラム取扱説明書（2019 年）②SS7 組込プログラム RC 接合部，建築技術 2020 年 9 月号，pp.162-165

※2 益尾潔：「連載」SABTEC 機械式定着工法 SS7 組込プログラム取扱説明書（2022 年）①幅広型直交梁付きト形接合部，建築技術 2022 年 4 月号，pp.58-60，②接合部横補強筋と柱部帯筋の加工帳プログラム仕様，建築技術 2022 年 5 月号，pp.54-57

※3 益尾潔：「連載」SABTEC 機械式定着工法 BUILD.一貫VI組込プログラム（2022 年）①BUILD.一貫VI組込プログラムおよび主筋定着検定の概要，建築技術 2023 年 2 月号，pp.36-39，②接合部せん断検定と接合部横補強筋比検定およびプログラム適用例，建築技術 2023 年 3 月号，pp.50-53

※4 日本建築学会：鉄筋コンクリート造配筋指針・同解説（2021 年），付録 A1 鉄筋コンクリート造の配筋組立ての順序，pp.269-273，2021 年

呼び名1	種類2	呼び名2	p_{jwh} (%)	p_{cw} (%)	X_c (mm)	D_j (mm)	h_c (mm)	n_{jo} (本)	n_h (組)	N_j (本)	N_c (組)	R_c (mm)
D13	SD345	D13	0.35	0.50	100	750	2,250	2	6	5	24	915
			0.25	0.20	100	850	2,150	0	7	7	23	915
D13	SD345	D13	0.35	0.50	100	750	2,250	2	6	5	24	915
			0.25	0.20	100	850	2,150	0	7	7	23	915
D13	SD345	D13	0.35	0.50	100	750	2,250	2	6	5	24	915
			0.25	0.20	100	850	2,150	0	7	7	23	915
D13	SD345	D13	0.20	0.50	100	750	2,250	0		6	24	915
			0.20	0.20	100	850	2,150	0		5	23	915
D13	SD345	D13	0.35	0.50	100	750	2,250	2	6	5	24	915
			0.25	0.20	100	850	2,150	0	7	7	23	915

第VI章の①高強度せん断補強筋設計施工指針では，SABTEC 高強度せん断補強筋設計指針発刊の経緯，SABTEC 評価高強度せん断補強筋の特長，基礎梁横補強筋フック付き重ね継手について紹介し，②中段筋基礎梁工法では，同工法開発の経緯，中段筋基礎梁設計の基本事項，中段筋梁実験について紹介する。

また，③IKG スキップ梁工法では，同工法開発の経緯，ならびに曲げ耐力に影響しない機械式鉄筋継手周囲区間での横補強筋の配置方法について紹介する。

第VI章
高強度・太径鉄筋関連の
SABTEC 技術評価工法

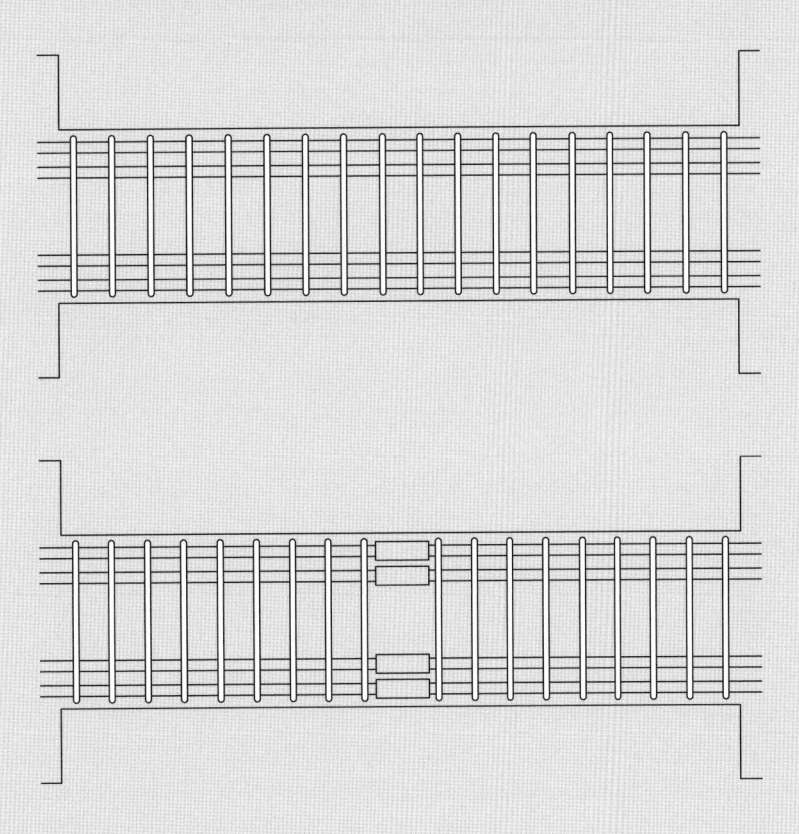

高強度せん断補強筋設計施工指針

ＳＡＢＴＥＣ 指 針 発 刊 の 経 緯

SABTEC 指針（2016 年）[1,2]は，SABTEC 評価高強度せん断補強筋の共通設計指針であり，①梁横補強筋補正係数 β_c を考慮した損傷短期許容せん断力，②両端ヒンジ部材とみなせる柱の特別条件，③基礎梁横補強筋フック付き重ね継手が規定されている。また，2016 年以降も SABTEC 評価高強度せん断補強筋が増加する中で，基礎梁鉄筋工事の施工性改善を意図した中段筋基礎梁の技術評価が行われている。これらより，SABTEC 指針（2021 年）は，2021 年までに SABTEC 評価を取得した高強度せん断補強筋の共通設計指針として，7 章「中段筋基礎梁の設計」，8 章「構造規定」で基礎梁横補強筋フック付き重ね長さの規定を盛り込み発刊されている[3,4]。

ＳＡＢＴＥＣ 評 価 高 強 度 せ ん 断 補 強 筋

2022 年までの SABTEC 評価高強度せん断補強筋は，表 1 に示すように，メーカー 7 社の 685 N/mm² 級が 6 種類，785 N/mm² 級が 3 種類，SD490 が 1 種類の計 10 種類である。

表1　SABTEC評価高強度せん断補強筋

名　称	メーカ	鋼　種	評価番号	評価日
OT685 フープ	大谷製鉄	685N/mm² 級	SABTEC 評価 17-08R1	2021 年 8 月 21 日
スーパーフープ 685 スーパーフープ 785	岸和田製鋼 岸鋼加工	685N/mm² 級 785N/mm² 級	SABTEC 評価 15-02R3	2022 年 3 月 11 日
J フープ 785	JFE 条鋼	785N/mm² 級	SABTEC 評価 15-01	2015 年 9 月 25 日
キョウエイリング SD490,USD785	共英製鋼	SD490 785N/mm² 級	SABTEC 評価 16-05	2016 年 9 月 23 日
パワーリング 685	東京鉄鋼	685N/mm² 級	SABTEC 評価 15-03R1	2018 年 11 月 2 日
GTS フープ 685	合同製鐵	685N/mm² 級	SABTEC 評価 17-06R2	2021 年 8 月 21 日
UHY685 フープ	北越メタル	685N/mm² 級	SABTEC 評価 19-01	2019 年 1 月 23 日
キョウエイリング 685	共英製鋼	685N/mm² 級	SABTEC 評価 20-01	2020 年 1 月 22 日

SABTEC 指針（2021 年）では，表 2 に示すように，1 章「総則」と 2 章「材料」では各メーカーの共通事項について記載し，メーカーごとの高強度せん断補強筋の材料規定は，各社設計施工指針によるとしている。また，表 3 に示すように，SABTEC 指針（2021 年）3 章～6 章の基本事項は，各社設計施工指針の共通規定であり，OT685 フープ，スーパーフープ 685，785，GTS フープ 685，キョウエイリング 685 では 7 章「中段筋基礎梁の設計」を盛り込み，J フープ 785 を除く各社設計施工指針では，8 章「構造規定」のフック付き重ね継手を適用範囲としている。

表2　SABTEC高強度せん断補強筋 設計施工指針（2021年）目次

1章　総則

　1.1　適用範囲
　1.2　用語

2章　材料

　2.1　高強度せん断補強筋
　2.2　コンクリート

3章　設計の原則

4章　許容応力度設計

　4.1　許容応力度設計の方針
　4.2　許容せん断力の算定

5章　荒川mean式による終局強度設計

　5.1　設計条件
　5.2　せん断終局耐力の算定
　5.3　両端ヒンジ部材とみなせる柱の特別条件

6章　修正塑性式による終局強度設計

　6.1　設計条件
　6.2　せん断終局耐力の算定
　6.3　両端ヒンジ部材とみなせる柱の特別条件

7章　中段筋基礎梁の設計

8章　構造規定

9章　施工
参考文献
（付録）修正靭性指針式による終局強度設計
【SABTEC高強度せん断補強筋 設計施工指針概要】
【SABTEC高強度せん断補強筋 共通施工仕様書】
（関連資料1）〜（関連資料3）

表3　SABTEC評価高強度せん断補強筋の適用範囲

適用範囲	OT685 フープ	スーパーフープ		Jフープ 785	パワーリング 685	GTSフープ 685	UHY685 フープ	キョウエイリング 685
		785	685					
基本規定 （3章〜6章）	○	○		○	○	○	○	○
フック付き 重ね継手	○	○		−	○	○	○	○
中段筋基礎梁 の設計	○	○		−	−	○	−	○

　一方，SABTEC 高強度せん断補強筋組込プログラムは，表4に示すように，SABTEC 評価高強度せん断補強筋について，当機構が支援業務として一貫構造計算プログラムメーカに依頼して作成している。OT685 フープ，スーパーフープ 685，785，GTS フープ 685，キョウエイリング 685 の場合，SS7 と BUILD. 一貫VIで SABTEC 指針（2021 年）7 章「中段筋基礎梁の設計」を適用することができる。

表4　SABTEC評価高強度せん断補強筋組込プログラム

一貫構造計画 プログラム	OT685 フープ	スーパーフープ		Jフープ 785	パワーリング 685	GTSフープ 685	UHY685 フープ	キョウエイリング 685
		785	685					
SS7	○	○		○	○	○	○	○
BUILD. 一貫VI	○	○		○	○	−	○	○
NBUS-7	○	○		○	○	−	○	○
SEIN La CRELA	○	○		−	−	−	−	−

基 礎 梁 横 補 強 筋 フ ッ ク 付 き 重 ね 継 手

【参考文献】
1) 日本建築学会：鉄筋コンクリート造配筋指針・同解説, 2021年
2) 日本建築学会：鉄筋コンクリート構造計算規準・同解説, 2018年

RC 計算規準 16 条（付着および継手）2. 継手[2]では，フック付き重ね継手の場合，図 1 に示すように，フックが鉄筋引張力の 1/3，重ね継手部が鉄筋引張力の 2/3 を負担するとしていることより，RC 配筋指針[1]では，損傷短期荷重時の式 (1) と安全短期荷重時の式 (2) の大きい方のフック付き重ね長さ比 ℓ/d として，表 5 に示すように，フック付き重ね長さ比 L_{1h}/d を規定している。

$$\ell \geqq (2/3) \cdot \{\sigma_t \cdot d/(4f_a)\} \tag{1}$$

$$\ell \geqq (2/3) \cdot \{\sigma_t \cdot d/(4K \cdot f_b)\} \tag{2}$$

ここに，ℓ：フック付き重ね長さ，d：鉄筋呼び名の値

σ_t：短期許容引張応力度，f_a：短期許容付着応力度

f_b：付着割裂の基準となる強度（f_a，f_b ともに，上端筋の値）

K：鉄筋配置と横補強筋による修正係数，ただし，$K=1.9$ とする。

SABTEC 評価取得の 685 N/mm^2 級と 785 N/mm^2 級高強度せん断補強筋の場合，図 2 のせん断スパン比 $a/D=1.125$，断面寸法 250×1,000 mm とした基礎梁実験を基に，RC 配筋指針に準じ，式 (1)，式 (2) の必要重ね長さ比 ℓ/d の計算値より，表 6 の基礎梁横補強筋のフック付き重ね長さ比 L_{1h}/d を規定している。

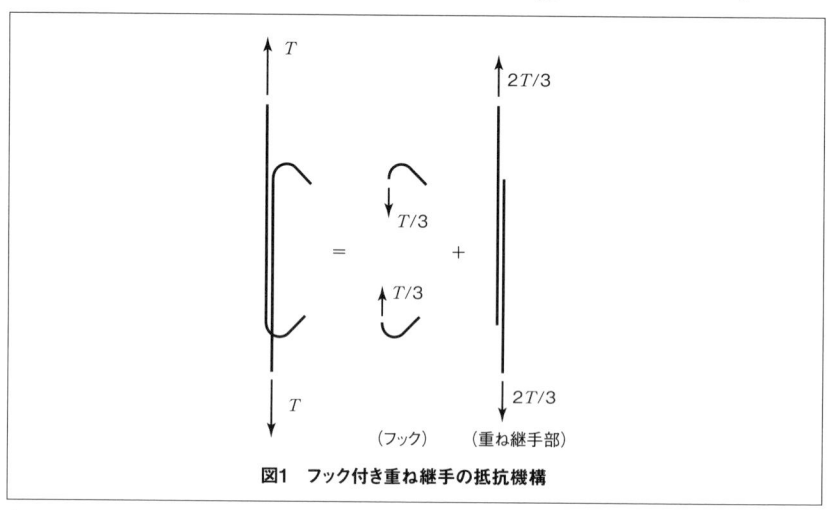

図1　フック付き重ね継手の抵抗機構

表5　RC配筋指針によるフック付き重ね長さ比 L_{1h}/d

F_c (N/mm^2)	RC配筋指針の L_{1h}/d			
	SD295	SD345	SD390	SD490
21	30			−
24		30	35	40
27	25			40
30	25			
33				
36		25	30	35
39		25	30	35
42				
45	20			
48				
54		20	25	30
60				

F_c：コンクリートの設計基準強度
d：鉄筋呼び名の値

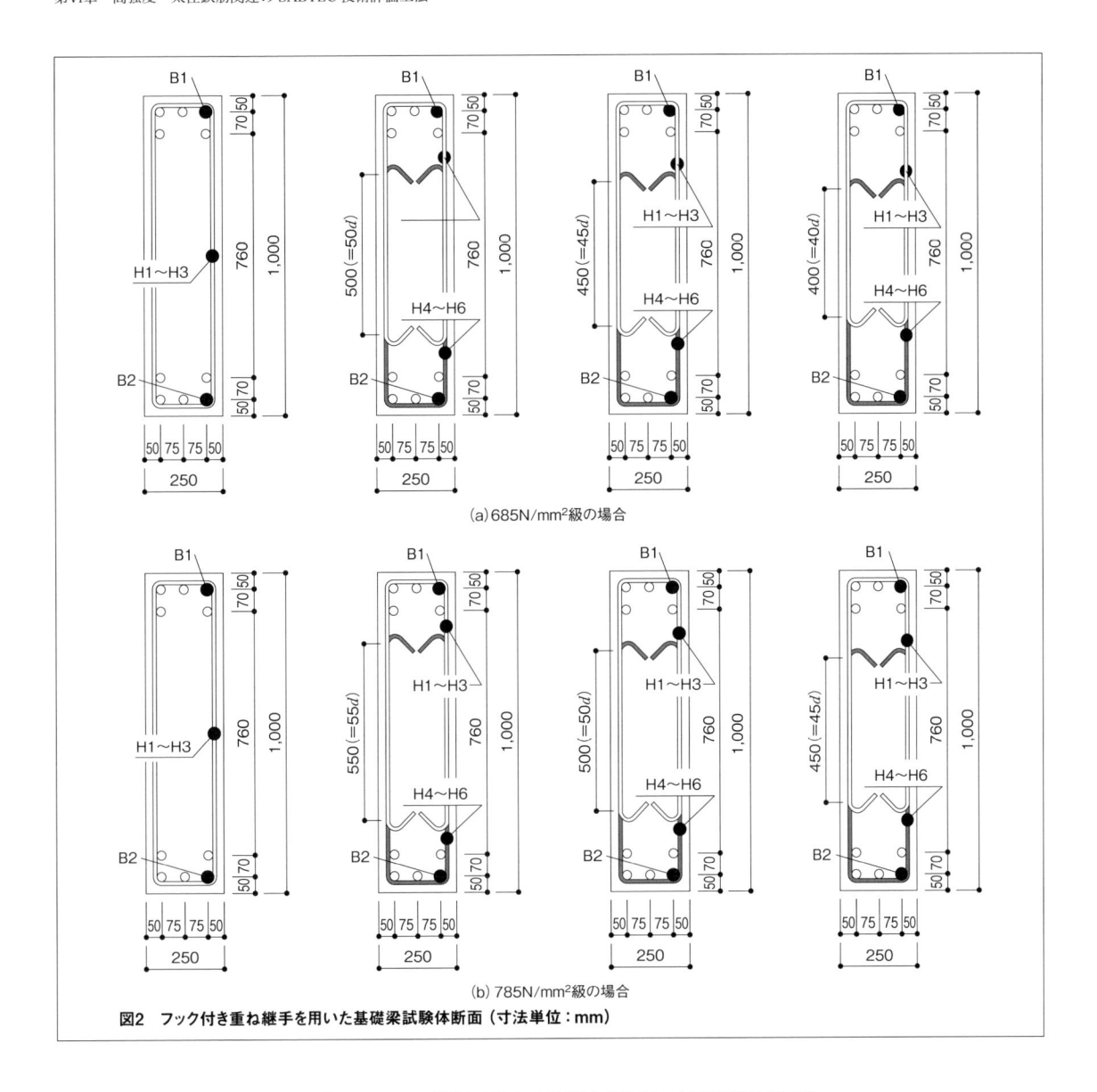

(a) 685N/mm²級の場合

(b) 785N/mm²級の場合

図2　フック付き重ね継手を用いた基礎梁試験体断面（寸法単位：mm）

表6　SABTEC指針によるフック付き重ね長さ比L_{1h}/dの計算値と規定値

F_c (N/mm²)	RC配筋指針のL_{th}/d				685N/mm²級		785N/mm²級	
	SD295	SD345	SD390	SD490	計算値	規定値	計算値	規定値
21	30			—	54.4	—	62.3	—
24		30	35	40	50.1		57.4	
27					47.7	50	54.7	55
30	25				45.5		52.2	
33					43.5		49.9	
36		25	30	35	41.7	45	47.8	50
39					40.1		45.9	
42					38.5		44.1	
45	20				37.1		42.5	
48					35.8	40	41.0	45
54		20	25	30	33.4		38.3	
60					31.3		35.9	

F_c：コンクリートの設計基準強度
計算式：式 (1)，式 (2) の計算値の大きい方の値

基礎梁実験による重ね継手なしと重ね継あり試験体の耐力安全率Q_{max}/Q_{su}と限界部材角実験値R_{80}に及ぼすフック付き重ね長さ比ℓ/dの影響を図3に示す。

　同図の横軸の∞は重ね継手無し試験体を示し，Q_{max}は最大耐力実験値，Q_{su}は荒川mean式によるせん断終局耐力，Q_{max}とR_{80}の実験値は正加力時の値であり，計算耐力はコンクリートの実圧縮強度σ_Bを用いて算定している。図3中，SPR685（0.45%）試験体の横補強筋比p_wは0.45%，それ以外の試験体のp_wは0.23%としている。

　図3によると，685 N/mm²級，785 N/mm²級ともに，p_w=0.23%の場合，重ね継手あり試験体では，重ね継手長さ比にかかわらず，耐力安全率Q_{max}/Q_{su}は1.1〜1.2，限界部材角実験値R_{80}は20×10^{-3}rad. 程度であり，重ね継手なし試験体との有意差は認められない。また，基礎梁実験では，横補強筋末端を135°フックとし，重ね継手の妥当性を確認しているので，RC配筋指針のフック付き重ね継手と同様，135°フックまたは180°フックのいずれを用いてもよいとしている。

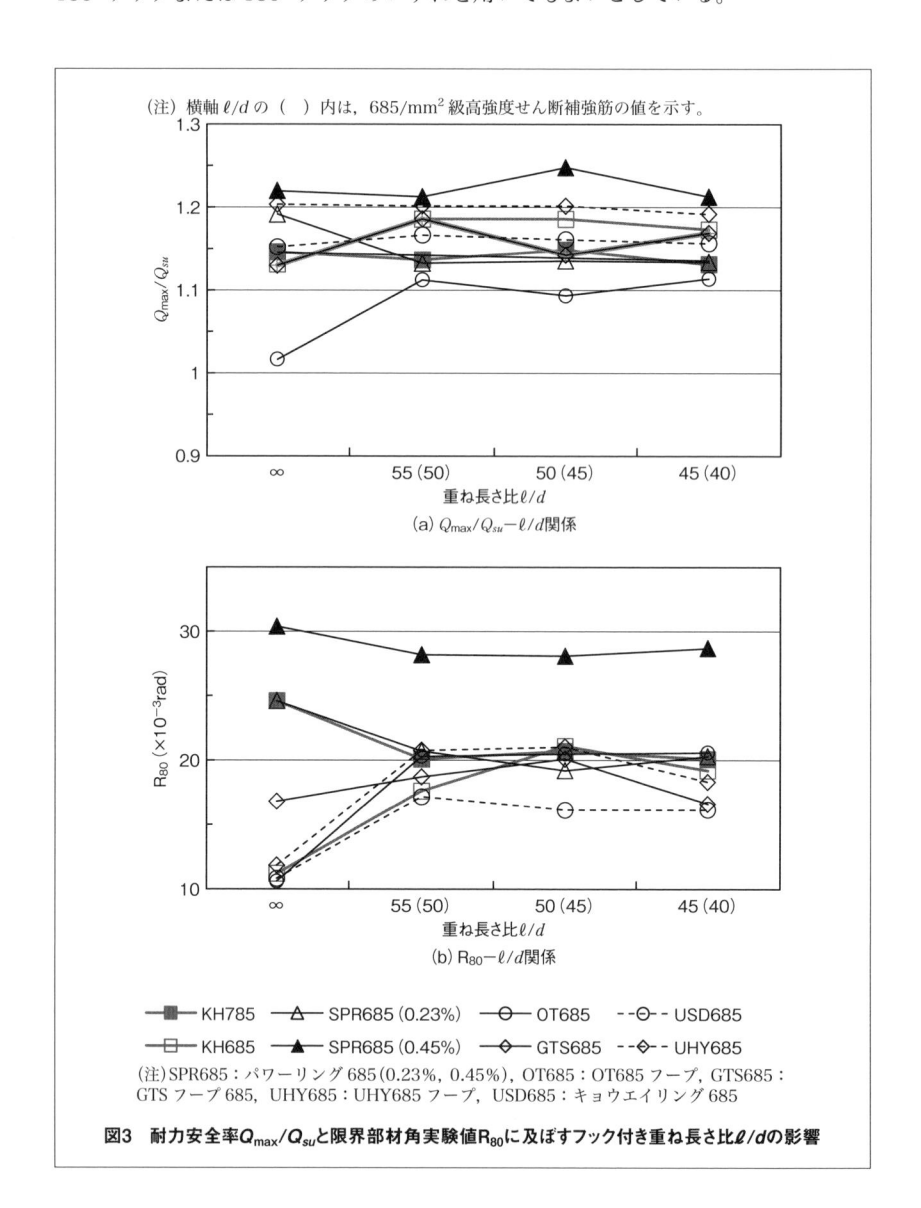

図3　耐力安全率Q_{max}/Q_{su}と限界部材角実験値R_{80}に及ぼすフック付き重ね長さ比ℓ/dの影響

梁 せ い が 大 き い 基 礎 梁 の 横 補 強 筋 フ ッ ク 付 き 重 ね 継 手

　基礎梁横補強筋フック付き重ね継手の場合，フック付き重ね継手を配置した基礎梁実験を基に，表 6 に示すように，685 N/mm^{2}級および 785 N/mm^{2}級高強度せん断補強筋について，基礎梁横補強筋のフック付き重ね長さ比 L_{1h}/d を定めている。一方，梁せいが 1,500 mm 程度以上の基礎梁では，コンクリート打ち継ぎ工事の都合上，図 4 に示すように，梁せいの中間にフック付き重ね継手を 1 箇所あるいは 2 箇所配置とすることがある。

　基礎梁実験の横補強筋ひずみの測定結果によると，フック付き重ね継手が 2 箇所でも 1 箇所の場合と同様，最大耐力時の横補強筋ひずみは，せん断ひび割れ幅の大きい方に近いフック付き重ね継手の片側 1 箇所に集中すると考えられる。これらより，フック付き重ね継手 1 箇所あるいは 2 箇所にかかわらず，フック付き重ね長さ比 L_{1h}/d は表 6 によるとしている。

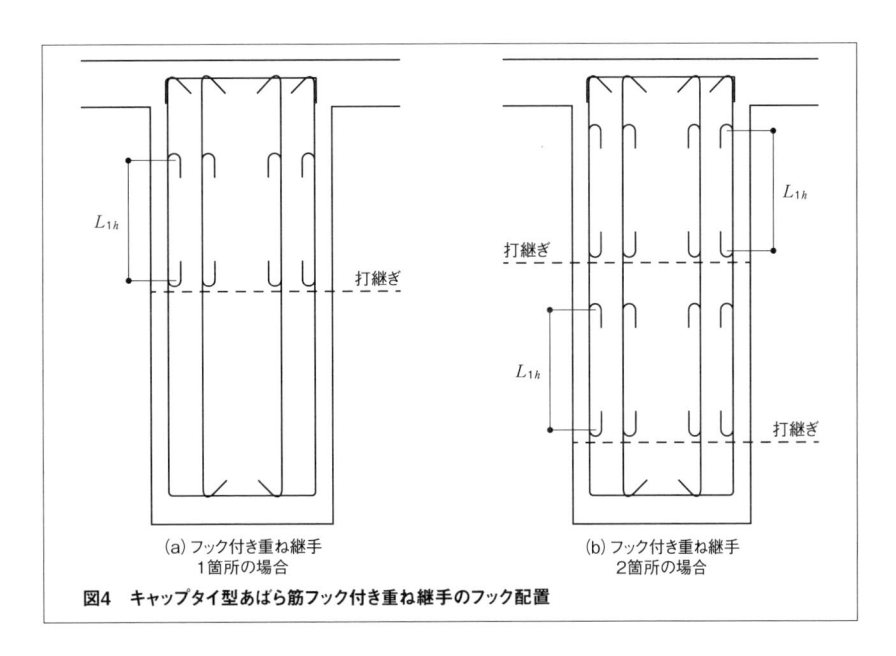

(a) フック付き重ね継手
1 箇所の場合　　　　　(b) フック付き重ね継手
2 箇所の場合

図4　キャップタイ型あばら筋フック付き重ね継手のフック配置

中段筋基礎梁工法

中 段 筋 基 礎 梁 開 発 の 経 緯

　当初，本マニュアル「鉄骨露出柱脚・基礎梁主筋定着部の配筋詳細」の 4) 基礎梁主筋定着部（50 頁）に示すように，中段筋基礎梁は，直接基礎の鉄骨露出柱脚部に接続する基礎梁上下主筋定着部の応力緩和のために用いられている。次に，基礎梁鉄筋工事の施工性改善を意図し，中段筋梁実験を基に，SABTEC 指針（2021 年）では，中段筋基礎梁の設計が盛り込まれている[3,10]。

中 段 筋 基 礎 梁 設 計 の 基 本 事 項

　中段筋基礎梁の場合，図 5 に示すように，全主筋本数を変えずに，梁上下面から梁せい $D/3$ の中段筋範囲の上側と下側に中段筋を配置し，構造規定①〜④を満足することを基本としている。

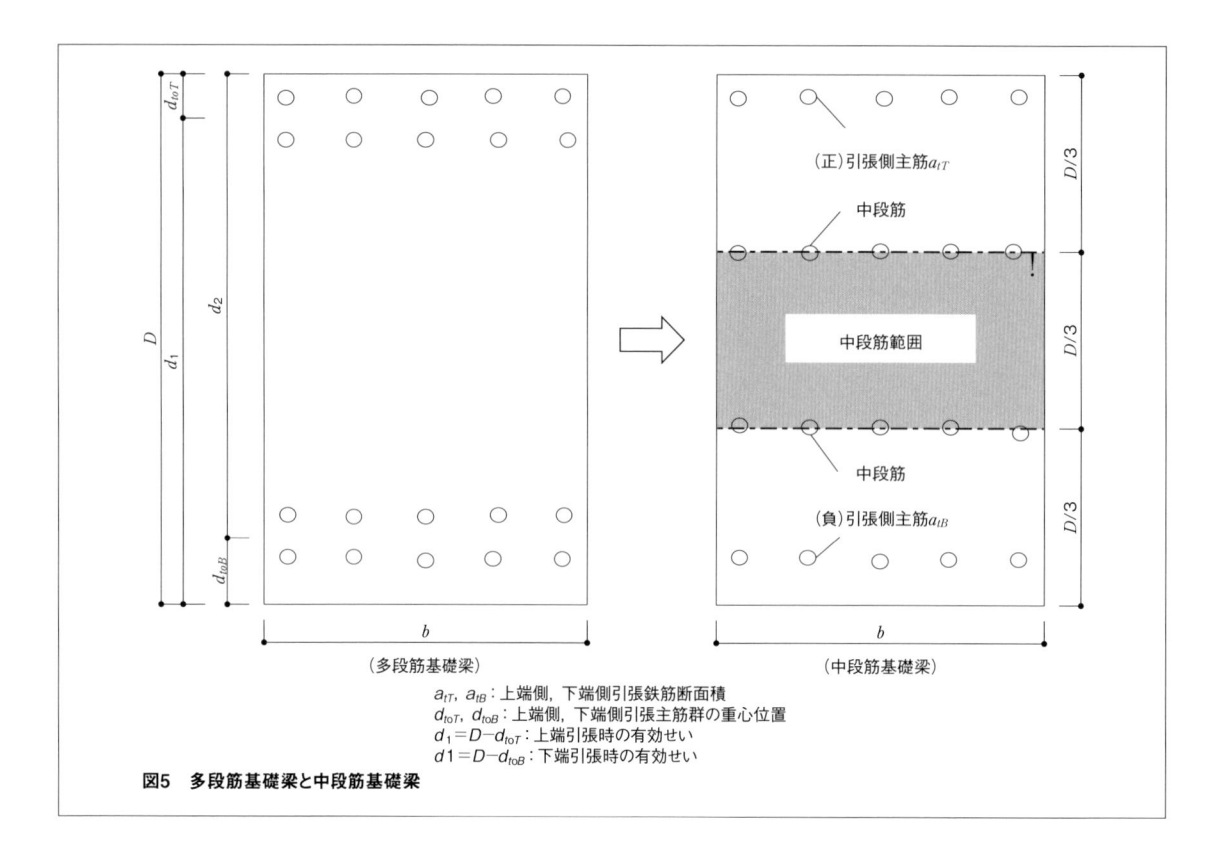

（多段筋基礎梁） → （中段筋基礎梁）

（正）引張側主筋 a_{tT}
中段筋
中段筋範囲
中段筋
（負）引張側主筋 a_{tB}

a_{tT}, a_{tB}：上端側，下端側引張鉄筋断面積
d_{toT}, d_{toB}：上端側，下端側引張主筋群の重心位置
$d_1＝D－d_{toT}$：上端引張時の有効せい
$d1＝D－d_{toB}$：下端引張時の有効せい

図5　多段筋基礎梁と中段筋基礎梁

【構造規定】

①中段筋基礎梁の内法スパン長比 L/D は，3.0 以上とする。

②中段筋比 $p_{tn}≦2.0\%$，かつ，中段筋鋼種 SD390 の場合 F_c 30 N/mm^{2}以上とし，SD490 の場合 F_c 60 N/mm^2 とする。

③中段筋基礎梁の引張鉄筋比 p_t は，曲げ終局強度時釣合い鉄筋比 p_{tb} 以下とする。

$p_{tn}＝a_n/bD$：中段筋比，$a_n＝a_g－(a_{tT}+a_{tB})$：上側と下側中段筋の全断面積（mm^2）

a_g：全主筋断面積（mm^2），a_{tT}，a_{tB}：上端側と下端側の引張鉄筋断面積（mm^2）

$p_t＝a_t/bD$：中段筋基礎梁の引張鉄筋比

a_t：a_{tT} または a_{tB} の引張鉄筋断面積（mm^2）

b，D：基礎梁幅とせい（mm），F_c：コンクリートの設計基準強度（N/mm^2）

④中段筋範囲の上側と下側の中段筋は一段とし，中段筋鋼種，呼び名，本数は同じとする。

　一方，中段筋基礎梁の設計では，次項で規定する剛性低下率，降伏曲げモーメント，曲げ終局耐力を算定し，従来の基礎梁と同様，SABTEC 指針（2021 年）[3]に従い，荒川 mean 式または修正塑性式によるせん断終局耐力を基に，せん断設計を行うことにしている。

　また，図 5 の中段筋基礎梁断面の配筋諸元を用い，一次設計で長期および短期許容応力度を確認することにしている。

中段筋基礎梁の剛性低下率，降伏曲げモーメント，曲げ終局耐力の算定

中段筋基礎梁の剛性低下率 α_y は式（3），降伏曲げモーメント M_y は式（4），曲げ終局耐力 M_u は式（5）で算定する。

$a/D \geqq 2$ の場合：$\alpha_y = (0.043 + 1.64n \cdot p_t + 0.043a/D) \cdot (d/D)^2$

$a/D < 2$ の場合：$\alpha_y = (-0.0836 + 0.159a/D) \cdot (d/D)^2$ (3)

$M_y = 0.9a_t \cdot f_{ta} \cdot d$ (4)

$M_u = 0.9 \ (a_t + a_n/2) \cdot \sigma s_y \cdot d$ (5)

a/D：シアスパン比，n：ヤング係数比

a_n：上側と下側中段筋の全断面積（mm^2）

d：多段筋基礎梁の有効せい（図 5）（mm）

ただし，d は，多段筋基礎梁の圧縮コンクリート縁から上端側または下端側主筋群の重心までの距離 d_1，d_2 とする。

f_{ta}：梁主筋の短期許容引張応力度，σ_{sy}：梁主筋の降伏強度

SD345，SD390 の場合 $\sigma_{sy} = 1.1 \times \sigma_{syo}$，SD490 の場合 $\sigma_{sy} = \sigma_{syo}$

σ_{syo}：規格引張降伏点。

中段筋梁実験

中段筋基礎梁の終局耐力の妥当性は，表 7，図 6 に示すように，主筋を SD390 と SD490 とした二段筋梁試験体と中段筋梁試験体の正負繰返し加力実験で確認している。この場合，中段筋梁試験体では，上下引張側主筋を各 4-D19，上下中段筋を各 4-D19，中段筋比 $p_{tn} = 1.91\%$ としている。これらより，構造規定②では，中段筋比 $p_{tn} \leqq 2.0\%$，かつ，主筋鋼種 SD390 の場合 F_c 30 N/mm^2 以上とし，鋼種 SD490 の場合 F_c 60 N/mm^2 としている。

図 7 に示すように，二段筋梁と中段筋梁試験体の正加力時包絡線では，各試験体ともに，梁曲げ降伏後，部材角 $R = 30 \times 10^{-3}$rad. 程度までほぼ一定耐力を維持した後，SD390，F_c30 の KB30-W-2 と KB30-M-1 試験体および SD490，F_c60 の KB60-W-2 と KB60-M-1 試験体の正加力時包絡線は，それぞれ限界部材角 R_{80} を超える大変形域までほぼ一致している。

R_{80} は最大耐力の 80% 低下時限界部材角実験値であり，二段筋梁試験体 KB30-W-2 の場合，荒川 mean 式によるせん断余裕度 $\lambda_p = Q_{su}/Q_{fu} = 0.72$ である（表 8 参照）。

表7　中段筋梁実験計画

試験体	F_c (N/mm^2)	梁主筋		横補強筋	
		主筋（p_t）	鋼種	配筋	p_w (%)
KB30-W-2	30	4+4-D19 (1.91%)	SD390	4-D10@100	0.95
KB30-M-1					
KB60-W-2	60	4+4-D19 (1.91%)	SD490		
KB60-M-1					

内法スパン長 L=1,200mm（L/D=3.0），梁幅 b×梁せい D=300mm×400mm
F_c：コンクリートの目標圧縮強度，p_t：引張鉄筋比，p_w：横補強筋比
横補強筋鋼種：すべて USD685（溶接閉鎖型）
KB30-W-2，KB60-W-2：二段筋梁，KB30-M-1，KB60-M-1：中段筋梁
中段筋比 p_{tn}=1.91%（上下中段筋とも，4-D19）

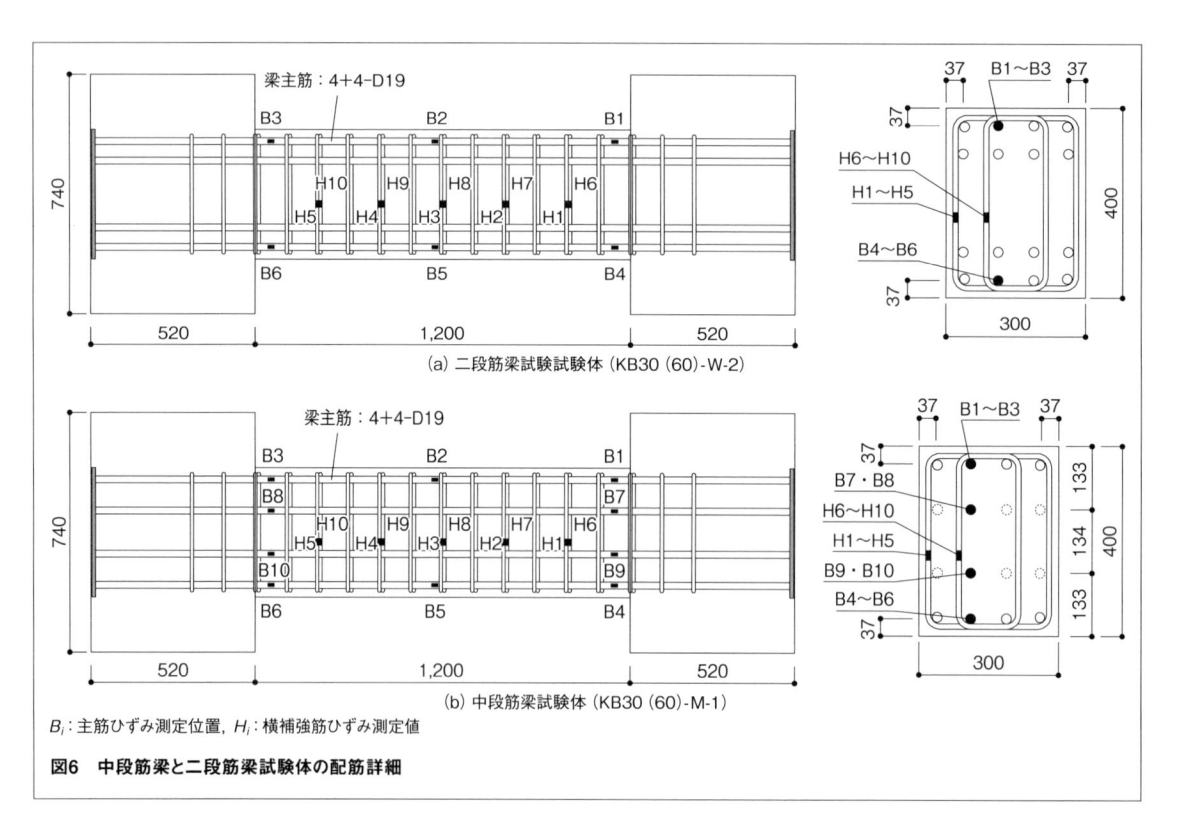

(a) 二段筋梁試験試験体 (KB30 (60)-W-2)

(b) 中段筋梁試験体 (KB30 (60)-M-1)

B_i：主筋ひずみ測定位置, H_i：横補強筋ひずみ測定値

図6　中段筋梁と二段筋梁試験体の配筋詳細

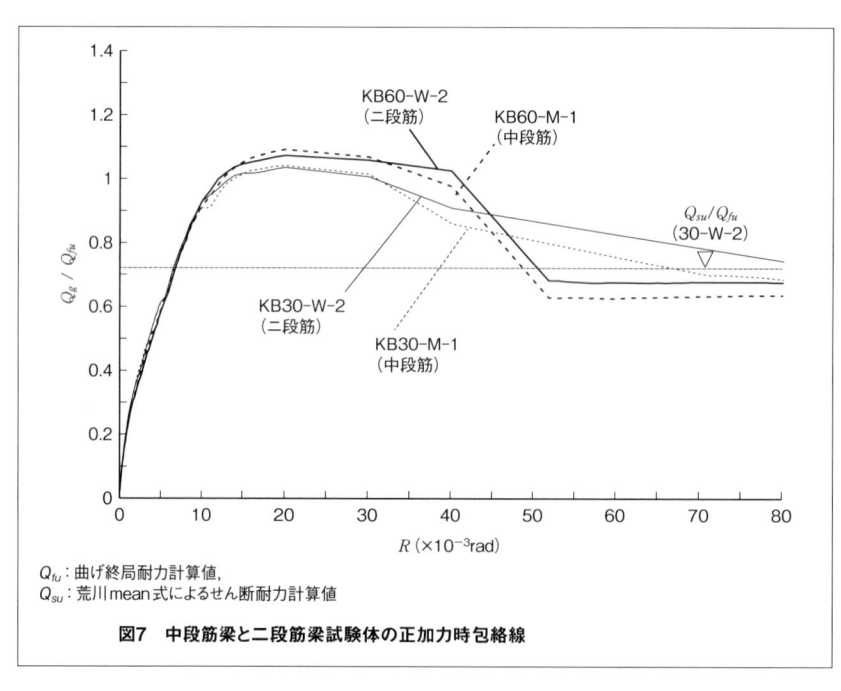

Q_{fu}：曲げ終局耐力計算値,
Q_{su}：荒川mean式によるせん断耐力計算値

図7　中段筋梁と二段筋梁試験体の正加力時包絡線

中段筋梁と二段筋梁試験体の終局耐力

　　中段筋梁と二段筋梁試験体の終局耐力一覧を表8，中段筋梁と一般梁実験の耐力安全率 Q_{max}/Q_{fu}-せん断余裕度 Q_{su}/Q_{fu} 関係を図8に示す。

　　Q_{max} は最大耐力実験値，Q_{fu} は平面保持仮定に基づく精算式による曲げ終局耐力時せん断力，Q_{fuo} は略算式による曲げ終局耐力時せん断力，Q_{su} は荒川 mean 式によるせん断終局耐力であり，式（5）は中段筋梁の略算式と称し，二段筋梁の略算式は慣用式（$M_u = 0.9a_t \cdot \sigma_{sy} \cdot d$）としている。また，計算耐力はコンクリートおよび鉄筋の実強度を用いて算定している。

　　図8（a）では二段筋梁と中段筋梁実験値（◇，◆），図8（b）では一段筋梁と二段筋梁（以下，一般梁）実験値（○）[5],[6] を示し，同図（a），（b）ともに，$Q_{su}/Q_{fu} \leqq$ 1.0（せん断破壊型）の回帰勾配（1.28）を示している。表8に示すように，中段筋梁試験体の式（5）による曲げ終局耐力時せん断力 Q_{fuo} は Q_{fu} の 0.96〜1.01 倍，Q_{max} の 1.03〜1.13 倍であり，二段筋梁試験体と同様，Q_{max} に対して安全側に評価されている。また，表8，図8によると，せん断余裕度 $Q_{su}/Q_{fuo} \geqq 1.1$ の場合，概ね，最大耐力実験値 Q_{max} は式（5）の曲げ終局耐力時せん断力 Q_{fuo} を上回る。

　　これらより，前述の基本事項を満足する中段筋基礎梁は，従来の基礎梁と同様，せん断設計を行うことで，中段筋梁の曲げ耐力時せん断力は，多段筋梁の場合と同程度の値を確保することができる[3]。

表8　中段筋梁と二段筋梁試験体の終局耐力

試験体	配筋方式	Q_{fu} (kN)	Q_{su} (kN)	Q_{su}/Q_{fu}	Q_{fuo} (kN)	Q_{fuo}/Q_{fu}	Q_{su}/Q_{fuo}	Q_{max} (kN)	Q_{max}/Q_{fu}	Q_{max}/Q_{fuo}
KB30-W-2	二段筋	527	380	0.72	518	0.98	0.73	545	1.04	1.05
KB30-M-1	中段筋	513	346	0.68	518	1.01	0.67	534	1.04	1.03
KB60-W-2	二段筋	661	484	0.73	630	0.95	0.77	708	1.07	1.13
KB60-M-1	中段筋	653	432	0.66	630	0.96	0.69	713	1.09	1.13

Q_{fu}：平面保持仮定による曲げ耐力時せん断力
Q_{fuo}：略算式による曲げ耐力時せん断力
Q_{su}：荒川 mean 式によるせん断終局耐力
Q_{max}：最大耐力実験値

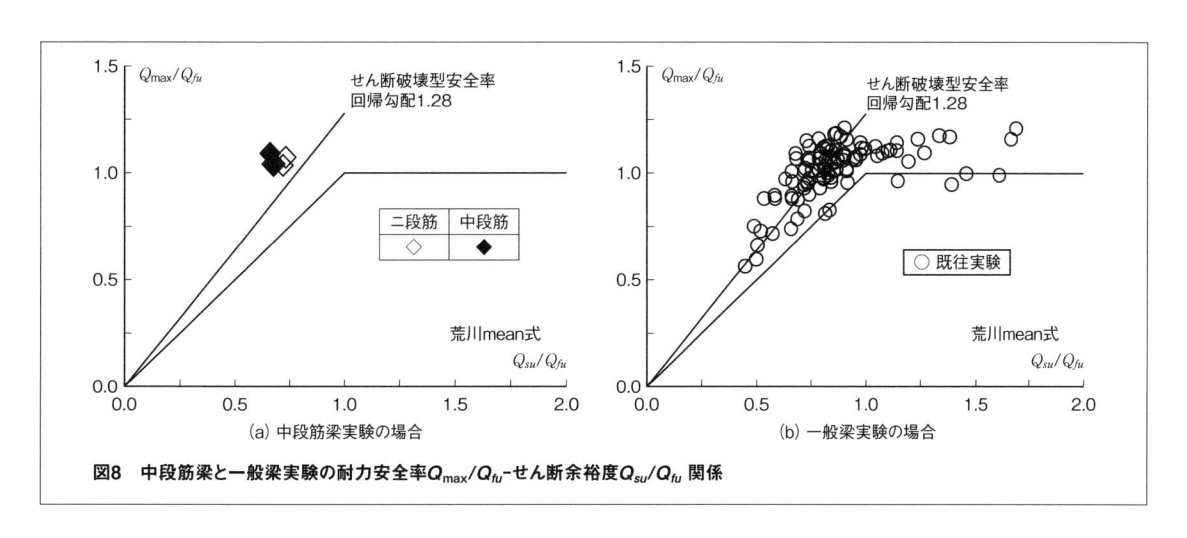

図8　中段筋梁と一般梁実験の耐力安全率 Q_{max}/Q_{fu}-せん断余裕度 Q_{su}/Q_{fu} 関係

中段筋梁と二段筋梁試験体の曲げ終局耐力時中立軸位置比 X_n/D

　表7の試験体と同一断面寸法の中段筋梁と二段筋梁の略算式と精算式による曲げ終局耐力時せん断力の算定結果を表9に示す。精算式は平面保持仮定に基づく曲げ終局耐力式，略算式は式（5）としている。同表中の中段筋位置係数 n は梁せい D に対する梁上下面からの中段筋位置までの距離の比の逆数であり，実験に供した中段筋梁では $n=3$ としている。また，同表中の計算耐力は，実験に供した主筋とコンクリートの実強度を用いて算定している。

　表9によると，中段筋位置係数 $n=2.0\sim4.0$ とした中段筋梁の曲げ終局耐力時せん断力の比 Q_{fuo}/Q_{fu} は，SD390 の場合 $1.01\sim1.04$，SD490 の場合 $0.95\sim0.98$ であり，Q_{fuo} と Q_{fu} の差異は小さく，曲げ終局耐力 M_u は式（5）で実用上十分な精度で評価できる。

　一方，構造規定②では，SD390 の場合 F_c 30 N/mm² 以上とし，SD490 の場合 F_c 60 N/mm² としているが，表9に示すように，中段筋位置係数 $n=3$ とした SD390 と SD490 の場合，精算式による終局時中立軸比 X_n/D は 0.26 および 0.22 となる。これによると，構造規定②にかかわらず，F_c 60 N/mm² 未満の場合，X_n/D を 0.25 以下に制限すれば，中段基礎梁として扱うことができる。

　中段筋位置係数 $n=3$ とした精算式による曲げ終局耐力時各部ひずみ分布を，図9に示す。同図によると，SD390，SD490 ともに，中段筋ひずみは，二段筋梁主筋ひずみよりも小さく，コンクリート断面要素分割位置のひずみとほぼ一致する。

表9　精算式と略算式による曲げ終局耐力時せん断力の算定結果

主筋鋼種	配筋種別	中段筋位置係数 n	略算式	精算式			Q_{fuo}/Q_{fu}
			Q_{fuo} (kN)	Q_{fu} (kN)	X_n/D	$D\phi_u$ (×10⁻³)	
SD390	2段筋	—	518	515	0.23	13.4	1.01
	中段筋	4.0	518	513	0.23	13.3	1.01
		3.0	518	502	0.26	11.6	1.03
		2.5	518	500	0.28	10.6	1.04
		2.0	518	501	0.31	9.8	1.03
SD490	2段筋	—	630	643	0.22	13.8	0.98
	中段筋	4.0	630	647	0.20	15.4	0.97
		3.0	630	643	0.22	13.7	0.98
		2.5	630	648	0.24	12.8	0.97
		2.0	630	663	0.26	11.8	0.95

（注）梁上下縁からの中段筋位置：$\pm D/n$，D：梁せい　　　（材料強度）SD390：$\sigma_{sy}=452$N/mm²，$\sigma_B=30.9$N/mm²，
　　　Q_{fuo}, Q_{fu}：略算式および精算式の曲げ終局耐力時せん断力　　　　　　　　　SD490：$\sigma_{sy}=549$N/mm²，$\sigma_B=58.8$N/mm²
　　　X_n：終局時中立軸位置，Φ_u：終局時曲率

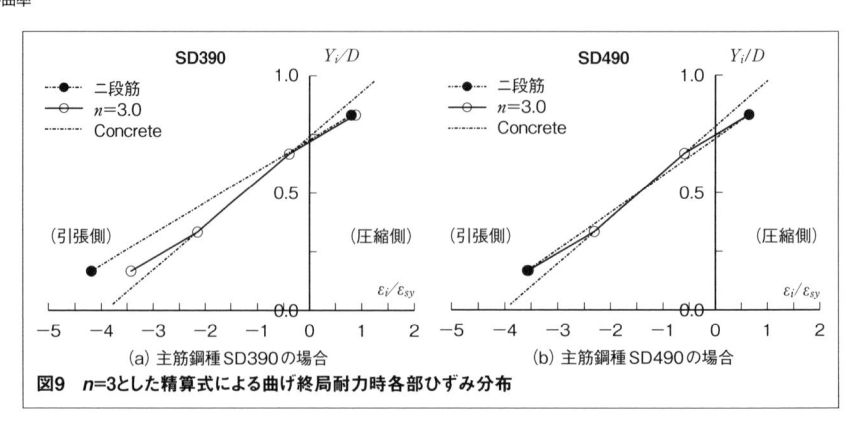

図9　$n=3$ とした精算式による曲げ終局耐力時各部ひずみ分布

中段筋梁の剛性低下率および降伏曲げモーメント

式 (3)[7],[8] の剛性低下率 $(\alpha_y)_{test}$-$(\alpha_y)_{cal}$ 関係を図 10 (a) に示す。剛性低下率実験値 $(\alpha_y)_{test}$ は図 10 (b) の M-R 関係を基に式 (6) で算定し，同式中の S_e を式 (7) で求めている。

$$(\alpha_y)_{test} = (M_y)_{test}/\{S_e \cdot (R_y)_{test}\} \tag{6}$$

$$S_e = M/R = 6E_c \cdot I_c/L_e, \quad L_e = L + 2 \times (D/4) \tag{7}$$

$(M_y)_{test}$：梁主筋降伏時曲げモーメント，E_c：コンクリートのヤング係数

I_c：梁断面 2 次モーメント，L_e：剛域を考慮した梁スパン長

図 10 (a) には，$L/D=3.0$ の二段筋梁および中段筋梁実験結果と SABTEC 指針 (2021 年)[3] の検討対象試験体 (12 体)，ならびに $L/D \geqq 4.0$ かつ $Q_{su}/Q_{fu} \geqq 0.9$ の (14 体)[5] の既往実験結果を示している。

図 10 (b) の $(R_y)_{test}$ は，参考文献[5] の定義より，$(M_y)_{test}=0.9M_u$，$(R_y)_{test}=10 \times 10^{-3}$rad とし，$M_u$ は平面保持仮定による曲げ終局耐力としている。

次に，式 (4) の降伏曲げモーメント $(M_y)_{test}/bD^2$-$(M_y)_{cal}/bD^2$ 関係を図 10 (c) に示す。図 10 (c) には，$L/D=3.0$ の中段筋梁実験結果と SABTEC 指針 (2021 年)[3] の検討対象試験体 (12 体) の既往実験結果を示している。

図 10 (a) の式 (3) による $(\alpha_y)_{cal}$ および図 10 (c) の式 (4) による $(M_y)_{cal}$ は，既往実験と同様，それぞれ実験値の 0.7〜1.3 倍程度となるので，一般梁と同様，中段筋梁の剛性低下率 α_y は式 (3)，降伏曲げモーメント M_y は式 (4) で算定してもよいとしている。

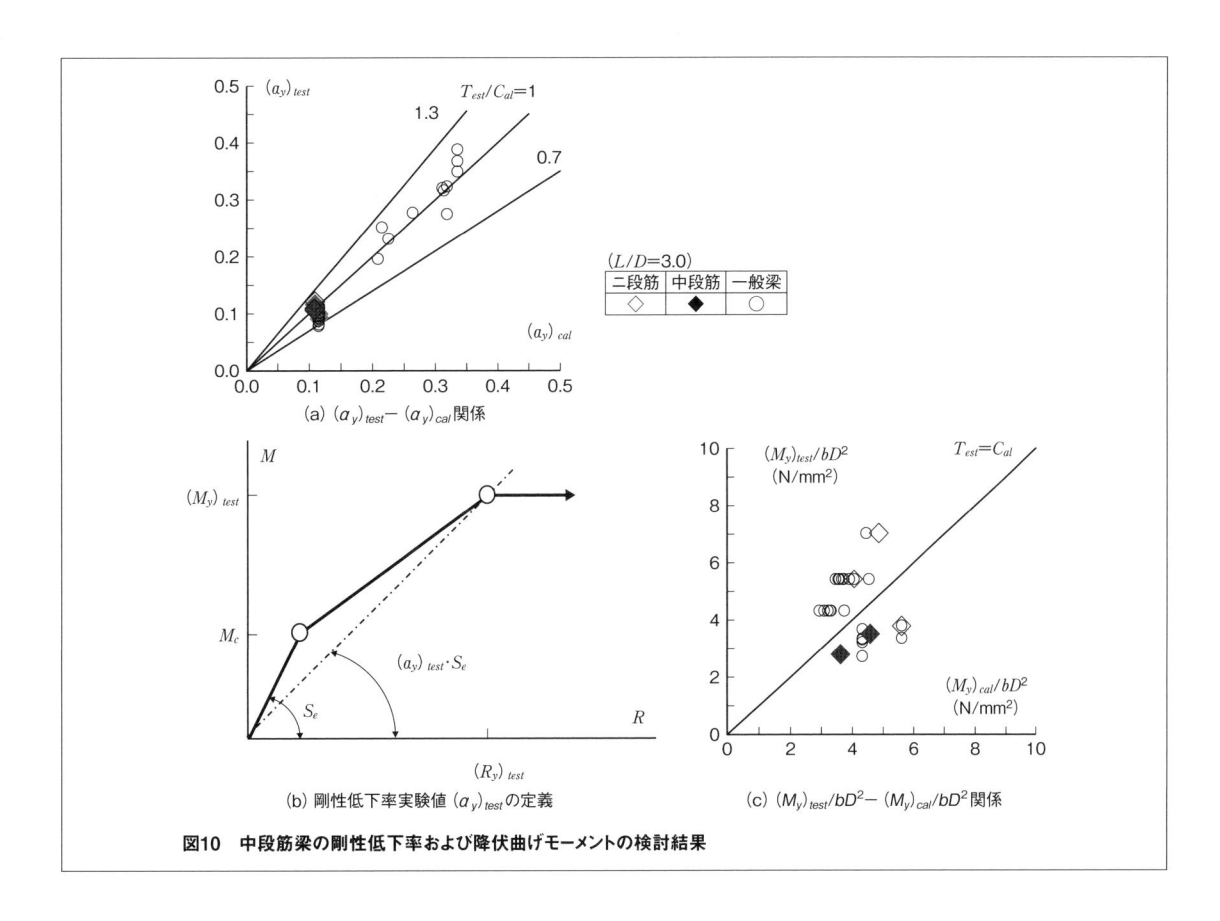

図10　中段筋梁の剛性低下率および降伏曲げモーメントの検討結果

IKG スキップ梁工法

既往スキップ梁実験とIKGスキップ梁実験

1）IKG スキップ梁工法開発の経緯

RC 梁では，図11 に示すように，横補強筋を機械式鉄筋継手に掛けると，かぶり厚さを確保しつつ，梁主筋に横補強筋を掛けた場合よりも，主筋位置が梁断面の内側に寄り，曲げ終局耐力が減少する。伊藤製鐵所，共英製鋼，合同製鐵3社では，この問題解消のために，各社の機械式鉄筋継手を用いた IKG スキップ梁実験[17]と既往スキップ梁実験[11]〜[13]を基に，IKG スキップ梁設計指針について SABTEC 技術評価[14]〜[16]を取得している。

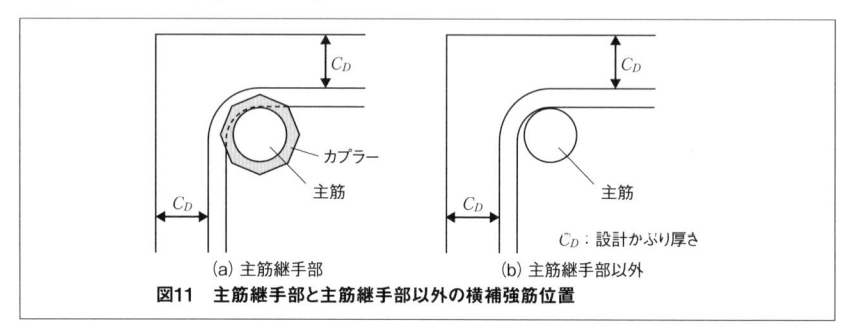

図11　主筋継手部と主筋継手部以外の横補強筋位置

(a) 主筋継手部　　　(b) 主筋継手部以外

C_D：設計かぶり厚さ

カプラー／主筋

2）既往スキップ梁実験

既往スキップ梁実験[11]は，表10 に示すように，①コンクリート目標強度F_c(27，60 N/mm^2)，②主筋本数，③継手の有無と継手位置，④横補強筋鋼種と横補強筋比を実験因子とした系列 I 〜IIIの試験体 16 体について行われている。

表10　既往スキップ梁実験計画

系列	試験体	F_c (N/mm^2)	梁主筋 鋼種	梁主筋 配筋 (p_t)	主筋継手 有無	主筋継手 位置	横補強筋 鋼種	横補強筋 配筋	横補強筋 p_w (%)	断面
I	No. 1	27	SD490	4+2−D22 (1.94%)	無	—	SD295	2−D10 @90	0.53	A
	No. 2				(有)	中央				
	No. 3				無	—		2−D10 @60	0.79	
	No. 4				(有)	中央				
II	No. 5	27	SD390	4−D22 (1.29%)	無	—	SD295	2−D10 @80	0.59	B
	No. 6				(有)	1.5D				
	No. 7					1.25D				
	No. 8				無	—		2−D10 @50	0.95	
	No. 9				(有)	1.5D				
	No.10					1.25D				
III	No.11	60	SD490	4+2−D22 (1.94%)	(有)	1.5D	SD295	2−D10 @50	0.95	A
	No.12					1.25D				
	No.13					1.5D	785N級	2−S10 @80	0.59	C
	No.14					1.25D				
	No.15					1.5D		2−S10 @50	0.95	
	No.16					1.25D				

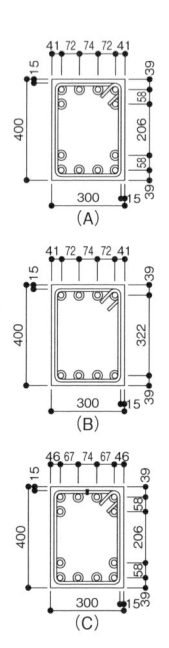

【部材寸法】内法スパン長 L=1,600mm（L/D=4.0），梁幅B×梁せいD=300×400mm
【記号】F_c：コンクリートの目標圧縮強度，p_t：引張鉄筋比，p_w：横補強筋比
【横補強筋加工形式】SD295：135°フック閉鎖型，785N 級：溶接閉鎖型
（主筋継手）ネジバー機械式継手：JFE条鋼㈱

各試験体ともに，図12 に示すように，梁せい D の4倍を内法スパン長 L，材端部フェイスから主筋継手端面までを継手位置とし，逆対称変形状態で正負交番繰返し加力を行っている。

系列Ⅰでは主筋継手有の継手位置を中央とし，系列Ⅱと系列Ⅲでは主筋継手有の継手位置を $1.5D$ と $1.25D$ としている。また，系列Ⅰでは，スキップ梁のせん断耐力を調べるために，F_c 27 N/mm^2，主筋鋼種 SD490 とし，系列ⅡとⅢでは，スキップ梁の曲げ降伏後の変形性能を調べるために，F_c 27 N/mm^2 と主筋鋼種 SD390 および F_c 60 N/mm^2 と主筋鋼種 SD490 としている。

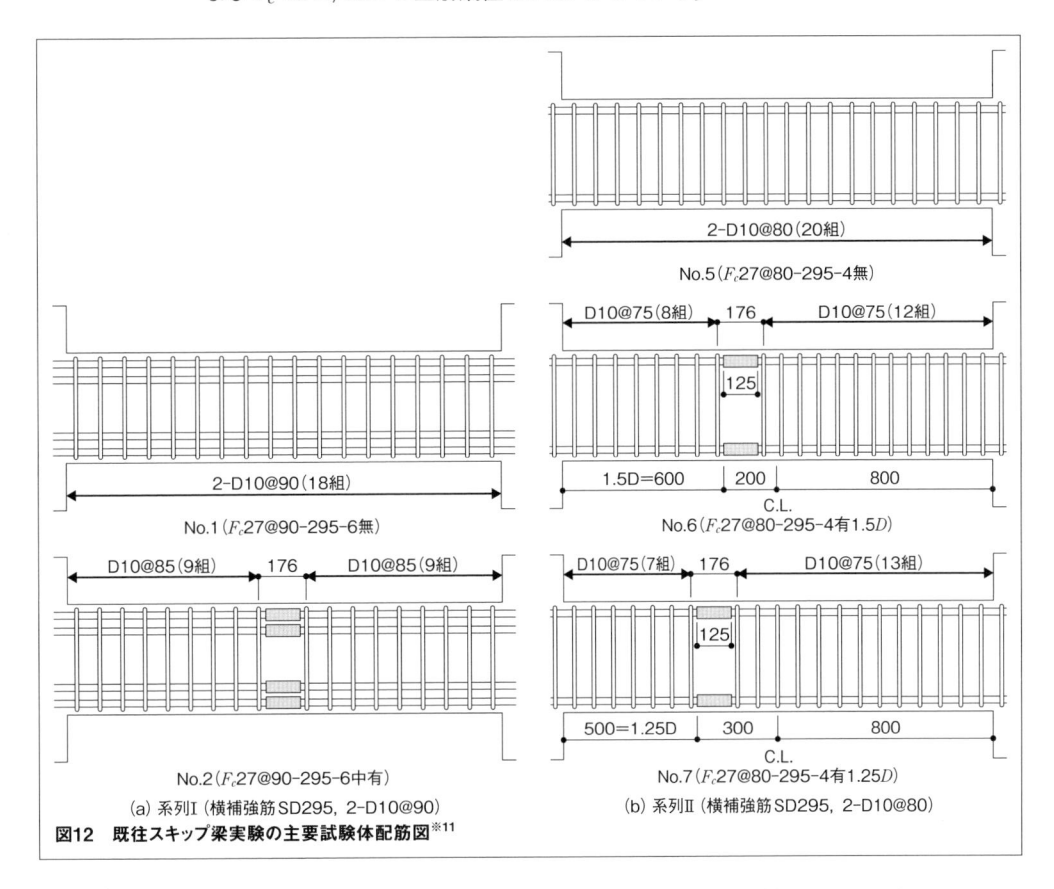

図12　既往スキップ梁実験の主要試験体配筋図[※11]

次に，実験結果の規準化せん断力 Q_g/Q_{fu}-部材角 R 関係を図 13 に示す。

Q_gは作用せん断力，R は水平変位を内法スパン長 L で除して求めた部材角であり，Q_{fu}は平面保持仮定による曲げ終局耐力時せん断力を示す。

図 13 (a) の系列Ⅰは，せん断余裕度 $Q_{su}/Q_{fu}≒0.5$ のせん断破壊型であり，継手の有無にかかわらず，せん断耐力安全率 Q_{max}/Q_{su} は 1.5～1.6 程度である。Q_{max}は最大耐力実験値，Q_{su}は荒川 mean 式によるせん断終局耐力を示す。これらより，機械式鉄筋継手を設けたスキップ梁のせん断終局耐力は，継手無と同様，荒川 mean 式で算定してもよいとしている。

図 13 (b) の系列Ⅱの場合，継手無，継手有試験体ともに，せん断余裕度 Q_{su}/Q_{fu}＝0.9～1.0 であり，曲げ降伏後，最大耐力に達し，継手位置 $1.5D$ と $1.25D$ 試験体の限界部材角 R_{80}は，継手無試験体の R_{80} と同程度である。限界部材角 R_{80}は最大耐力の 80％耐力低下時部材角としている。

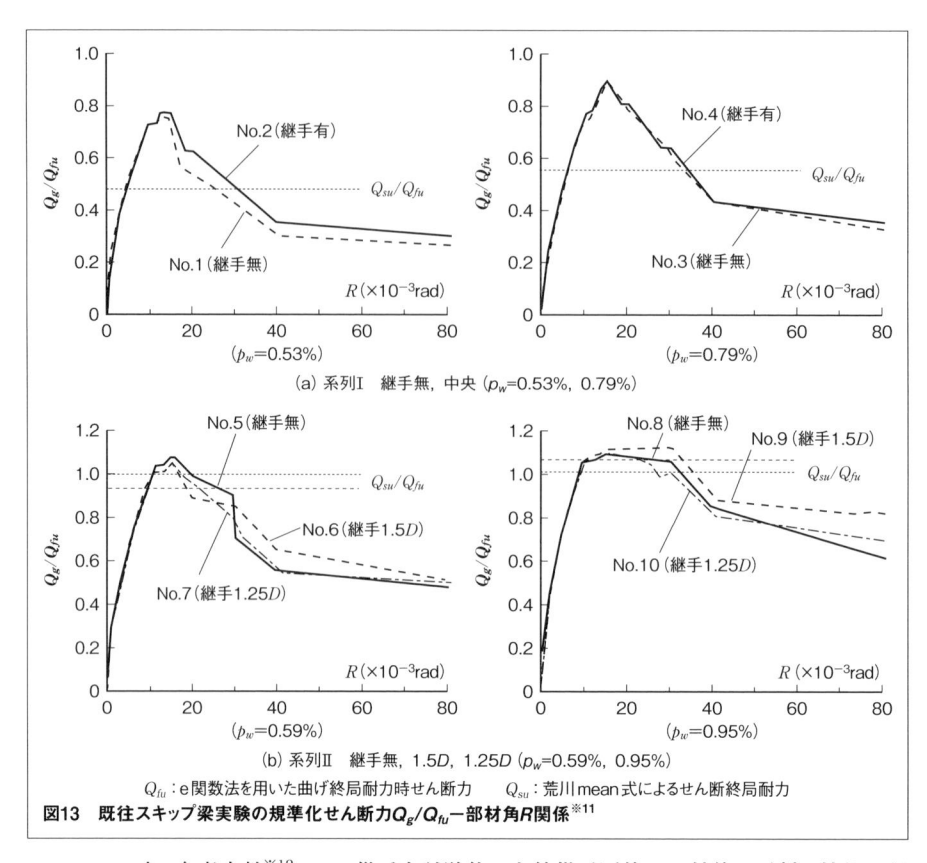

(a) 系列Ⅰ　継手無, 中央 (p_w=0.53%, 0.79%)

(b) 系列Ⅱ　継手無, 1.5D, 1.25D p_w=0.59%, 0.95%

Q_{fu}：e関数法を用いた曲げ終局耐力時せん断力　　Q_{su}：荒川mean式によるせん断終局耐力

図13　既往スキップ梁実験の規準化せん断力Q_g/Q_{fu}－部材角R関係[11]

　　一方, 参考文献[12]では, 継手有試験体の主筋継手近傍での付着ひび割れ性状を調べたスキップ梁付着実験を行い, 参考文献[13]では, 主筋継手位置に貫通孔を設けたスキップ梁実験を行っている。

3）IKG スキップ梁実験

　　IKG スキップ梁実験[14～16]は, 表 11 に示すように, F_c 27 N/mm^2, 主筋鋼種 SD390 の継手無試験体および継手位置を 1.5D と 1.25D とした各社の継手有試験体, ならびに F_c 60 N/mm^2, 主筋鋼種 SD490 とし, 横補強筋鋼種を 785 N/mm^2 級とした継手無試験体と継手有試験体について行われている。

表11　IKGスキップ梁実験計画

試験体	F_c (N/mm^2)	梁主筋		主筋継手		横補強筋			断面
		鋼種	配筋 (p_t)	有無	位置	鋼種	配筋	p_w (%)	
No. 1	27	SD390	4－D22 (1.29%)	無	—	SD295	2－D10 @80	0.59	A
No. 2				ONI (有)	1.5D				
No. 3					1.25D				
No. 4				TAF (有)	1.5D				
No. 5					1.25D				
No. 6				EG (有)	1.5D				
No. 7					1.25D				
No. 8	60	SD490	4+2－D22 (1.94%)	無	—	785N級	2－D10 @80	0.59	B
No. 9				ONI (有)	1.5D				
No.10					1.25D				

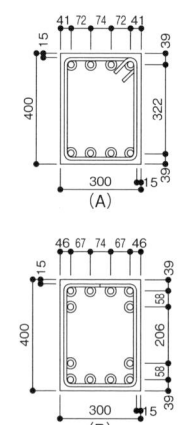

【部材寸法】内法スパン長 L=1,600mm（L/D=4.0）, 梁幅B×梁せいD=300×400mm
【記号】F_c：コンクリートの目標圧縮強度, p_t：引張鉄筋比, p_w：横補強筋比
　　ONI：ネジonicon鉄筋継手, TAF：タフネジバーグラウト継手, EG：EGジョイント
【横補強筋加工形式】SD295：135°フック閉鎖型, 785N級：溶接閉鎖型

　図 14 に示すように，主筋継手位置 1.5D 試験体 No. 2, 4, 6 と 1.25D 試験体 No. 3, 5, 7 について，主筋継手に対する横補強筋の効果を比較できるように，継手全長 L_c を含めた両側横補強筋間の継手両端間寸法 L_{c0} をすべて 200 mm としている。

（継手記号）

　　ONI：伊藤製鐵所製ネジ onicon 鉄筋継手

　　TAF：共英製鋼製タフネジバーグラウト継手，EG：合同製鐵製 EG ジョイント

　IKG スキップ梁実験では，既往スキップ梁実験[11]と同様，せん断余裕度 Q_{su}/Q_{fu} ＝0.9 程度であり，規準化せん断力 Q_g/Q_{fu}-部材角 R 関係を図 15 に示す。図 15 によると，継手無試験体と各社主筋継手を用いた継手有試験体では，曲げ降伏後，最大耐力に達し，継手位置 1.5D と 1.25D 試験体の限界部材角 R_{80} は，継手無試験体の R_{80} と同程度になっている。

　これらより，3 社の機械式鉄筋継手ともに，本実験を基に定めた IKG スキップ梁の基本事項を満足する場合，設計で保証すべき終局耐力と変形性能を確保できるとしている。

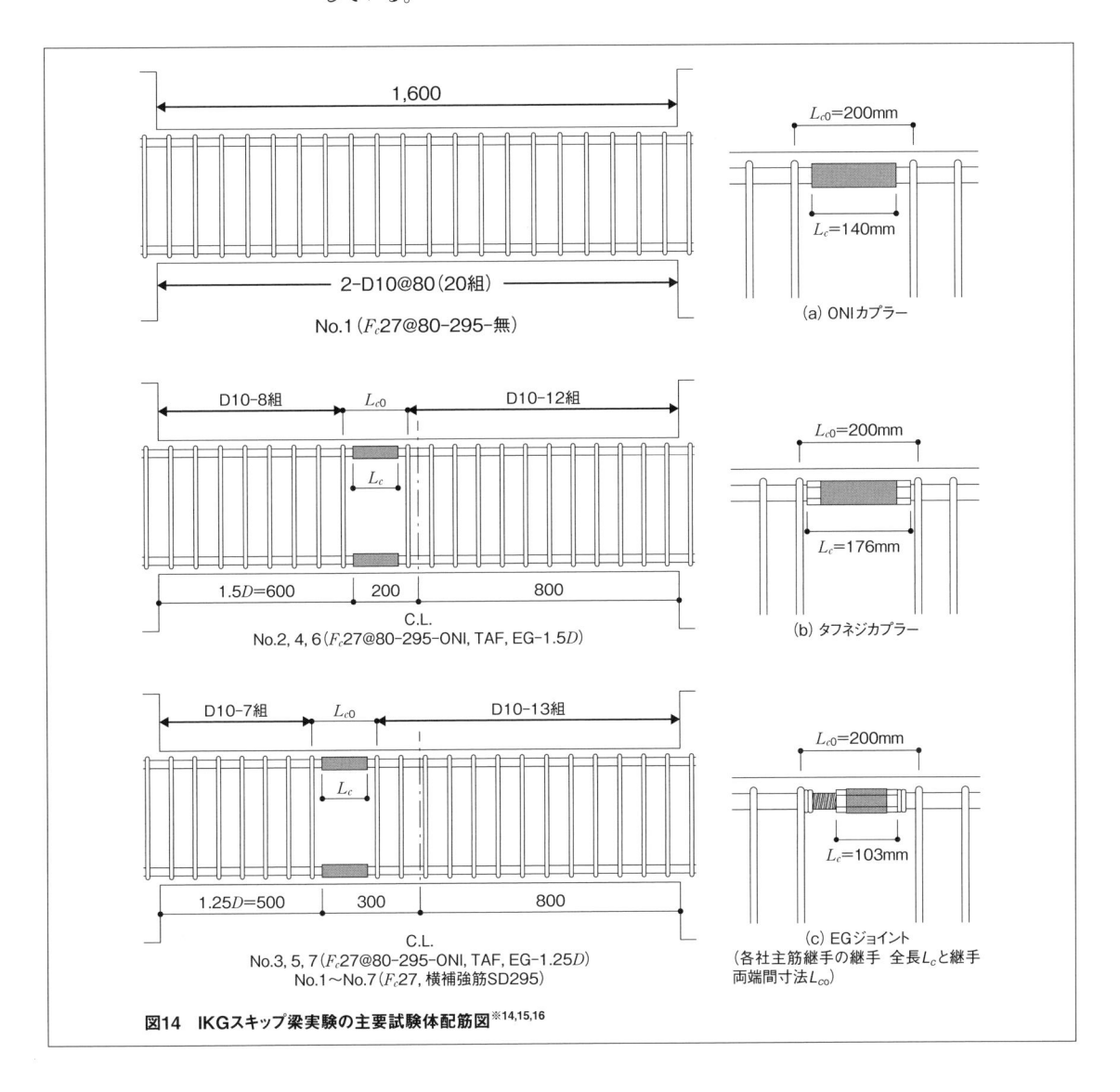

図14　IKGスキップ梁実験の主要試験体配筋図[14,15,16]

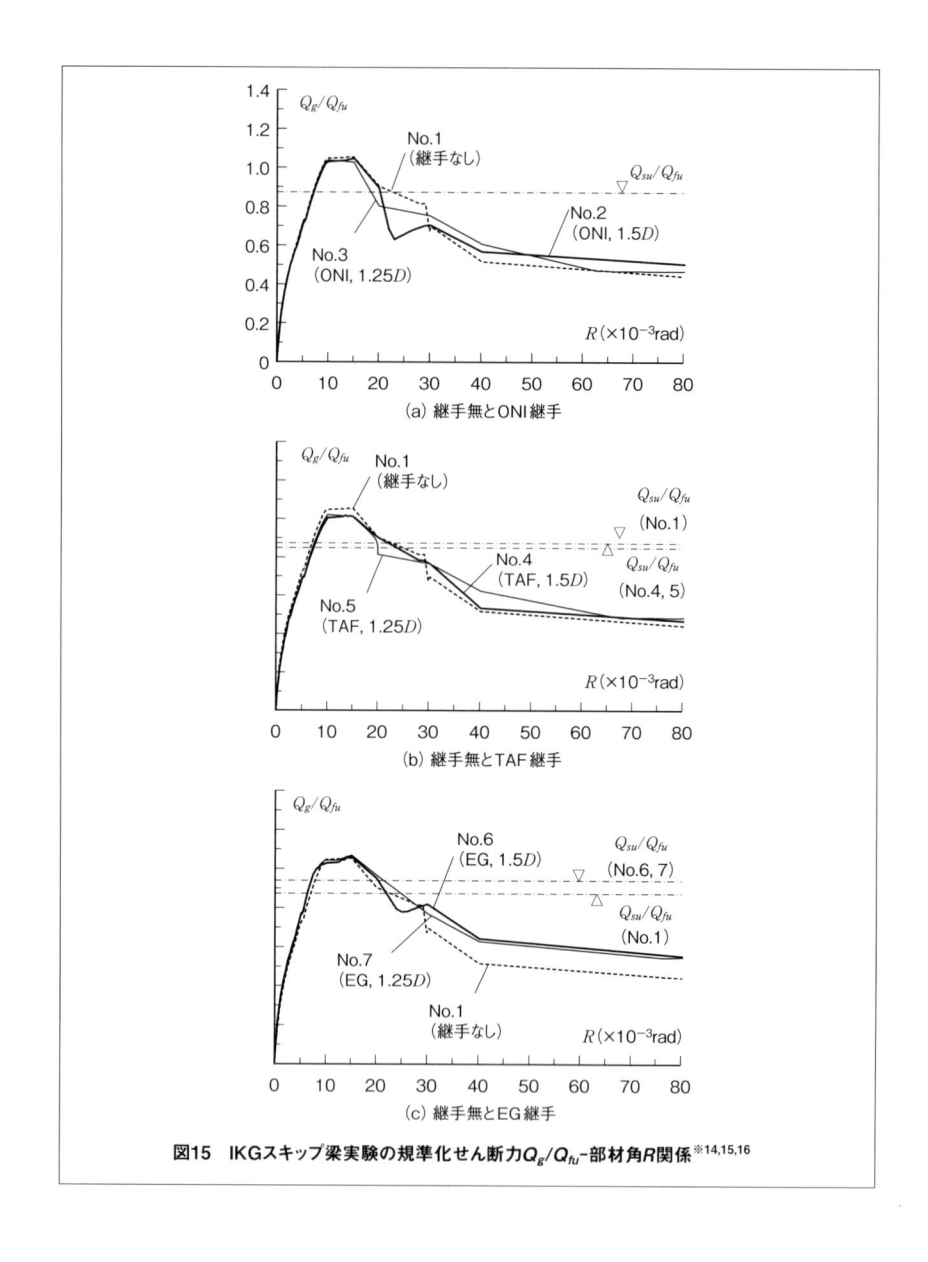

図15　IKGスキップ梁実験の規準化せん断力Q_g/Q_{fu}-部材角R関係[14,15,16]

IKG スキップ梁設計指針の概要

1）はじめに

　IKG スキップ梁設計指針[14]〜[16]は，A 級継手性能を有するネジ onicon 鉄筋継手（伊藤製鐵所），タフネジバーグラウト継手（共英製鋼），EG ジョイント（合同製鐵）を用いたスキップ梁設計指針の総称であり，既往実験[11]〜[13]と IKG スキップ梁実験[17]を基に作成されている。

　スキップ梁の場合，基本事項を満足すれば，主筋継手の支圧強度は主筋継手周囲の付着強度の低下と相殺され，主筋継手無と同様，設計で保証すべき終局耐力と変形性能が確保される。

　本設計指針では，主筋以外の鉄筋は普通強度（SD295〜SD490）横補強筋と大臣認定取得の高強度せん断補強筋とし，コンクリートは設計基準強度F_c 21 N/mm²〜60 N/mm²の普通コンクリートとしている。

　　以下に，IKG スキップ梁主筋継手，スキップ梁の基本事項，スキップ梁のせん断設計，スキップ梁横補強筋の検定例を示す。

2）IKG スキップ梁主筋継手

　　表12，図16 に示すように，IKG スキップ梁実験[17]に供した主筋継手カプラー中央の直径比 D_c/d_b は 1.6〜1.8 であり，カプラー中央の支圧面積比 1.4〜2.3 は，村上，窪田ら[19]の実験で定着筋の引張強度が確保された定着金物の支圧面積比（2〜6）の最小値に近い。d_b は主筋呼び名の値を示す。すなわち，SABTEC 機械式定着工法設計指針[18]によると，主筋継手の支圧強度は，主筋継手カプラー中央の直径で決まる支圧面積比 α_{pc} で決定し，カプラー中央の支圧面積比に相当する支圧強度は，カプラー外周部で喪失する付着強度と相殺されると考えられる。

表12　スキップ梁主筋継手諸元

主筋 呼び名	ONI		TAF		EG		既往実験	
	L_c/d_b	D_o/d_b	L_c/d_b	D_o/d_b	L_c/d_b	D_o/d_b	L_c/d_b	D_o/d_b
D22	6.4	1.7	6.0	1.7	3.0	1.8	5.7	1.8
最大	6.8	1.7	7.0	1.8	3.1	1.8	5.9	1.8
最小	5.9	1.6	5.5	1.6	2.9	1.7	5.4	1.7

ONI：ネジonicon鉄筋継手，TAF：タフネジバーグラウト継手
EG：EGジョイント，既往実験：ネジバー機械式継手
L_c：カプラー全長，D_o：カプラー中央最大径
d_b：主筋呼び名の値

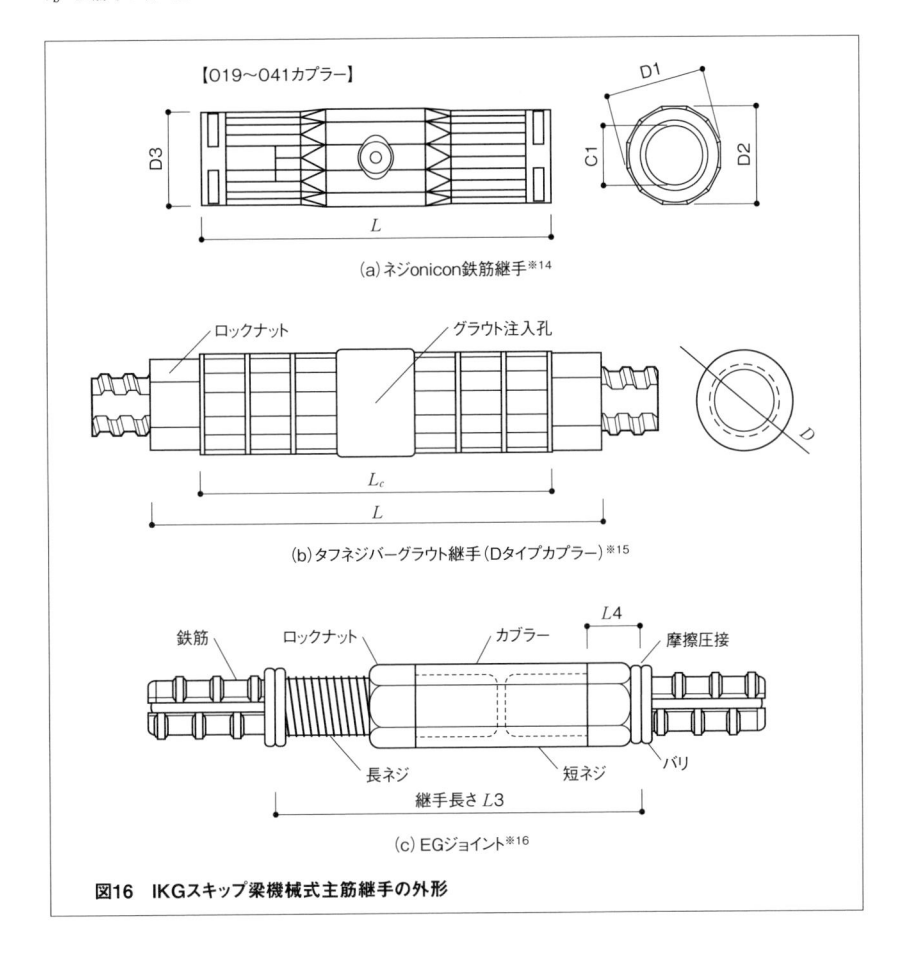

(a)ネジonicon鉄筋継手[14]

(b)タフネジバーグラウト継手（Dタイプカプラー）[15]

(c)EGジョイント[16]

図16　IKGスキップ梁機械式主筋継手の外形

3）スキップ梁の基本事項

①スキップ梁の場合，内法スパン長 L_0 を梁せい D の4倍以上とし，図17に示すように，材端部フェイスから主筋継手端面までの主筋継手位置寸法 L_{so} を梁せい D の1.5倍以上とすることで，主筋継手が存在しても終局限界変形時に梁両端降伏ヒンジの形成が保証される。

その際，内法スパン長 L_0 の中間に降伏ヒンジを発生させないとし，スキップ梁では，カットオフ主筋を用いないとしている。

②スキップ梁の横補強筋組数は，主筋継手なし梁の横補強筋比 p_w で決まる組数以上とし，かつ，式（8）を満足するように，図18の継手周囲区間と同区間以外に配置するとしている。

また，継手周囲区間は最外縁上下主筋間距離 j_{tgo} と同じとし，同区間の横補強筋組数 n_{w1} は，主筋継手の左右に1組以上かつ左右同組数としている。

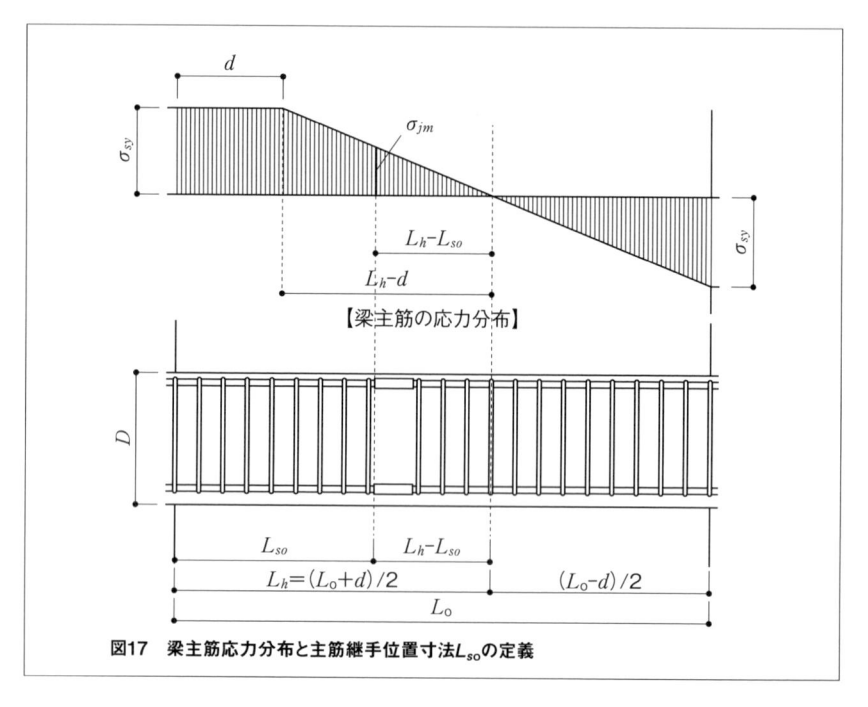

図17　梁主筋応力分布と主筋継手位置寸法 L_{so} の定義

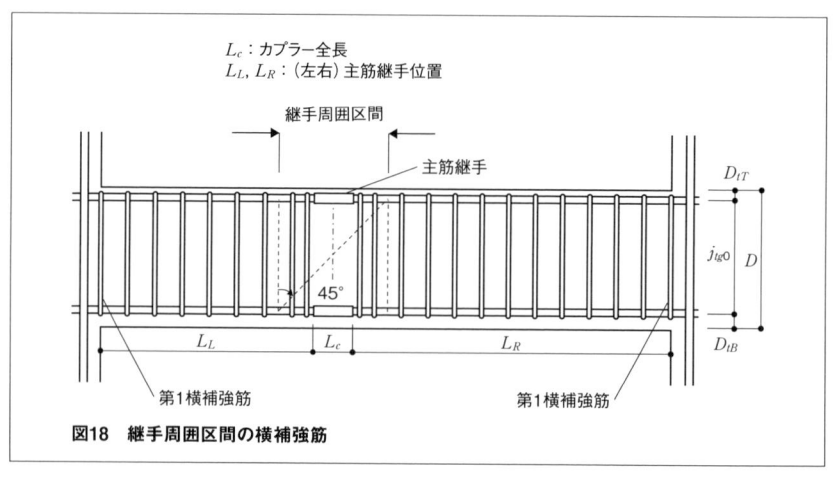

図18　継手周囲区間の横補強筋

$$\alpha_w \geqq 1.0 \tag{8}$$

$\alpha_w = n_{w1}/n_{w0}$：継手周囲横補強筋配置率

n_{w0}：主筋継手無梁の継手周囲区間の横補強筋組数（$= j_{tg0}/s_0$, s_0：横補強筋間隔）

n_{w1}：主筋継手有梁の継手周囲区間の横補強筋組数

すなわち，図 19 に示すように，主筋継手なし梁の $45°$ トラス機構に対応する継手周囲区間内の横補強筋組数 n_{w0} に対して，継手周囲区間内の横補強筋降伏耐力 $T_{wy} = n_{w1} \cdot a_w \cdot \sigma_{wy}$ が確保されるように，式（8）に示すように，$\alpha_w \geqq 1.0$ としている（a_w：横補強筋 1 組の断面積，σ_{wy}：横補強筋の降伏強度）。

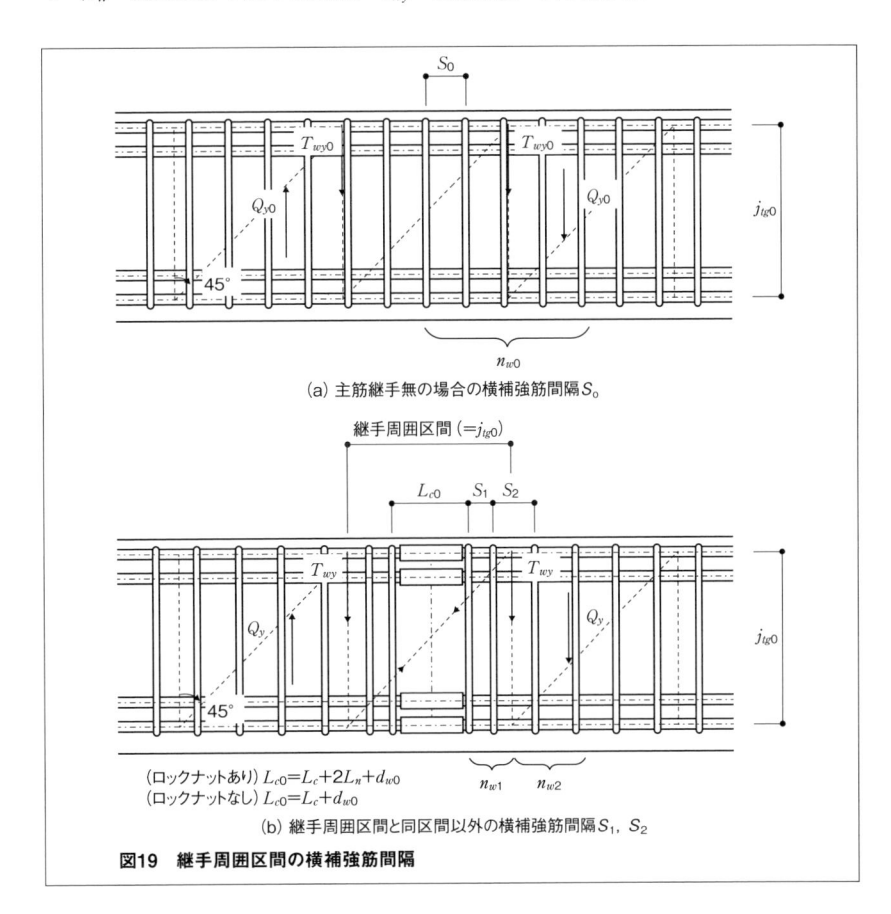

(a) 主筋継手無の場合の横補強筋間隔 S_0

(b) 継手周囲区間と同区間以外の横補強筋間隔 S_1, S_2

図19　継手周囲区間の横補強筋間隔

③本設計指針では，図 20 の主筋継手部 L_c での側面かぶりに対する支圧面積 A_b より求められる式（9）の梁主筋継手部の支圧応力度比 F_a/F_c が 1 を超えないこととしている。

$$F_a/F_c = (\sigma_{sy}/F_c) \cdot (L_c/2L_0) < 1 \tag{9}$$

σ_{sy}：主筋の引張降伏強度，F_c：コンクリートの設計基準強度

ここで，梁せい $D = 800\,\mathrm{mm}$，内法スパン長 $L_0 = 4 \times 800 = 3{,}200\,\mathrm{mm}$ のスキップ梁では，コンクリート設計基準強度 F_c $30\,\mathrm{N/mm^2}$，主筋鋼種 SD490 とし，呼び名 D41 の各社機械式主筋継手の場合，以下のように，式（9）の支圧応力度比 F_a/F_c は明らかに 1 を下回る。すなわち，IKG スキップ梁の場合，通常，式（9）の規定にかかわらず，基本事項 1）と 2）の規定を満足すればよい。

（ネジ onicon 鉄筋継手）$F_a/F_c=0.61$

（タフネジバーグラウト継手）$F_a/F_c=0.57$

（EG ジョイント）$F_a/F_c=0.31$

④スキップ梁における貫通孔の配置可能範囲は，図21に示すように，柱面から梁せい D の1.0倍を除く範囲とし，開孔部補強C区間は継手周囲区間の中央または継手周囲区間以外としている。また，貫通孔は継手周囲区間と継手周囲区間以外に跨いで配置しないとしている。

⑤貫通孔の直径は梁せい D の0.25倍以下とし，C区間には，②で規定する横補強筋とは別に，所要の開孔補強筋および孔際補強筋を配置する。

⑥IKGスキップ梁設計施工指針で検討対象の開孔補強筋は，第三者機関の技術評価を取得した既製開孔補強筋リバーレン，ウェブレン，ダイヤレンとしている。

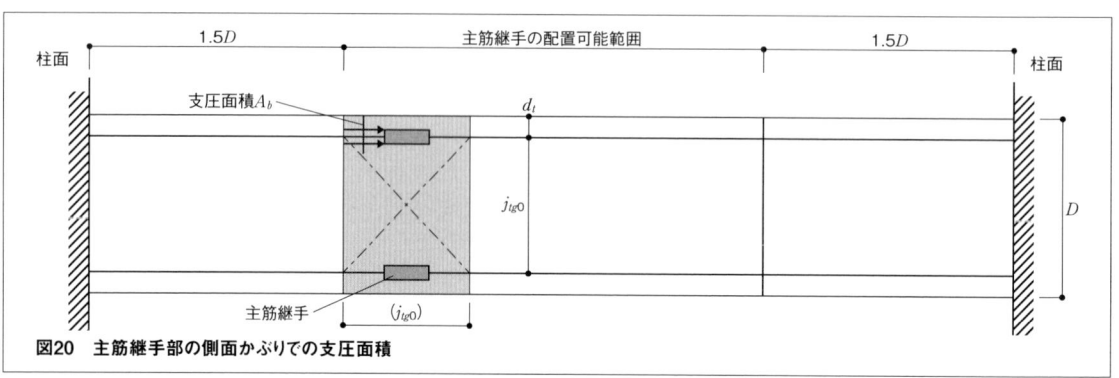

図20　主筋継手部の側面かぶりでの支圧面積

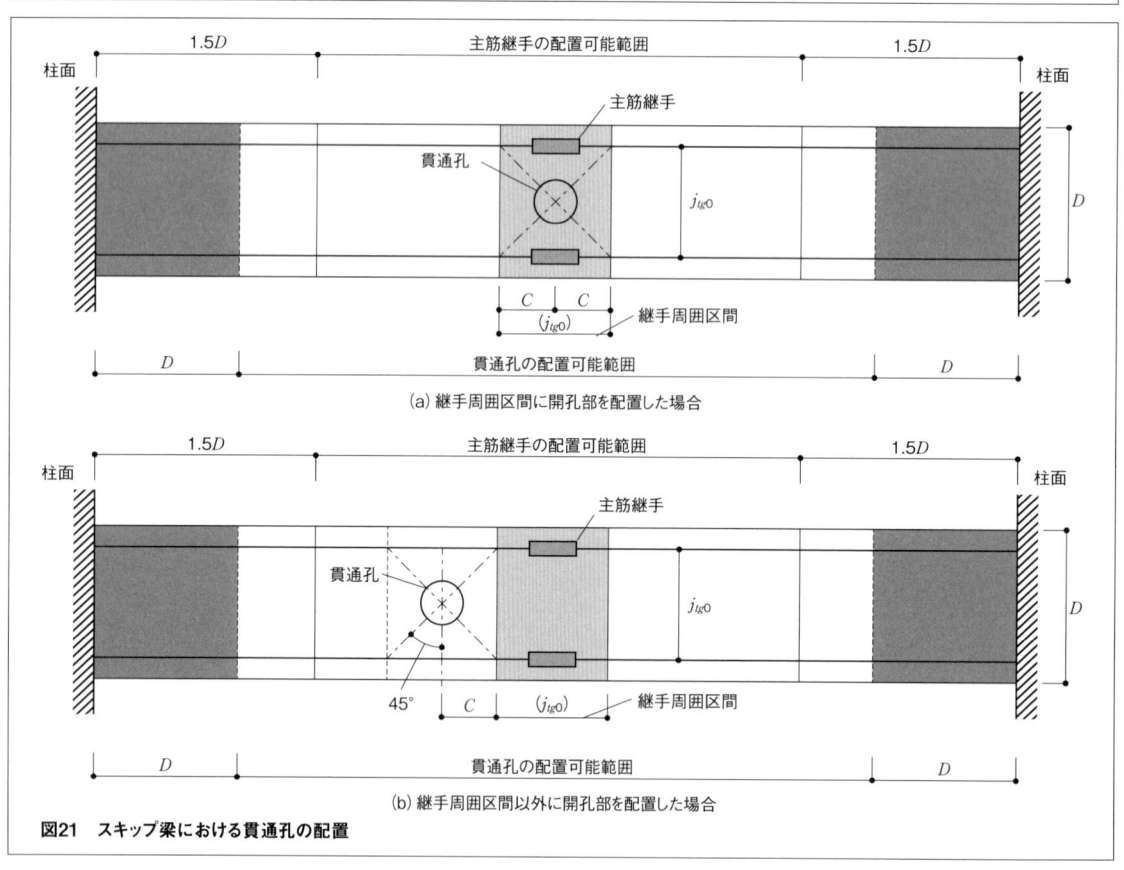

(a) 継手周囲区間に開孔部を配置した場合

(b) 継手周囲区間以外に開孔部を配置した場合

図21　スキップ梁における貫通孔の配置

4）スキップ梁のせん断設計

スキップ梁のせん断設計では，「スキップ梁の基本事項」を基に，終局限界変形まで脆性破壊を防止するために，SABTEC 高強度せん断補強筋設計施工指針[※3]と同様，「継手なし梁のせん断設計」を行い，安全側の措置として，式（10）を満足する横補強筋を継手周囲区間に配置することとしている（図 17 参照）。

$$\alpha_w \cdot \beta_w \geqq 1, \quad \beta_w = \{L_o - (d + L_c)\} / (L_o - d) \tag{10}$$

β_w：主筋継手長さ係数

5）スキップ梁横補強筋の検定例

本検定例では，表 13 に示すように，内法スパン長 $L_o = 3{,}200$ mm（$L_o/D = 4.0$）と 4,800 mm（$L_o/D = 6.0$），梁横補強筋 4-D13@135 mm（$p_w = 0.75\%$）および 4-D13@200 mm（$p_w = 0.51\%$）として検定している。

表 14 の検定結果では，内法スパン長 L_o に対して材端部フェイスから主筋継手位置寸法 L_{so} を与え，継手周囲区間の横補強筋組数 n_{w1}，左右区間の横補強筋組数 n_{wL}，n_{wR}，全横補強筋組数 Σn_w，左右区間の全横補強筋組数 n_{wLR} を示し，式（10）の推奨事項（$\alpha_w \cdot \beta_w \geqq 1$）を確認している。

表13　スキップ梁横補強筋の検定条件

梁幅 $b \times$ 梁せい D	$b = 500$mm $\times D = 800$mm
上下端主筋	（呼び名）D35
	（本数）1 段目：5 本，2 段目：5 本
主筋中心かぶり厚さ	$d_{tT} = 130$mm, $d_{tB} = 90$mm
主筋継手なし梁の横補強筋	4-D13@135mm（$p_w = 0.75\%$）
	4-D13@200mm（$p_w = 0.51\%$）
内法スパン長	$L_o = 3{,}200$mm（$L_0/D = 4.0$）
	$L_o = 4{,}800$mm（$L_0/D = 6.0$）
主筋継手位置	$L_L = 1{,}200$mm
カプラー全長	ネジ onicon 鉄筋継手 $L_c = 210$mm
	タフネジバーグラウト継手 $L_c = 224$mm
	EG ジョイント $L_c = 105$mm

（注）d_{tT}, d_{tB}：上端側および下端側主筋中心かぶり厚さ

表14　スキップ梁横補強筋の検定結果

梁記号		nG11	nG12	nG21	nG22
内法スパン長 L_0 (mm)		3,200	3,200	4,800	4,800
内法スパン長比 L_0/D		4.0	4.0	6.0	6.0
横補強筋間隔 s_0 (mm)		135	200	135	200
横補強筋組数	n_{w0}（本）	5	3	5	3
	n_{w1}（本）	6	4	6	4
継手周囲横補強筋配置率 α_w		1.20	1.33	1.20	1.33
主筋継手長さ係数 β_w		0.92	0.92	0.95	0.95
$\alpha_w \cdot \beta_w$		1.10	1.22	1.14	1.26
側面剥離定着耐力比 σ_{au0}/σ_{au}		1.34	1.34	1.34	1.34
全横補強筋組数 Σn_w（本）		24	16	36	24
左右区間の全横補強筋組数 n_{wLR}（本）		18	12	30	20
左区間横補強筋組数 n_{wL}（本）		7	5	8	5
右区間横補強筋組数 n_{wR}（本）		11	7	22	15

$\Sigma n_w = $ Roundup $(L_0/s_0, 0), n_{wLR} = \Sigma n_w - n_{w1}$
$n_{wL} = $ Roundup $(n_{wLR} \cdot (L_L/L_0), 0), n_{wR} = n_{wLR} - n_{wL}$

【参考文献】

※1 (一社) 建築構造技術支援機構：SABTEC 高強度せん断補強筋設計施工指針 (2016 年)，2016 年 10 月

※2 益尾潔：(連載) SABTEC 高強度せん断補強筋設計施工指針 (2016 年) 第 1 回 本指針の概要および特長，建築技術 2017 年 3 月号，pp.58-59，第 2 回 損傷短期許容せん断力，建築技術 2017 年 4 月号，pp.52-57，第 3 回 両端ヒンジ部材とみなせる柱の特別条件，建築技術 2017 年 5 月号，pp.77-81，第 4 回 高強度せん断補強筋のフック付き重ね継手，建築技術 2017 年 6 月号，pp.64-68

※3 (一社) 建築構造技術支援機構：SABTEC 高強度せん断補強筋設計施工指針 (2021 年)，2021 年 8 月

※4 益尾潔：(連載) SABTEC 高強度せん断補強筋設計施工指針 第①回 SABTEC 指針 (2021 年) の概要，建築技術 2022 年 1 月号，pp.58-59

※5 益尾潔：鉄筋コンクリート柱，はり部材の終局せん断耐力ならびに降伏変形の評価，日本建築学会構造系論文報告集，第 452 号，pp.87-97，1993 年 10 月

※6 林哲平，小寺耕一朗，益尾潔：SD490 および 785 N/mm^2 級横補強筋を用いた RC 梁の構造性能，日本建築学会大会学術講演梗概集，構造IV，pp.457-458，2015 年 9 月

※7 菅野俊介：鉄筋コンクリート部材の復元力特性に関する研究，コンクリートジャーナル，Vol. 11, No. 2, pp.1-9, 1973.2

※8 菅野俊介，東端泰夫，山口育雄：鉄筋コンクリート短柱の崩壊防止に関する研究 (その 18)，日本建築学会大会梗概集，pp.1323〜1324，1974 年 10 月

※9 日本建築学会：鉄筋コンクリート構造計算規準 8 条，pp.68〜88，2018 年 12 月

※10 益尾潔：(連載) SABTEC 高強度せん断補強筋設計施工指針 (2021 年) 第 1 回 SABTEC 指針 (2021 年) の概要，建築技術 2022 年 1 月号，pp.58〜59，第 2 回 中段筋基礎梁の設計，建築技術 2022 年 2 月号，pp.38〜41

※11 田川浩之，市岡有香子，足立将人，益尾潔：横補強筋を配置しないカプラー方式主筋継手を用いた RC 梁の終局耐力・変形性能，コンクリート工学年次論文集，Vol. 33,No. 2, pp.271-276, 2011 年

※12 市岡有香子，田川浩之，足立将人，益尾潔：横補強筋を配置しないカプラー方式主筋継手を用いた RC 梁の付着性能，コンクリート工学年次論文集，Vol. 33,No. 2, pp.265-270, 2011 年

※13 益尾潔，丸山透，猪砂利次，木上貴夫：貫通孔を有する RC 梁の終局耐力および変形性能，日本建築学会技術報告集，第 22 巻，第 50 号，pp.99-103，2016 年 2 月

※14 (一社) 建築構造技術支援機構：建築構造技術評価報告書 ネジ onicon 鉄筋継手・スキップ梁工法，(株) 伊藤製鐵所，SABTEC 評価 19-03 (2020 年 1 月 31 日)

※15 (一社) 建築構造技術支援機構：建築構造技術評価報告書 タフネジバーグラウト継手・スキップ梁工法，共英製鋼 (株)，SABTEC 評価 19-04 (2020 年 1 月 31 日)

※16 (一社) 建築構造技術支援機構：建築構造技術評価報告書 EG ジョイント・スキップ梁工法，合同製鐵 (株)，SABTEC 評価 19-05 (2020 年 1 月 31 日)

※17 益尾潔：本連載 第 1 回 IKG スキップ梁実験，建築技術 2021 年 1 月号，pp.38〜41，第 2 回 IKG スキップ梁設計指針の概要，建築技術 2021 年 2 月号，pp.144〜147

※18 (一社) 建築構造技術支援機構：SABTEC 機械式定着工法 RC 構造設計指針 (2022 年)，2022 年 4 月

※19 村上雅英，藤達也，窪田敏行：引き抜き試験によるはり主筋の機械式定着耐力の評価，コンクリート工学論文集，第 8 巻，第 2 号，pp.1-10, 1997 年 7 月

附章 1 の参考資料 1「接合部配筋詳細にかかわる柱，梁断面内主筋位置の計算例」では，第 II 章に記載した柱，梁断面内主筋位置算出のための①柱，梁主筋中心かぶり厚さ dt，②横補強筋との納まりを考慮した主筋間隔の計算式を示し，機械式継手カプラーの有無，側柱，隅柱の違いを考慮した①柱，梁主筋中心かぶり厚さ dt と②主筋間隔の計算例について紹介する。

　また，参考資料 2 では，第 I 章に記載した SABTEC 技術評価のための「溶接せん断補強筋の技術評価方針」について紹介する。

附章 1
参考資料

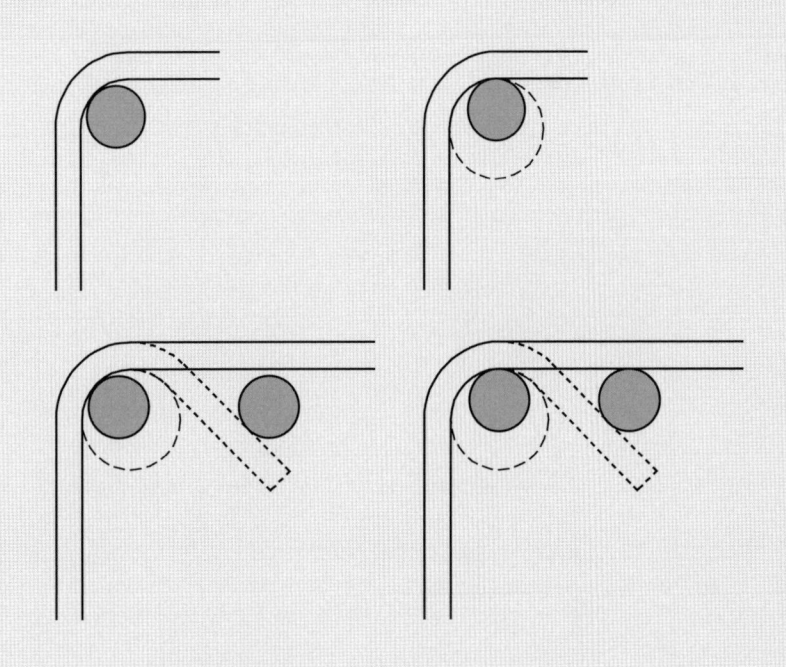

接合部配筋詳細にかかわる柱，梁断面内主筋位置の計算例

はじめに

本資料では，（付録）鉄筋位置算出のための計算式を用いて求めた接合部配筋詳細にかかわる柱，梁断面内主筋位置の計算例を示す。

柱，梁主筋中心かぶり厚さ d_t

1）柱主筋中心かぶり厚さ d_t

①主筋継手無の場合

主筋継手無の場合，図 1 中の設計かぶり厚さ C（C_x, C_y）および計算寄り寸法 Δc_0 より，柱主筋中心かぶり厚さ d_t は式（1）で求められる。同式中の設計かぶり厚さ C（C_x, C_y）は，日本建築学会の RC 造配筋指針による値とする。

$$d_t = C + \Delta c, \quad \Delta c = d_{wo} + d_{co}/2 + \Delta c_0 + \Delta w \tag{1}$$

ここに，

Δc：柱主筋中心の寄り寸法，d_{co}：柱主筋最外径

d_{wo}：横補強筋最外径，Δw：調整寸法

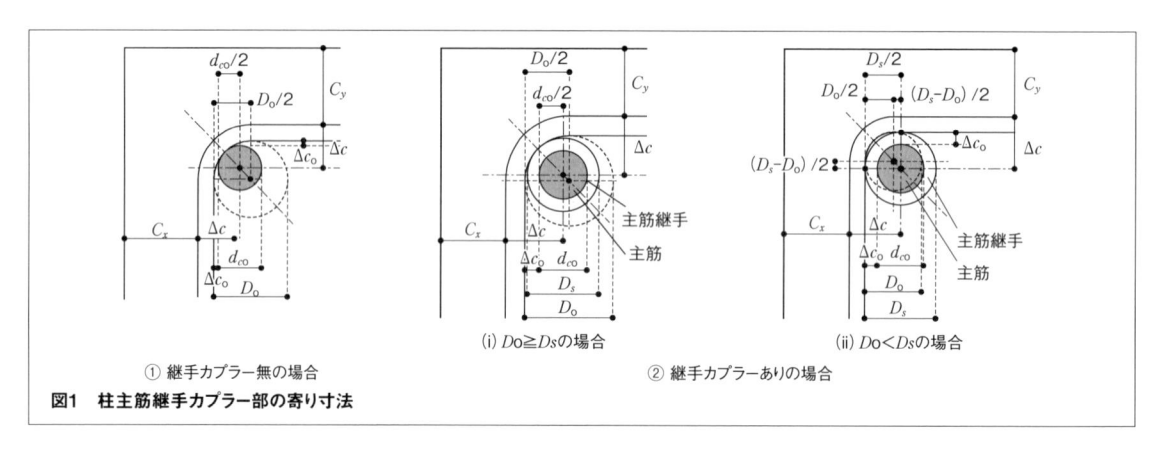

① 継手カプラー無の場合

図1　柱主筋継手カプラー部の寄り寸法

(i) $D_o \geqq D_s$ の場合
(ii) $D_o < D_s$ の場合
② 継手カプラーありの場合

②主筋継手カプラーありの場合

図 1（b）の継手カプラーの最大径 D_s を考慮すると，継手カプラーありの計算寄り寸法 Δc_0 は，式（2）で求められる。同式中，D_s は継手カプラーの最大径，D_o は横補強筋の折曲げ内法直径であり，式（3）は（$D_o < D_s$）を許容した場合である。

$$D_o \geqq D_s \text{ の場合：} \Delta c_0 = (D_o - D_s) \cdot (1 - 1/\sqrt{2})/2 + (D_s - d_{co})/2 \tag{2}$$

$$D_o < D_s \text{ の場合：} \Delta c_0 = (D_s - d_{co})/2 \tag{3}$$

式（2）または式（3）を式（1）に代入すると，柱主筋中心かぶり厚さ d_t が求められる。

横補強筋（D10〜D16）と柱，梁隅筋（D29, D35, D41）の納まり例を図 2 に示す。図 2 では，横補強筋の折曲げ内法直径 D_o は $4 \times d_w$ としている。d_w は横補強筋呼び名の値を示す。

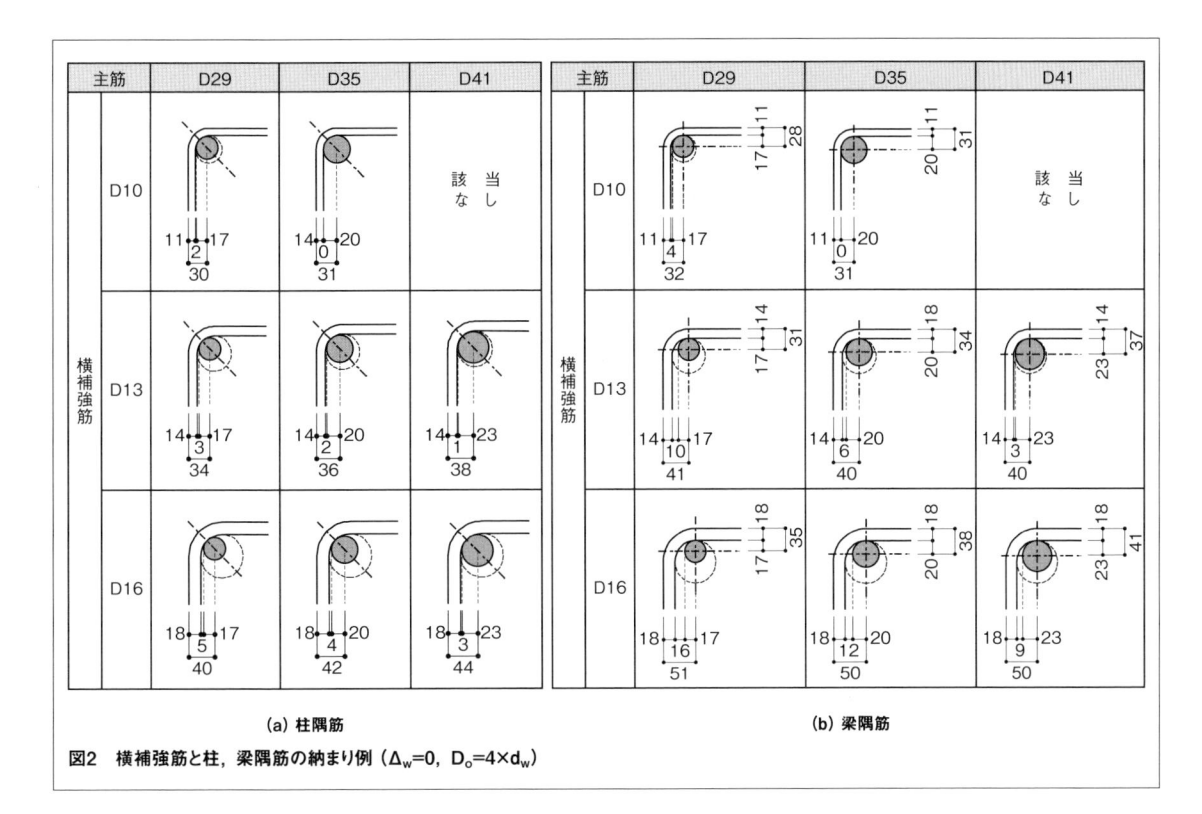

図2　横補強筋と柱，梁隅筋の納まり例（$\Delta_w=0$, $D_o=4 \times d_w$）

③継手カプラーの最大径および定着金物の各部寸法

電炉メーカー5社が製造するD25以上のネジ節鉄筋用の継手カプラーの最大径および定着金物の各部寸法を表1に示す。

継手カプラーの最大径D_sは1.7～1.8d_b，定着金物の定着板直径D_aは2.5～2.6d_b，全長L_Aは2.3～2.5d_b，定着板厚さ t_aは0.4d_b，ナット部の最大径D_nは1.8～1.9d_bである（図3）。d_bは主筋呼び名の値であり，表1では，継手カプラーの最大径D_sの設定値は，両側主筋の直径が同じ同径型の値とし，定着金物の全長L_Aの設定値は貫通型の値としている。

表1　継手カプラーの最大径および定着金物の各部寸法

呼び名	d_b (mm)	d_o (mm)	D_s (mm)	D_a (mm)	L_A (mm)	t_a (mm)	D_n (mm)	D_s/d_b	D_a/d_b	L_A/d_b	t_a/d_b	D_n/d_b
D25	25	28	45	65	60	11	48	1.8	2.6	2.4	0.4	1.9
D29	29	33	51	75	70	12	53	1.7	2.6	2.4	0.4	1.8
D32	32	36	56	82	80	13	58	1.7	2.6	2.5	0.4	1.8
D35	35	40	62	90	85	14	64	1.8	2.6	2.4	0.4	1.8
D38	38	43	67	95	90	15	69	1.8	2.5	2.4	0.4	1.8
D41	41	46	73	103	95	16	75	1.8	2.5	2.3	0.4	1.8

d_b：鉄筋呼び名の値，d_o：鉄筋最外径，D_s：継手カプラーの最大径，D_a：定着版直径，L_A：定着金物の全長，t_a：定着板厚さ，D_n：定着金物ナット部の最大径

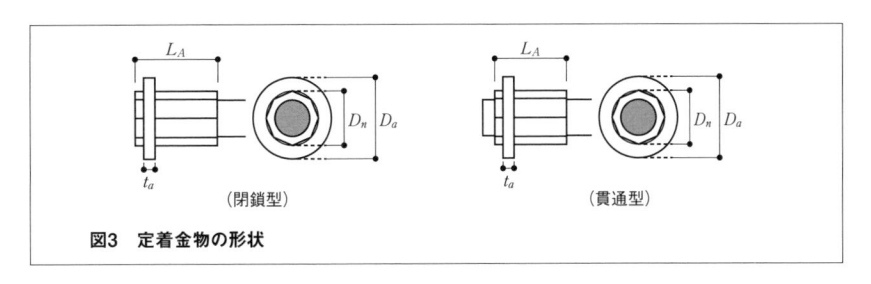

図3　定着金物の形状

表2　柱主筋中心かぶり厚さd_tおよび継手カプラーなし部のかぶり厚さC_oの計算例（単位：mm）

有無		柱主筋	D_s (mm)	D_a (mm)	d_t (mm)			d_t/d_b			C_o (mm)		
継手	金物				D10	D13	D16	D10	D13	D16	D10	D13	D16
0	0	D25	0	0	70	75	80	2.8	3.0	3.2	40	40	40
0	0	D29	0	0	70	75	80	2.4	2.6	2.8	40	40	40
0	0	D32	0	0	70	75	85	2.2	2.3	2.7	40	40	40
0	0	D35	0	0	75	80	85	2.1	2.3	2.4	40	40	40
0	0	D38	0	0	—	80	85	—	2.1	2.2	40	40	40
0	0	D41	0	0	—	80	85	—	2.0	2.1	40	40	40
1	0	D25	45	0	75	80	85	3.0	3.2	3.4	45	45	45
1	0	D29	51	0	80	80	90	2.8	2.8	3.1	50	45	50
1	0	D32	56	0	80	85	90	2.5	2.7	2.8	50	50	45
1	0	D35	62	0	85	85	90	2.4	2.4	2.6	50	45	45
1	0	D38	67	0	—	90	95	—	2.4	2.5	—	50	50
1	0	D41	73	0	—	95	95	—	2.3	2.3	—	55	50
0	1	D25	0	65	70	75	80	2.8	3.0	3.2	40	40	40
0	1	D29	0	75	70	75	80	2.4	2.6	2.8	40	40	40
0	1	D32	0	82	70	75	85	2.2	2.3	2.7	40	40	40
0	1	D35	0	90	75	80	85	2.1	2.3	2.4	40	40	40
0	1	D38	0	95	—	80	85	—	2.1	2.2	—	40	40
0	1	D41	0	103	—	80	85	—	2.0	2.1	—	40	40
1	1	D25	45	65	75	80	85	3.0	3.2	3.4	45	45	45
1	1	D29	51	75	80	80	90	2.8	2.8	3.1	50	45	50
1	1	D32	56	82	80	85	90	2.5	2.7	2.8	50	50	45
1	1	D35	62	90	85	85	90	2.4	2.4	2.6	50	45	45
1	1	D38	67	95	—	90	95	—	2.4	2.5	—	50	50
1	1	D41	73	103	—	95	95	—	2.3	2.3	—	55	50

（注）継手，金物の有無「0」：無，「1」：有，表中「—」は$D_o < d_{co}$の場合を示す。

④柱主筋中心かぶり厚さ d_t の計算例

　　柱主筋 D25〜D41 と横補強筋 D10〜D16 を組み合せた場合について，継手カプラー，定着金物の有無に応じた柱主筋中心かぶり厚さ d_t および継手カプラーなし部のかぶり厚さ C_o の計算例を表2に示す。

2）梁主筋中心かぶり厚さ d_t

①割増し幅を考慮しない場合

　　本マニュアル「柱，梁断面内の主筋位置」（16頁）に示した図2の柱，梁各部鉄筋位置の定義より，梁主筋中心かぶり厚さ d_{tx}，d_{tT}，d_{tB}は，設計かぶり厚さ C_x，C_T，C_Bおよび下式の計算寄り寸法 Δg_x，Δg_y を考慮することで求められる。

$$（D_o \geqq D_s の場合）\Delta g_{ox} = (D_o - d_{go})/2，\quad \Delta g_{oy} = (D_s - d_{go})/2 \tag{4}$$

$$（D_o < D_s の場合）\Delta g_{ox} = \Delta g_{oy} = (D_s - d_{go})/2 \tag{5}$$

②割増し幅を考慮する場合

　　柱・梁外面合せの場合，本マニュアル「柱，梁断面内の主筋位置」の定着金物，折曲げ筋の挿入箇所の梁主筋間隔の1）定着金物挿入箇所（19頁）で定義した梁主筋中心かぶり厚さ d_{tw} は，割増し幅 ΔB_g を考慮することで求められる。

③梁主筋中心かぶり厚さ d_t の計算例

　　梁主筋中心かぶり厚さ d_{txo}，d_{tT}，d_{tB}，割増し幅 ΔB_g および ΔB_g を考慮した梁主筋中心かぶり厚さ d_{tw} の計算例を表3〜表5に示す。

表3 d_{txo}, d_{tT}, d_{tB} の計算例（単位：mm）

	呼び名	d_{txo} (mm)			d_{tT} (mm)			d_{tB} (mm)			d_{txo}/d_b			d_{tB}/d_b		
		D10	D13	D16	D10	D13	D16	D10	D13	D16	D10	D13	D16	D10	D13	D16
カプラー有	D25	75	80	90	105	110	115	75	80	85	3.0	3.2	3.6	3.0	3.2	3.4
	D29	80	80	90	115	115	120	80	80	85	2.8	2.8	3.1	2.8	2.8	2.9
	D32	80	85	90	120	125	130	80	85	90	2.5	2.7	2.8	2.5	2.7	2.8
	D35	85	85	90	125	125	130	85	85	90	2.4	2.4	2.6	2.4	2.4	2.6
	D38	—	90	95	—	135	140	—	90	95	—	2.4	2.5	—	2.4	2.5
	D41	—	95	95	—	145	145	—	95	95	—	2.3	2.3	—	2.3	2.3
カプラー無	D25	75	80	90	95	100	105	65	70	75	3.0	3.2	3.6	2.6	2.8	3.0
	D29	75	80	90	105	110	110	70	75	75	2.6	2.8	3.1	2.4	2.6	2.6
	D32	75	80	90	110	115	120	70	75	80	2.3	2.5	2.8	2.2	2.3	2.5
	D35	75	80	90	110	115	120	75	75	80	2.1	2.3	2.6	2.1	2.1	2.3
	D38	—	80	90	—	125	125	—	80	80	—	2.1	2.4	—	2.1	2.1
	D41	—	80	90	—	130	135	—	80	85	—	2.0	2.2	—	2.0	2.1

（注）表中のD10～D16は，梁横補強筋の呼び名を示す。

表4 ΔB_g の計算例（単位：mm）

		柱主筋																	
柱種別	梁主筋	横補強筋D10						横補強筋D13						横補強筋D16					
		D25	D29	D32	D35	D38	D41	D25	D29	D32	D35	D38	D41	D25	D29	D32	D35	D38	D41
カプラー有 側柱	D25	30	40	40	45	—	—	30	35	40	40	50	55	25	35	35	35	45	45
	D29	30	35	35	45	—	—	35	35	40	40	50	55	30	35	35	40	45	45
	D32	30	35	40	45	—	—	30	30	40	40	45	55	30	35	40	40	45	50
	D35	25	35	35	40	—	—	30	35	40	40	50	55	30	40	40	40	50	50
	D38	—	—	—	—	—	—	30	30	35	40	45	50	30	35	35	40	45	45
	D41	—	—	—	—	—	—	25	25	35	35	40	50	30	35	40	40	45	50
カプラー有 隅柱	D25	30	40	40	45	—	—	30	35	40	40	50	55	25	35	35	35	45	45
	D29	30	35	35	45	—	—	35	35	40	45	50	55	30	35	35	40	45	45
	D32	30	40	40	45	—	—	30	35	40	40	50	55	25	35	35	35	45	45
	D35	30	35	35	45	—	—	30	30	35	40	45	55	30	35	40	40	45	45
	D38	—	—	—	—	—	—	25	30	35	35	45	50	30	40	40	40	50	50
	D41	—	—	—	—	—	—	30	30	40	40	45	55	30	35	40	40	45	50
カプラー無 側柱	D25	30	40	40	45	—	—	30	35	40	40	50	55	25	35	35	35	45	45
	D29	35	40	40	50	—	—	35	35	40	45	50	55	30	35	35	40	45	45
	D32	35	40	45	50	—	—	35	35	45	45	50	60	30	35	40	40	45	50
	D35	35	35	45	50	—	—	35	35	45	45	55	60	30	40	40	40	50	50
	D38	—	—	—	—	—	—	40	40	45	50	55	60	35	35	40	45	50	50
	D41	—	—	—	—	—	—	40	40	50	50	55	65	35	40	45	45	50	55
カプラー無 隅柱	D25	30	40	40	45	—	—	30	35	40	40	50	55	25	35	35	35	45	45
	D29	35	40	40	50	—	—	35	35	40	45	50	55	30	35	35	40	45	45
	D32	35	45	45	50	—	—	30	35	40	40	50	55	25	35	35	35	45	45
	D35	40	45	45	55	—	—	35	35	40	45	50	55	30	35	35	40	45	45
	D38	—	—	—	—	—	—	35	40	45	45	55	60	35	40	40	40	50	50
	D41	—	—	—	—	—	—	40	40	50	50	55	65	35	40	45	45	50	55

横 補 強 筋 と の 納 ま り を 考 慮 し た 主 筋 間 隔

　　横補強筋との納まりを考慮した主筋間隔を図4に示す。図4（c），（e）の柱の隅筋と隣接主筋の間隔 P_4 と P_5 は，下式で求められる。式（6）の右辺中，$\Delta c_0 = 0$, $D_0 = 3 \times d_w$ として求めた P_4 は，RC 配筋指針の付録 A3 に示された P_4 と一致する。

$$P_4 = \max\{(d_{wo} + D_0/2) \cdot (1 + 1/\sqrt{2}) + d_{co}/(2\sqrt{2}) + h + \Delta c_0 + c, \ P_1 + P_2\} \tag{6}$$

$$P_5 = (d_{wo} + D_0/2) \cdot (1 + 1/\sqrt{2}) + 6 d_w/\sqrt{2} + d_0/2 + 5 \ \text{(mm)} \tag{7}$$

$$P_2 = d_{wo} + \Delta c_0 + d_0/2 \tag{8}$$

$$\Delta P_4 = P_4 - P_2, \quad \Delta P_5 = P_5 - P_2 \tag{9}$$

$$h = d_0 \ (1 + 1/\sqrt{2})/2, \quad c = d_{wo} - b = (d_{wo} + D_0/2)/\sqrt{2} - D_0/2$$

$$= d_{wo}/\sqrt{2} - (D_0/2) \cdot (1 - 1/\sqrt{2})$$

$$b = (d_{wo} + D_0/2) \cdot (1 - 1/\sqrt{2})$$

表5　d_{tw}の計算例（単位：mm）

柱種別		梁主筋	柱主筋																
			横補強筋D10						横補強筋D13						横補強筋D16					
			D25	D29	D32	D35	D38	D41	D25	D29	D32	D35	D38	D41	D25	D29	D32	D35	D38	D41
カプラー有	側柱	D25	105	115	115	120	—	—	110	115	120	120	130	135	115	125	125	125	135	135
		D29	110	115	115	125	—	—	115	115	120	125	130	135	120	125	125	130	135	135
		D32	110	115	120	125	—	—	115	115	125	125	130	140	120	125	130	130	135	140
		D35	110	120	120	125	—	—	115	120	125	125	135	140	120	130	130	130	140	140
		D38	—	—	—	—	—	—	120	120	125	130	135	140	125	130	130	135	140	140
		D41	—	—	—	—	—	—	120	120	130	130	135	145	125	130	135	135	140	145
	隅柱	D25	115	125	125	130	—	—	120	125	130	130	140	145	125	135	135	135	145	145
		D29	120	125	125	135	—	—	125	125	130	135	140	145	130	135	135	140	145	145
		D32	120	130	130	135	—	—	125	130	135	135	145	150	130	140	140	140	150	150
		D35	125	130	130	140	—	—	130	130	135	140	145	150	135	140	140	145	150	150
		D38	—	—	—	—	—	—	130	135	140	140	150	155	135	145	145	145	155	155
		D41	—	—	—	—	—	—	135	135	145	145	150	160	140	145	150	150	155	160
カプラー無	側柱	D25	105	115	115	120	—	—	110	115	120	120	130	135	115	125	125	125	135	135
		D29	110	115	115	125	—	—	115	115	120	125	130	135	120	125	125	130	135	135
		D32	110	115	120	125	—	—	115	115	125	125	130	140	120	125	130	130	135	140
		D35	110	120	120	125	—	—	115	120	125	125	135	140	120	130	130	130	140	140
		D38	—	—	—	—	—	—	120	120	125	130	135	140	125	130	130	135	140	140
		D41	—	—	—	—	—	—	120	120	130	130	135	145	125	130	135	135	140	145
	隅柱	D25	115	125	125	130	—	—	120	125	130	130	140	145	125	135	135	135	145	145
		D29	120	125	125	135	—	—	125	125	130	135	140	145	130	135	135	140	145	145
		D32	120	130	130	135	—	—	125	130	135	135	145	150	130	140	140	140	150	150
		D35	125	130	130	140	—	—	130	130	135	140	145	150	135	140	140	145	150	150
		D38	—	—	—	—	—	—	130	135	140	140	150	155	135	145	145	145	155	155
		D41	—	—	—	—	—	—	135	135	145	145	150	160	140	145	150	150	155	160

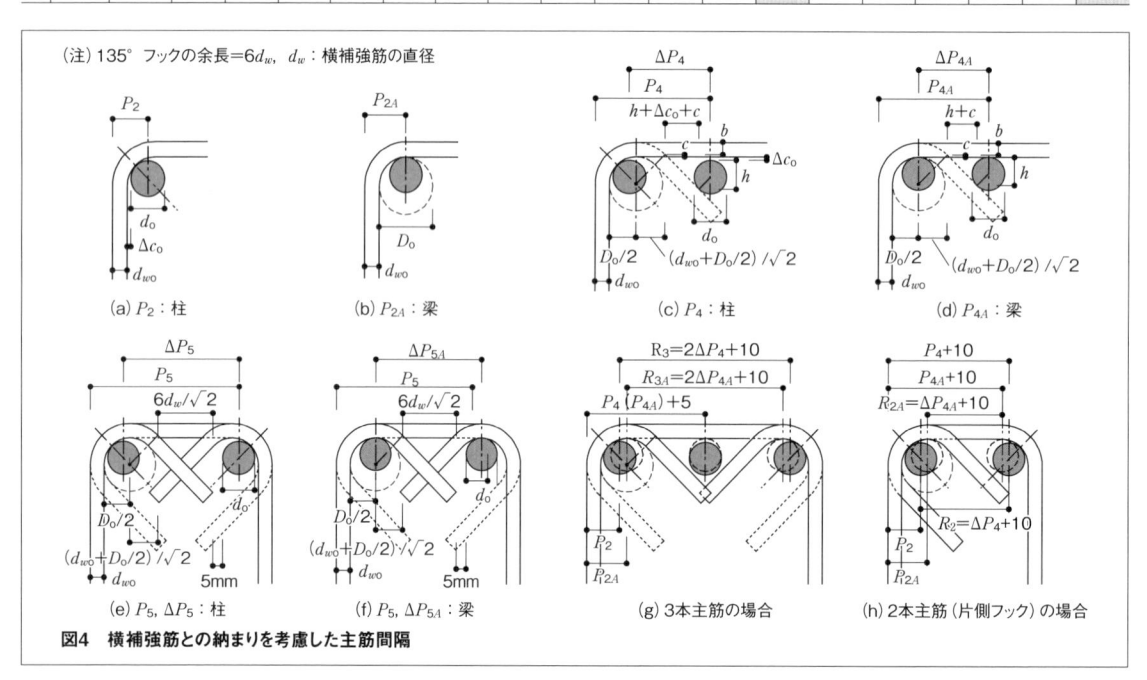

（注）135°フックの余長＝$6d_w$，d_w：横補強筋の直径

(a) P_2：柱　　(b) P_{2A}：梁　　(c) P_4：柱　　(d) P_{4A}：梁

(e) P_5, ΔP_5：柱　　(f) P_5, ΔP_{5A}：梁　　(g) 3本主筋の場合　　(h) 2本主筋（片側フック）の場合

図4　横補強筋との納まりを考慮した主筋間隔

ここに，d_{co}：柱主筋最外径，d_w：横補強筋直径，d_{wo}：横補強筋最外径

D_o：横補強筋の折曲げ内法直径，Δc_o：式（1）による計算寄り寸法

P_1：JASS 5 の鉄筋間隔

図4（d）の梁隅筋と隣接主筋の間隔 P_{4A} は，下式で求められる。

$$P_{4A}=\max\{(d_{wo}+D_o/2)\cdot(1+1/\sqrt{2})+d_{go}/(2\sqrt{2})+h+c,\ P_1+P_{2A}\} \tag{10}$$

$$P_{2A}=d_{wo}+D_o/2 \tag{11}$$

$$\Delta P_{4A}=P_{4A}-P_{2A}, \quad \Delta P_{5A}=P_5-P_{2A} \tag{12}$$

　図4 (g)，(h) には，3本主筋および2本主筋と閉鎖型横補強筋を組み合わせた納まりを示し，次に，主筋間隔P_4，P_{4A}，P_5および一段筋と二段筋間隔P_{12}，P_{12H}の計算例を表6に示す。

　P_{12}およびP_{12H}は，下式で求められる。

（溶接閉鎖型横補強筋の場合）

$$P_{12}=\max\{(d_{o1}+d_{o2})/2+n_w \cdot d_{wo}, \ P_1\}+\Delta s+\Delta w \tag{13}$$

（135°フック付き横補強筋の場合（図5））

　一段筋と二段筋を同一鉛直線上に配置する場合：

$$P_{12H}=\max\{P_{12}, \ \Delta P_{4A}+2\Delta g_0+\Delta s\}+\Delta w \tag{14}$$

　二段筋を横補強筋に添わせて配置する場合：

$$P_{12H}=\max\{P_{12}, \ \Delta P_{4A}+\Delta g_0+\Delta s\}+\Delta w \tag{15}$$

ここに，

　　　d_{o1}，d_{o2}：一段筋と二段筋の最外径

　　　d_{wo}：横補強筋の最外径，n_w：横補強筋の組数

　　　P_1；JASS 5の鉄筋間隔，Δg_0：計算寄り寸法

　　　Δs：施工余裕値，Δw：調整寸法

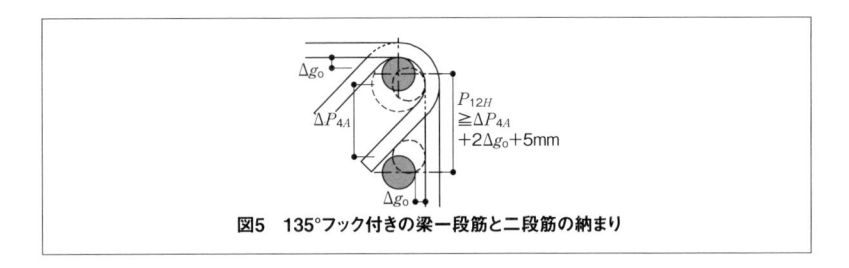

図5　135°フック付きの梁一段筋と二段筋の納まり

表6　主筋間隔P_4，P_{4A}，P_5および一段筋と二段筋間隔P_{12}，P_{12H}の計算例（$D_0=4\times d_w$の場合）（単位：mm）

主筋	d_o	横補強筋	d_{wo}	D_o	P_1	P_2	P_{2A}	P_4	P_{4A}	P_5	P_{12}	P_{12H}
D25	28	D10	11	40	66	27	31	92	97	114	75	85
D29	33	D10	11	40	77	29	31	105	108	117	90	90
D32	36	D10	11	40	84	30	31	114	115	118	95	95
D35	40	D10	11	40	93	31	31	124	124	120	105	105
D25	28	D13	15	52	66	32	41	108	106	142	75	95
D29	33	D13	15	52	77	33	41	113	117	145	90	105
D32	36	D13	15	52	84	34	41	118	124	146	95	105
D35	40	D13	15	52	93	36	41	128	133	148	105	110
D38	43	D13	15	52	100	37	41	137	140	150	110	115
D41	46	D13	15	52	108	38	41	145	148	151	120	120
D25	28	D16	19	64	66	37	51	128	123	172	75	115
D29	33	D16	19	64	77	39	51	133	129	175	90	115
D32	36	D16	19	64	84	40	51	136	134	176	95	120
D35	40	D16	19	64	93	42	51	141	143	178	105	125
D38	43	D16	19	64	100	43	51	144	150	180	110	130
D41	46	D16	19	64	108	44	51	151	158	181	120	135

（注）1）主筋の最外径d_oが4_{dw}を超える場合は計算対象外とする。
　　　2）P_{12}，P_{12H}は，それぞれ一段筋と二段筋の直径を同じとして算定した。
　　　3）2022年版では，D10，D13，D16の最外径d_{wo}をRC配筋指針（2021年）の値とし，P_{2A}の値を修正した。

（付録）鉄筋位置算出のための計算式

柱主筋中心かぶり厚さ

主筋継手無の柱主筋中心かぶり

厚さ $\qquad d_t = C + \Delta c$ (A1.1)

柱主筋中心の寄り寸法 $\qquad \Delta c = d_{wo} + d_{co}/2 + \Delta c_o + \Delta w$ (A1.2)

横補強筋加工寸法 $\qquad S = B_c - 2 \times C$ (A1.3)

隅筋間隔 $\qquad R = B_c - 2 \times d_t$ (A1.4)

調整寸法 $\qquad \Delta w = d_{tao} - d_{ta}$ (A1.5)

調整寸法無視の

主筋中心かぶり厚さ $\qquad d_{ta} = C + \Delta a, \quad \Delta a = d_{wo} + d_{co}/2 + \Delta c_o$ (A1.6)

継手カプラーありのかぶり厚さ $\qquad C_{ao} = d_t - (d_{wo} + D_s/2 + \Delta w) \geqq C_D$ (A1.7)

定着金物ありのかぶり厚さ $\qquad C_A = d_t - D_a/2 \geqq C_D$ (A1.8)

梁主筋中心かぶり厚さ

①割増し幅を考慮しない場合

主筋継手無の幅方向の梁主筋中

心かぶり厚さ $\qquad d_{txo} = C_x + \Delta g_x$ (A2.1)

幅方向の梁主筋中心の寄り寸法 $\qquad \Delta g_x = d_{wo} + d_{go}/2 + \Delta g_{ox} + \Delta w_x$ (A2.2)

せい方向の

梁主筋中心かぶり厚さ $\qquad d_{tT} = C_T + \Delta g_y, \quad d_{tB} = C_B + \Delta g_y$ (A2.3)

せい方向の

梁主筋中心の寄り寸法 $\qquad \Delta g_y = d_{wo} + d_{go}/2 + \Delta g_{oy} + \Delta w_y$ (A2.4)

せい方向のかぶり厚さ $\qquad C_T = C_B + d_{go} + \Delta w_T$ (A2.5)

横補強筋加工寸法 $\qquad S_x = B_g - 2 \times C_x, \quad S_y = D_g - (C_T + C_B)$ (A2.6)

隅筋間隔 $\qquad R_x = B_g - 2 \times d_{txo}, \quad R_y = D_g - (d_{tT} + d_{tB})$ (A2.7)

幅方向の主筋継手最大径

Ds のかぶり厚さ $\qquad C_{axo} = d_{tx} - (d_{wo} + D_s/2 + \Delta w_x) \geqq C_D$ (A2.8)

せい方向の主筋継手最大径

Ds のかぶり厚さ $\qquad C_{ayo} = \min\{d_{tT} - (d_{wo} + D_s/2 + \Delta w_y),$

$\qquad d_{tB} - (d_{wo} + D_s/2 + \Delta w_y)\} \geqq C_D$ (A2.9)

②割増し幅を考慮する場合

割増し幅 $\qquad \Delta B_g = d_{tc} + \Delta d_x - d_{tx1}$ (A2.10)

$\qquad d_{tx1} = C_x + \Delta x_1, \quad \Delta x_1 = \Delta x_o$

［側柱］ $\qquad \Delta d_x = (d_{co} + d_{go})/2 + \Delta w$ (A2.11)

［隅柱］ $\qquad \Delta d_x = (d_{co} + D_n)/2 + \Delta w$ (A2.12)

$\qquad \Delta x_1 = d_{wo} + D_n/2 + \Delta g_{ox} + \Delta w$

割増し幅を考慮した

梁主筋中心かぶり厚さ $\qquad d_{tw} = d_{tc} + \Delta d_x$ (A2.13)

隅筋間隔 $\qquad R_{xw} = B_g - (d_{txo} + d_{tw})$ (A2.14)

【主な記号】

[断面寸法]　B_g, D_g：梁の幅およびせい

　　　　　B_c, D_c：柱の幅およびせい

　　　　　C, C_x, C_T, C_B：かぶり厚さ

　　　　　C_D：設計かぶり厚さ

　　　　　Δw, Δw_T：調整寸法

　　　　　Δs：施工余裕値

[主筋位置]　d_t, d_{tc}, d_{txo}, d_{tT}, d_{tB}：主筋中心かぶり厚さ

　　　　　d_{tao}：主筋中心かぶり厚さの目標値

　　　　　Δc：主筋中心の寄り寸法

　　　　　R, R_x, R_y, R_{xw}：隅筋間隔

[鉄筋寸法]　d_{co}：柱主筋の最外径

　　　　　d_{go}：梁主筋の最外径

　　　　　d_{wo}：横補強筋の最外径

　　　　　d_w：横補強筋の直径

　　　　　S, S_x, S_y：横補強筋の加工寸法

　　　　　D_a：定着金物定着板直径

　　　　　D_n：定着金物ナット部最大径

　　　　　D_s：主筋継手カプラーの最大径

溶接せん断補強筋の技術評価方針

基 本 事 項

1) 溶接せん断補強筋の技術評価では，製造工場ごとの製造品質管理の実状を確認のうえ，下記①，②の妥当性を評価する。
   ①溶接せん断補強筋の製造品質管理
   ②溶接せん断補強筋の検証試験
2) ①溶接せん断補強筋の製造品質管理は，後述の基本要件を満足することとし，②溶接せん断補強筋の検証試験を行うこととする。
3) 技術評価申込者は，技術評価終了後，翌年度から毎年，溶接せん断補強筋の標準製造要領書で定めた定期監査結果について，当機構の承認を得なければならない。

製 造 品 質 管 理 の 基 本 要 件

　製造品質管理の基本要件は，製造工場ごとの製造条件に応じて，下記1)〜5) を定めた標準製造要領書を作成することとする。

1) 製造品質保証要件

　①品質保証体制，②技術講習，③定期監査，④品質管理記録の保管

　品質保証体制としては，品質保証の担当部署および苦情処理体制を定める。

2) 製品規格

　製品規格については，材料規格，製品寸法規格および溶接部の規格を定める。

3) 検査・試験規格

　検査・試験規格は表1によることとし，製造工場ごとの製造条件に応じて，検査工程ごとの検査方法，検査ロットの大きさおよび検査の判定基準を定める。

4) 標準製造工程

　標準製造工程は，社内作業標準を基に定める。

5) 検証試験要領

①検証試験は，後述の溶接せん断補強筋の検証試験に従い行うこととする。

②溶接せん断補強筋の標準溶接条件は，検証試験結果を基に定める。

溶 接 せ ん 断 補 強 筋 の 検 証 試 験

1) 試験項目

①検知試験

②溶接条件確認試験

ⓐ基本確認試験

ⓑ特殊条件確認試験（最小寸法確認試験，角度確認試験，偏芯確認試験）

ⓒ溶接部硬さ測定・マクロ組織観察

表1 検査・試験規格一覧

検査工程	検査項目			備考
①材料受入れ検査	種類の記号・呼び名			—
	化学成分，機械的性質			—
	外観			—
②切断加工検査	切断長さ			—
	切断面傾き量			※3
③曲げ加工検査	対辺距離または直径			—
	折曲げ部内法直径			—
	折曲げ部外観			—
④溶接検査・試験	溶接機点検			—
	突き合わせ面のさび・汚れ			—
	降伏点または耐力，引張強さ，伸び，破断位置			※1
⑤製品外観・寸法検査	溶接寸法	膨らみ径		※2
		偏芯量		※3
	製品寸法	対辺距離または直径		—
		対角寸法差，平坦度		—
	製品外観			—
⑥結束・表示・出荷検査	数量，外観			—

※1：降伏点または耐力，引張強さ，伸び，破断位置の判定基準は，溶接部の規格による。
※2：溶接部寸法の検査規格は，溶接強度およびかぶり厚さ確保の条件によって決定する。
※3：鉄筋端面の切断傾き量および溶接部の偏芯量の判定基準は，特殊条件確認試験結果に基づいて決定する。

③溶接継手性能確認試験

ⓐ一方向繰返し試験

ⓑ鉄筋曲げ試験

④SD490 の母材曲げ試験

　SD490 鉄筋を用いた 180°フック付きせん断補強筋の場合，母材曲げ試験を行う。

2）試験の判定条件

　検知試験，溶接条件確認試験および溶接継手性能確認試験の判定基準は，下記の①〜④とする。また，SD490 の母材曲げ試験では，呼び名ごとの試験片 20 本以上について，曲げ試験片の外側に亀裂が生じないことを確認する。

①降伏点強度：$\sigma_y \geqq \sigma_{yo}$

②引張強度：$\sigma_b \geqq 1.35 \times \sigma_{yo}$または σ_{bo}

③鉄筋母材破断となること。

④JIS G 3112 の 6．機械的性質の「曲げ性」の規格を満足すること。

　ここに，

　　σ_y：接合鉄筋の降伏点強度，　σ_{yo}：鉄筋母材の規格降伏点強度

　　σ_b：接合鉄筋の引張強度，　σ_{bo}：鉄筋母材の規格引張強度

3）溶接条件の基本事項

①検知試験の溶接条件

　検知試験の溶接条件は，標準製造要領書で定めたものとする。

②検知試験以外の溶接条件

　検知試験以外の溶接条件は，標準製造要領書で定める標準溶接条件の中央値とする。

4）特殊条件確認試験

①最小寸法確認試験

　最小寸法の製品より切り出した溶接試験片について，溶接強度を確認する。

②角度確認試験

　切断面角度検査の許容値前後の切断面角度（切断面傾き量）を有する溶接試験片について，溶接強度を確認する。

③偏芯確認試験

　溶接部寸法検査の許容値前後の偏芯量を有する溶接試験片について，溶接強度を確認する。

5）溶接継手性能確認試験

①一方向繰返し試験

　一方向繰返し試験は，「溶接継手性能判定基準[※]」に従い，以下の要領で行い，鉄筋母材破断となることを確認することとする。試験片数は呼び名ごとに3本とする。

ⓐ引張方向に応力 σ が σ_y の 1.2 倍以上（またはひずみ ε が 3% 以上）になるまで載荷し，その時の応力を σ_c とし，応力 σ が $\sigma = 0.05\sigma_{yo}$ になるまで除荷する。

ⓑ応力 $\sigma = 0.05\sigma_{yo}$ と $\sigma = \sigma_c$ の間で，載荷と除荷を 20 回繰返し，その後，引張破断させる。

[※]：国土交通省住宅局監修：2020 年版 建築物の構造関係技術基準解説書，3.7.3 鉄筋の継手及び定着，pp.177-186，2020 年

②鉄筋曲げ試験

　鉄筋曲げ試験では，申込者開発溶接せん断補強筋の標準製造要領書で定める溶接部の規格を満足することを確認することを基本とする。ただし，曲げ角度は 90° 以上，曲げ内法直径は $4 \times d$ とし，試験片数は，呼び名ごとに 5 本とする。d は呼び名の値を示す。

附章2　SABTEC 技術評価・機械式定着工法概要では，ディビーエス，JFE 条鋼，伊藤製鐵所，共英製鋼，合同製鐵の 5 社が開発した下記の 7 工法による設計指針構成，材料諸元および定着金物の外形と寸法諸元について記載した工法ごとのリフレットについて紹介する。

DB ヘッド定着工法，ネジプレート定着工法，オニプレート定着工法，
FRIP 定着工法
タフ定着工法（タフネジナット定着工法），タフ定着工法（タフヘッド
定着工法），EG 定着板工法

附章 2
SABTEC 技術評価・
機械定着工法概要

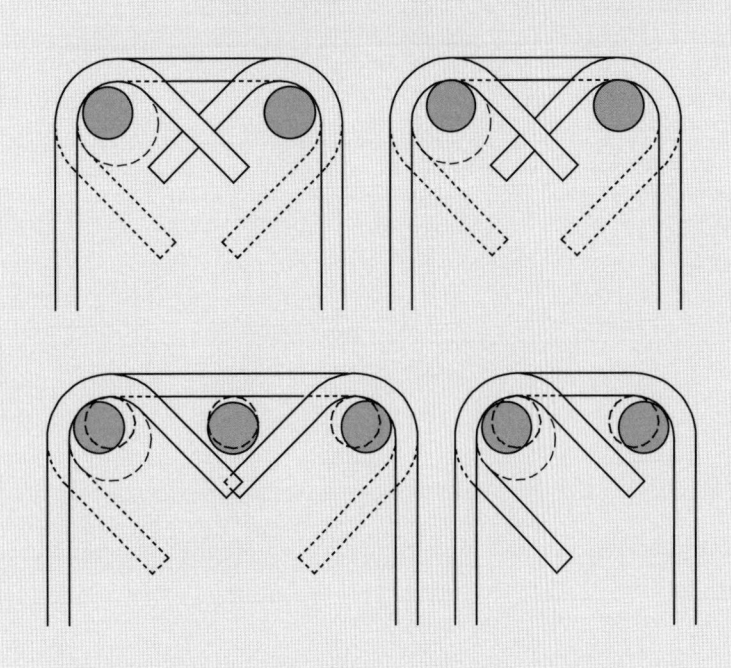

DBヘッド定着工法

SABTEC 評価 11-03R6／取得年月日：2022 年 2 月 21 日

設計指針構成	【総則・材料編】【基本設計編】【応用設計編】【柱主筋外定着編】【RCS 混合構造設計指針】
コンクリート	①種類：普通コンクリート ②設計基準強度（F_c）：21 N/mm² 以上，かつ，60 N/mm² 以下
鉄筋	①規格：JIS G 3112（鉄筋コンクリート用異形棒鋼） ②鋼種：SD295, SD345, SD390, SD490 ③呼び名：D16〜D41 ④DB ヘッド製造装置と鉄筋鋼種の組合せ ・手動および半自動の場合：SD295〜SD390 ・自動および高周波誘導加熱方式の場合：SD295〜SD490

定着金物

1) DB ヘッドの概要

DB ヘッドは，球状黒鉛鋳鉄製の DB リングを異形鉄筋の先端部に挿入した後，DB ヘッド製造装置を用い，DB リング両側の鉄筋をそれぞれ加熱しながら，鉄筋端部を加圧し，DB リングの外側と内側に鉄筋こぶを形成させて製造される。

DB ヘッド製造装置は，手動，半自動，自動，高周波誘導加熱方式のいずれかとし，DB ヘッドは，DB ヘッド認定製造業者により工場で製造される。

2) DB リング標準寸法

鉄筋呼び名	外径 ϕ_o (mm)	孔径 ϕ_h (mm)	板厚 t_d (mm)	支圧面積比 α_p
D16	40	18.0	10	5.3
D19	45	20.5	12	4.5
D22	55	24.0	14	5.1
D25	60	27.0	15	4.6
D29	70	31.0 32.5	18	5.0
D32	80	34.0 35.5	20	5.3
D35	85	37.5 39.5	21	4.9
D38	95	41.5 42.5	23	5.2
D41	100	44.5	25	4.9

内面側鉄筋こぶ
DBリング
背面側鉄筋こぶ
【DBヘッド形状】

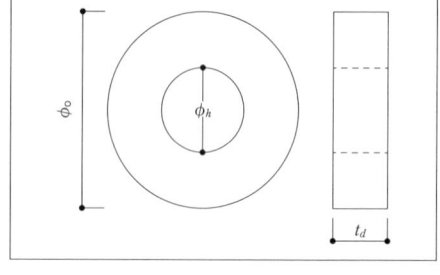

3) DB ヘッド各部標準寸法（寸法単位：mm）

呼び名	背面側こぶ		内面側こぶ	
	突出長さ L_o	直径 ϕw_1	膨らみ長さ L_s	直径 ϕw_2
D16	10	24	11	19
D19	11	29	13	23
D22	13	33	15	26
D25	15	38	18	30
D29	17	44		35
D32	19	48		38
D35	21	53	20	42
D38	23	57		46
D41	25	62		49

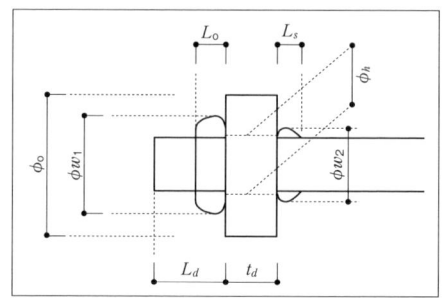

製造上の注意点	「DB ヘッド標準製造要領書」をご覧ください。
連絡先	（株）ディビーエス（〒441-3125）愛知県豊橋市豊栄町字東 358 番 1 号 TEL 0532-41-6316　　URL　https://www.dbhead.com/

ネジプレート定着工法

工法開発者：JFE 条鋼株式会社

SABTEC 評価 12-01R5／取得年月日 2022 年 2 月 21 日

設計指針構成	【総則・材料編】【基本設計編】【応用設計編】【高強度 RC 柱梁接合部編】【柱主筋外定着編】【RCS 混合構造設計指針】

コンクリート

①種類：普通コンクリート
②設計基準強度（F_c）
　【高強度 RC 柱梁接合部編】以外の場合：21 N/mm² 以上，かつ，60 N/mm² 以下
　【高強度 RC 柱梁接合部編】の場合：　 45 N/mm² 以上，かつ，120 N/mm² 以下

鉄筋

商品名	鋼種	呼び名
普通強度鉄筋 ネジバー	SD295, SD345, SD390, SD490	D13〜D41
高強度鉄筋 ハイテンネジバー	USD590B, USD685A, USD685B	D32〜D41

※メタルタッチタイプのネジプレートは高強度鉄筋には適用できません。

定着金物

1）ネジプレートの材質
　普通強度鉄筋ネジバー，高強度鉄筋ハイテンネジバー D19〜D41 用のネジプレート
　FCAD1200-2（JIS G 5503：オーステンパ球状黒鉛鋳鉄品）

材質	耐力 (N/mm²)	引張強さ (N/mm²)	伸び (%)
FCAD1200-2	900 以上	1,200 以上	2 以上

2）ネジプレートの寸法（フリータイプ，メタルタッチタイプ共通）

呼び名	鉄筋公称断面積 A_b (mm²)	製品長さ L_1 (mm) メタルタッチタイプ	フリータイプ	左部長さ L_3 (mm)	円筒部 対角距離 D_2 (mm)	対辺距離 D_2' (mm)	節ピッチ P (mm)	定着板部 外径 D_1 (mm)	板厚 T_1 (mm)	支圧面積 A_p (mm²)	支圧面積比 A_p/A_b
D19	287	51.2	46.0	5.0	32.0	29.6	8.0	49	7	1,598	5.58
D22	387	57.5	51.0	5.8	37.0	34.2	9.0	55	8	1,988	5.13
D25	507	65.2	57.0	6.6	42.0	38.8	10.2	63	9	2,609	5.15
D29	642	74.9	65.0	7.4	47.1	43.5	11.7	72	10	3,427	5.33
D32	794	84.4	74.0	8.4	53.0	49.0	12.8	79	11	4,105	5.17
D35	957	93.8	82.0	9.2	58.0	53.6	13.9	87	13	4,985	5.21
D38	1140	97.4	85.0	10.0	64.1	59.2	15.0	95	15	5,945	5.21
D41	1340	103.9	90.0	10.8	70.0	64.7	16.2	101	16	6,668	4.98

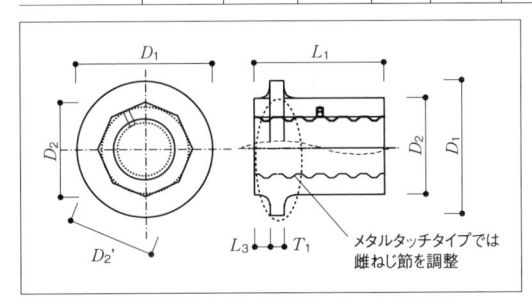

メタルタッチタイプでは雌ねじ節を調整

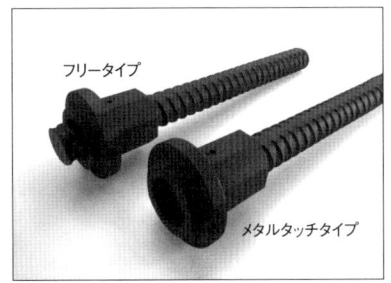

フリータイプ

メタルタッチタイプ

グラウト材

種類	商品名
無機グラウト材	ネジグラウト タイプM3
有機グラウト材	ネジグラウト タイプY

施工上の注意点	「ネジプレート定着工法 標準製造・施工要領書」をご覧ください。

連絡先	JFE 条鋼（株）（〒105-0004）東京都港区新橋五丁目 11 番 3 号 新橋住友ビル 5 階 TEL 03-5777-3820　URL　http://www.jfe-bs.co.jp/ds/

オニプレート定着工法

SABTEC 評価 12-03R4／取得年月日：2022 年 2 月 21 日

設計指針構成	【総則・材料編】【基本設計編】【応用設計編】【高強度 RC 柱梁接合部編】【柱主筋外定着編】【RCS 混合構造設計指針】

コンクリート

①種類：普通コンクリート
②設計基準強度 （F_c）
　【高強度 RC 柱梁接合部編】以外の場合：21 N/mm² 以上，かつ，60 N/mm² 以下
　【高強度 RC 柱梁接合部編】の場合：　　45 N/mm² 以上，かつ，120 N/mm² 以下

鉄筋

商品名	鋼種	呼び名
普通強度鉄筋 ネジ onicon	SD345, SD390, SD490	D19～D41
高強度鉄筋 ネジ onicon	OSD590A, OSD590B	D35～D41
	OSD685A, OSD685B	D29～D41

定着金物

1) オニプレートの材質と鉄筋の組合せ

オニプレート				鉄筋	
材質	耐力 (N/mm²)	引張強さ (N/mm²)	伸び (%)	鋼種	呼び名
FCD700-2	420 以上	700 以上	2 以上	SD345～SD490	D19～D25
FCAD1200-2	900 以上	1,200 以上	2 以上	SD345～SD490	D19～D41
				OSD590A, B	D35～D41
				OSD685A, B	D29～D41

（注）1) FCD700-2：JIS G 5502 (球状黒鉛鋳鉄品), FCAD1200-2：JIS G 5503 (オーステンパ球状黒鉛鋳鉄品)
　　　 2) D19～D25 用 FCAD1200-2 のオニプレートは，事業主，施工者の要望により，構造物の用途に応じて適用される。

2) オニプレートの種類
　グラウト側方注入型とグラウト後方注入型の 2 種類(グラウト後方注入型はオニプレート裏面に樹脂製キャップを取り付ける)

3) オニプレートの寸法

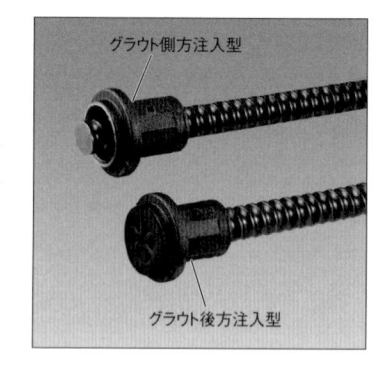

グラウト側方注入型
グラウト後方注入型

		D19	D22	D25	D29	D32	D35	D38	D41
直径 (mm)	R_1	48	55	63	73	80	88	95	103
	R_2	37	42.6	48.4		52	57	62	67.3
	R_3	42				59			
長さ (mm)	L_1	50	55	60	70	80	85	90	95
	O	10							
板厚 (mm)	t	7	8	9	10	11	13	15	16
頂部支圧面積比		2.8	2.7	2.6	1.9	1.7	1.7	1.7	1.6
支圧面積比		5.3	5.1	5.2	5.5	5.3	5.4	5.2	5.2

（注）O は，グラウト側方注入型の寸法を示す。

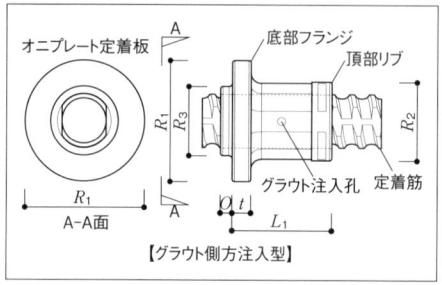

オニプレート定着板　底部フランジ　頂部リブ　グラウト注入孔　定着筋
A-A面
【グラウト側方注入型】

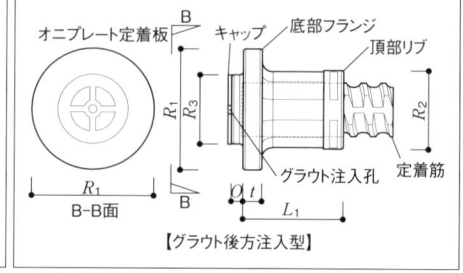

オニプレート定着板　キャップ　底部フランジ　頂部リブ　グラウト注入孔　定着筋
B-B面
【グラウト後方注入型】

グラウト

無機グラウト （ONI グラウト S）
有機グラウト （ONI ボンド）

施工上の注意点

「オニプレート定着工法 標準施工要領書」をご覧ください。

連絡先

(株)伊藤製鐵所(〒101-0052)東京都千代田区神田小川町一丁目 3 番地 1 NBF 小川町ビルディング 5 階
TEL 03-5829-4631，URL http://www.onicon.co.jp/

FRIP 定着工法

工法開発者：株式会社伊藤製鐵所

評価番号：SABTEC 評価 12-03R4／取得年月日：2022 年 2 月 21 日

設計指針構成	【総則・材料編】【基本設計編】【応用設計編】【柱主筋外定着編】【RCS 混合構造設計指針】
コンクリート	①種類：普通コンクリート ②設計基準強度（F_c）：21 N/mm² 以上，かつ，60 N/mm² 以下
鉄筋	①規格：JIS G 3112（鉄筋コンクリート用異形棒鋼） ②鋼種：SD295，SD345，SD390，SD490 ③呼び名：D13～D41

定着金物

1) FRIP 定着板の材質と鉄筋との組合せ

材質		鉄筋呼び名									
定着板	鉄筋	D13	D16	D19	D22	D25	D29	D32	D35	D38	D41
非調質 高強度鋼	SD295	○	○	○	—	—	—	—	—	—	—
	SD345	○	○	○	○	○	○	○	○	○	○
	SD390	○	○	○	○	○	○	○	○	○	○
	SD490	○	○	○	○	○	○	○	○	○	○
S45C 「みがき棒鋼」	SD295	○	○	○	—	—	—	—	—	—	—
	SD345	○	○	○	○	○	○	○	○	○	○
	SD390	○	○	○	○	○	○	○	○	○	○
	SD490	—	—	—	○	○	○	○	○	○	○

（注）"○"は適用範囲，"—"は適用範囲外を示す。

2) FRIP 定着板の直径と厚さ

呼び名		D13	D16	D19	D22	D25	D29	D32	D35	D38	D41
定着板直径 D (mm)		32	40	50	55	60	75	80	85	95	100
厚さ t (mm)	①	11	13	16	18	20	24	26	28	31	33
	②	—	—	—	16	17	18	20	21	23	25
板厚比 t/d_b	①	0.85	0.81	0.84	0.82	0.80	0.83	0.81	0.80	0.82	0.80
	②	—	—	—	0.73	0.68	0.62	0.63	0.60	0.61	0.61
支圧面積比		5.3	5.3	5.8	5.1	4.6	5.9	5.3	4.9	5.2	4.9

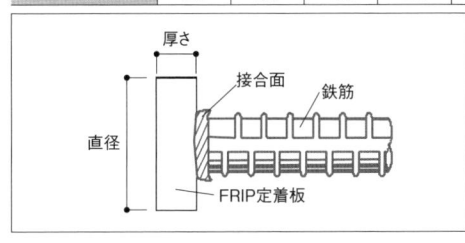
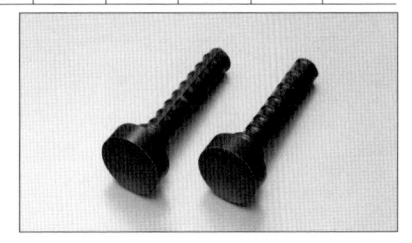

3) FRIP 定着板と異形鉄筋の接合方法：摩擦圧接

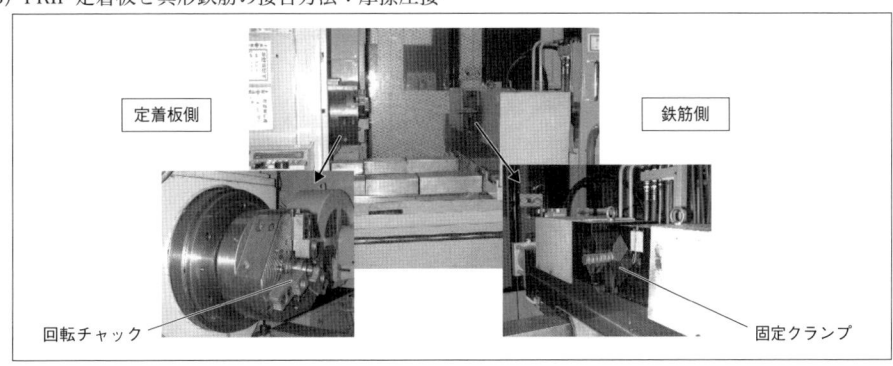

製造上の注意点	「FRIP 定着板摩擦圧接要領書」をご覧ください。
連絡先	（株）伊藤製鐵所（〒101-0052）東京都千代田区神田小川町一丁目 3 番地 1 NBF 小川町ビルディング 5 階 TEL 03-5829-4631，URL http://www.onicon.co.jp/

タフ定着工法（タフネジナット定着工法）

工法開発者：共英製鋼株式会社

SABTEC 評価 12-02R5／取得年月日：2022 年 2 月 21 日

設計指針構成	【総則・材料編】【基本設計編】【応用設計編】【高強度 RC 柱梁接合部編】 【柱主筋外定着編】【RCS 混合構造設計指針】
コンクリート	①種類：普通コンクリート ②設計基準強度（F_c） 　【高強度 RC 柱梁接合部編】以外の場合：21 N/mm² 以上，かつ，60 N/mm² 以下 　【高強度 RC 柱梁接合部編】の場合：　　45 N/mm² 以上，かつ，120 N/mm² 以下

鉄筋

商品名	鋼種	呼び名	商品名	鋼種	呼び名
普通強度鉄筋 タフネジバー	SD345	D13～D41	高強度鉄筋 タフネジバー	USD590B	D35～D41
	SD390	D13～D41		USD685A	D19～D41
	SD490	D13～D41		USD685B	D32～D41

定着金物

1) タフネジナット，タフナットの材質と鉄筋（タフネジバー）との組合せ

定着金物					鉄筋（タフネジバー）	
商品名	材質	耐力 (N/mm²)	引張強さ (N/mm²)	伸び (%)	鋼種	呼び名
タフ ネジナット	S45C※	—	—	—	SD345～ SD490	D19
	FCAD1200-2	900 以上	1,200 以上	2 以上		D19～D41
高強度鉄筋 タフネジナット	S45C※	—	—	—	USD685A	D19
	FCAD1200-2	900 以上	1,200 以上	2 以上	USD590B	D22～D32
	FCAD1400-1	1,100 以上	1,400 以上	1 以上	USD685A，B	D35～D41
タフナット	S45C	—	—	—	SD345, SD390	D13～D41
	S45C※	—	—	—	SD490	D13～D41

（注）S45C：JIS G 4051（機械構造用炭素鋼鋼材），S45C※：非熱処理品，熱処理品または鍛造品
FCAD1200-2, FCAD1400-1：JIS G 5503（オーステンパ球状黒鉛鋳鉄品）

2) タフネジナットおよび高強度鉄筋タフネジナットの寸法

呼び名	外形寸法					ねじ部寸法		支圧 面積比 α
	定着板直径 D(mm)	全長 L(mm)	定着板厚 t(mm)	対辺長さ W(mm)	対角長さ C(mm)	谷径 D_o(mm)	内径 D_i(mm)	
D19①	55	48	7	29	33	22.6	19.2	7.28
D19②	45	48	9	30	34.6	22.6	18.7	4.54
D22	50	55	10	34	38	26.7	22.5	4.07
D25	60	60	11	39	44	30.7	25.7	4.58
D29	70	70	12	43	48	34.3	28.9	4.99
D32	75	80	13	48	54	37.8	32.0	4.56
D35	85	80	14	53	60	41.2	35.0	4.93
D38	90	80	15	57	64	44.9	38.1	4.58
D41	95	80	16	64	72	48.2	41.2	4.29

「タフネジナット」

（D22 ～ D41 用タフネジナット）

（注）D19①：材質S45C，D19②：材質FCAD1200-2

3) タフナットの寸法

呼び名	外形寸法						ねじ部寸法		支圧 面積比
	定着板径 D(mm)	全長 L(mm)	定着板厚 t(mm)	対辺長さ W(mm)	首下部径 C(mm)	首部長さ m(mm)	谷径 D_o(mm)	内径 D_i(mm)	
D13	50	48	7	24	29.4	13	14.9	12.5	14.5
D16	50	48	7	24	29.4	13	19.3	15.9	8.89
D19	55	48	7	29	32.4	13	22.6	19.2	7.29
D22	50	55	10	34	38.4	15	26.7	22.5	4.07
D25	60	60	11	39	42.4	18	30.7	25.7	4.58
D29	70	70	12	43	48.4	20	34.3	28.9	4.99
D32	75	80	13	48	52.4	24	37.8	32.0	4.56
D35	85	80	14	53	58.4	24	41.2	35.0	4.93
D38	90	80	15	57	62.4	24	44.9	38.1	4.58
D41	95	80	16	64	70.4	24	48.2	41.2	4.29

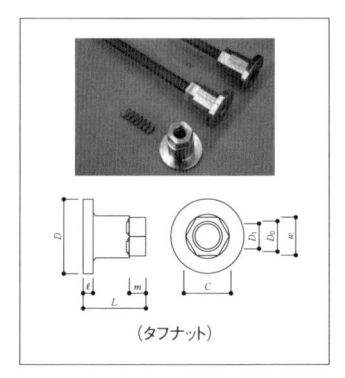

（タフナット）

［注］支圧面積比＝A_o（定着金物の支圧有効面積）/a_t（鉄筋断面積）
$A_o = (\pi D^2/4) - a_t$

グラウト	（エポキシ樹脂）ダブルカートリッジ方式，（無機グラウト）キョウエイグラウト （無機グラウト）高強度型キョウエイグラウト
施工上の注意点	「タフネジナット施工要領書」をご覧ください。
連絡先	共英製鋼（株）（〒530-0004）大阪市北区堂島浜 1-4-16 アクア堂島 西館 18 階 （担当）名古屋事業所営業部　TEL 0567-55-1087 URL　https://www.kyoeisteel.co.jp/ja/company/office/head_office.html

タフ定着工法（タフヘッド定着工法）

評価番号：SABTEC 評価 12-02R5／取得年月日：2022 年 2 月 21 日

設計指針構成	【総則・材料編】【基本設計編】【応用設計編】【柱主筋外定着編】【RCS 混合構造設計指針】

コンクリート
①種類：普通コンクリート
②設計基準強度（F_c）：21 N/mm^{2}以上，かつ，60 N/mm^{2}以下

鉄筋
①メーカー名：共英製鋼（株）
②規格：JIS G 3112

鋼種	呼び名	節形状
SD295A～SD390	D13～D41	竹節 ねじ節
SD490	D16～D41	ねじ節

（注）竹節：竹節異形鉄筋タフコン
　　　ねじ節：ねじ節異形鉄筋タフネジバー

定着金物

1）タフヘッドの材質

鉄筋鋼種	円形定着板材質	摩擦圧接業者
SD295～SD390	S45C（熱処理品，熱処理なし）	松前商事株式会社 マツダスタール株式会社 株式会社三和
SD490	S45C（熱処理なし）	
SD345 SD390	S45C（熱処理品，熱処理なし）	愛知スチール（株）

（注）S45C：JIS G 4051 の機械構造用炭素鋼鋼材

	SD295～SD390用	SD490用
目標引張強さ (N/mm^2)	560 以上	620 以上
ビッカース硬さ (HV)	174 以上	194 以上
ブリネル硬さ (HB)	166 以上	184 以上
ロックウェル硬さ (HRB)	86.0 以上	90.7 以上

（注）目標引張強さに対する表面硬さは，JIS ハンドブック鉄鋼1（参考11）硬さ換算表による。

2）タフヘッド定着板の直径と厚さ

呼び名	D13	D16	D19	D22	D25	D29	D32	D35	D38	D41
直径 ϕ (mm)	32	42	50	55	65	75	80	85	95	100
ϕ/d_b	2.5	2.6	2.6	2.5	2.6	2.6	2.5	2.4	2.5	2.4
板厚 t (mm)	11	13	16	19	22	25	28	28	32	36
t/d_b	0.85	0.81	0.84	0.86	0.88	0.86	0.88	0.80	0.84	0.80

（注）d_b：鉄筋呼び名の値

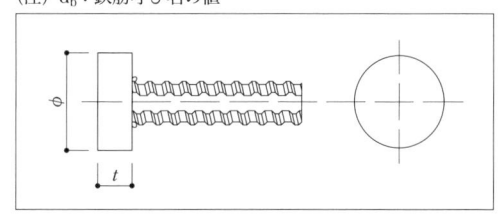 

3）タフヘッド定着板と異形鉄筋の接合方法：摩擦圧接

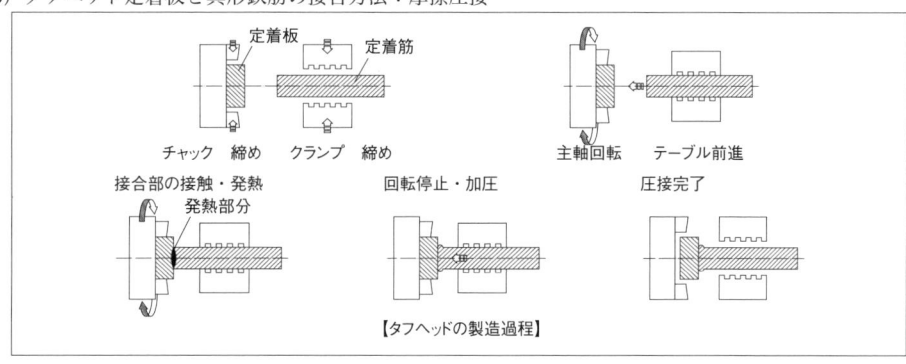

【タフヘッドの製造過程】

製造上の注意点	「タフヘッド 標準製造要領書」をご覧ください。

連絡先
共英製鋼（株）（〒530-0004）大阪市北区堂島浜 1-4-16 アクア堂島 西館 18 階
（担当）名古屋事業所営業部　TEL 0567-55-1087
URL　https://www.kyoeisteel.co.jp/ja/company/office/head_office.html

EG 定着板工法

SABTEC 評価 12-05R4／取得年月日：2022 年 2 月 21 日

設計指針構成	【総則・材料編】【基本設計編】【応用設計編】【高強度 RC 柱梁接合部編】 【柱主筋外定着編】【RCS 混合構造設計指針】
コンクリート	①種類：普通コンクリート ②設計基準強度（F_c） 【高強度 RC 柱梁接合部編】以外の場合：21 N/mm² 以上，かつ，60 N/mm² 以下 【高強度 RC 柱梁接合部編】の場合： 45 N/mm² 以上，かつ，120 N/mm² 以下

鉄筋 合同製鐵（株）製
JIS G 3112 異形棒鋼

商品名	鋼種	呼び名
普通強度鉄筋	SD295, SD345, SD390, SD490	D13〜D41
高強度鉄筋	SD590B, SD685B	D35〜D41

（注）普通強度鉄筋 D13 は，SD390 以下とする。

定着金物

1）EG 定着板構成部品の材質

部品	ねじ		定着板	
材質	S45C	非調質鋼	S45C	非調質鋼
SD295A〜SD390	D13〜D19	D22〜D41	D13〜D41	—
SD490	—	D16〜D41	D16〜D41	—
SD590B, SD685B	—	D35〜D41	D35〜D41	D35〜D41

（注）1）S45C：JIS G 4051（機械構造用炭素鋼鋼材）
    2）ねじ用【非調質鋼】
    3）定着板用【非調質鋼】

2）EG 定着板構成部品の寸法仕様

（a）SD295A〜SD490 普通強度鉄筋と組み合せる場合

		D13	D16	D19	D22	D25	D29	D32	D35	D38	D41
ねじ呼び径 M		M16	M20	M24	M27	M30	M33	M39	M42	M45	M48
ねじ	ねじ長 L_p (mm)	36	36	36	39	43	46	50	55	58	62
	バリ幅 b_r (mm)	5	6	7	7	8	8	9	10	10	11
定着板	直径 ϕ (mm)	36	40	48	55	63	70	80	85	95	100
	板厚 t (mm)	14	16	18	20	22	24	26	29	31	33
	支圧面積比	7.0	5.3	5.3	5.1	5.1	5.0	5.3	4.9	5.2	4.9

（b）SD590B，SD685B 高強度鉄筋と組み合せる場合

		S45C			非調質鋼		
		D35	D38	D41	D35	D38	D41
ねじ呼び径 M		M45	M48	M52	M45	M48	M52
ねじ	ねじ長 L_p (mm)	—	—	—	60 (57)	65 (62)	69 (65)
	バリ幅 b_r (mm)	—	—	—	10	10	10
定着板	直径 ϕ (mm)	85	95	100	85	95	100
	板厚 t (mm)	35	38	41	32	35	37
	支圧面積比	4.9	5.2	4.9	4.9	5.2	4.9

（注）非調質鋼のねじ長 L_p は，左が S45C 定着板用，右（ ）内が非調質鋼定着板用を示す

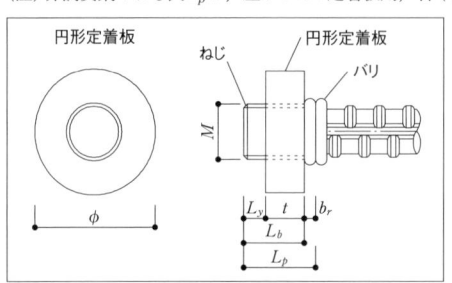

製造上の注意点	「EG 定着板製造・施工要領書」をご覧ください。

連絡先 合同製鐵（株）URL　https://www.godo-steel.co.jp/index.html
東京：関東デーバースチール（株）営業 3 課　TEL 03-5218-7093
大阪：合同製鐵（株）大阪加工製品営業室　TEL 06-6343-7669

SABTEC 高強度せん断補強筋 共通施工仕様書では，2021 年までに
SABTEC 技術評価を取得した下記の 8 種類の高強度せん断補強筋に関
し，(1) 節形状の特長，(2) 品質（化学成分，寸法諸元，機械的性質），
(3)折曲げ加工，(4)高強度せん断補強筋の組立形状について紹介する。
スーパーフープ 685，スーパーフープ 785，OT685 フープ，J フープ
785，パワーリング 685，
GTS フープ 685，UHY685 フープ，キョウエイリング 685

附章 3

SABTEC 高強度せん断補強筋・共通施工仕様書

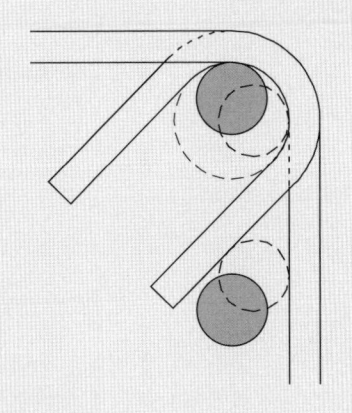
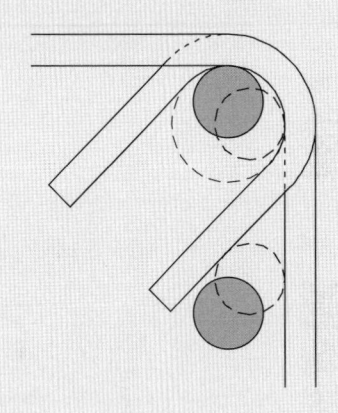

1. 一般事項

1）共通事項

・本仕様書は，SABTEC 技術評価取得 685 N/mm^{2}級および 785 N/mm^{2}級高強度せん断補強筋を使用する鉄筋コンクリート造，鉄骨鉄筋コンクリート造，プレストレストコンクリート造の柱，梁の施工に適用する。

・コンクリートの種類および設計基準強度（F_c）：普通コンクリート 21 N/mm^{2}以上，かつ，60 N/mm^{2}以下

・本仕様書に記載なき事項は，JASS 5 による。

2）高強度せん断補強筋の種別

・スーパーフープ 685，スーパーフープ 785 は，（株）岸鋼加工が製造する 685 N/mm^{2}級，785 N/mm^{2}級高強度せん断補強筋とする。

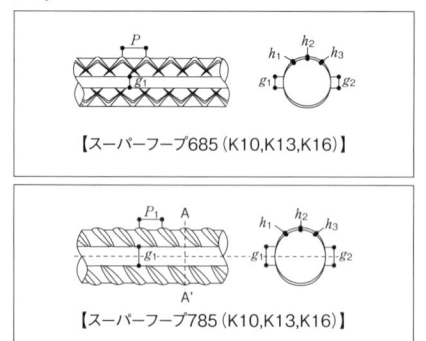

【スーパーフープ685（K10,K13,K16）】

【スーパーフープ785（K10,K13,K16）】

・OT685 フープには，大谷製鉄（株）が製造する大臣認定（認定番号 MSRB-0073：6 リブ千鳥，MSRB-0075：4 リブ千鳥）の 685 N/mm^{2}級高強度異形せん断補強筋 OT685 を用いる。

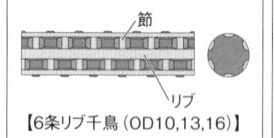
【6条リブ千鳥（OD10,13,16）】

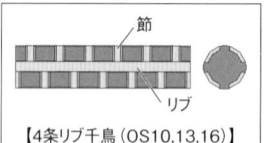
【4条リブ千鳥（OS10,13,16）】

・J フープ 785 には，JFE 条鋼株）が製造する大臣認定（認定番号 MSRB-0096）の高強度せん断補強筋用異形棒鋼 JH785 を用いる。

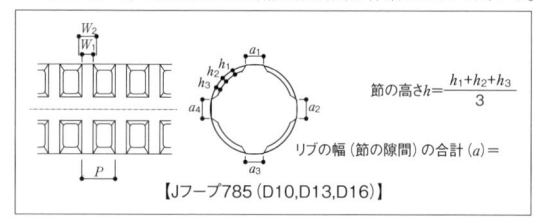

$$節の高さ h = \frac{h_1 + h_2 + h_3}{3}$$

リブの幅（節の隙間）の合計（a）＝

【Jフープ785（D10,D13,D16）】

・パワーリング 685 には，東京鉄鋼(株)が製造する大臣認定(MSRB-0094)の高強度せん断補強筋用異形棒鋼 SPR685 を用いる。

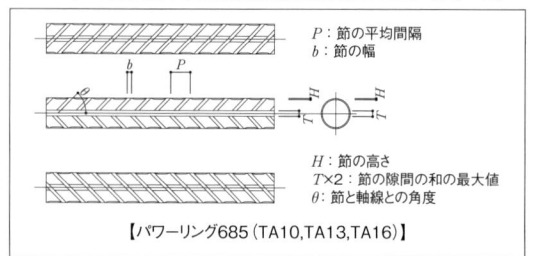

P：節の平均間隔
b：節の幅
H：節の高さ
$T×2$：節の隙間の和の最大値
$θ$：節と軸線との角度

【パワーリング685（TA10,TA13,TA16）】

・GTS フープ 685 には，合同製鐵（株）が製造する大臣認定（認定番号 MSRB-0092）の 685 N/mm^{2}級高強度異形せん断補強筋 GSD685 を用いる。

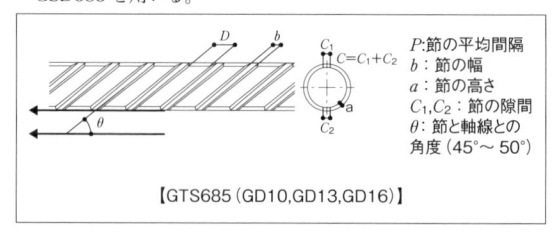

P：節の平均間隔
b：節の幅
a：節の高さ
C_1,C_2：節の隙間
$θ$：節と軸線との角度（45°〜50°）
$C=C_1+C_2$

【GTS685（GD10,GD13,GD16）】

・UHY685 フープには，北越メタル（株）が製造する大臣認定（認定番号 MSRB-9004）の 685 N/mm^{2}級高強度異形せん断補強筋 SHD685 を用いる。

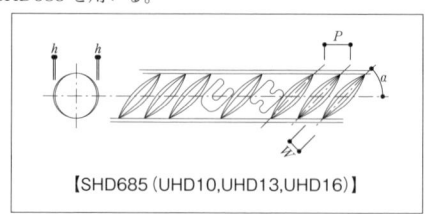

【SHD685（UHD10,UHD13,UHD16）】

・キョウエイリング 685 には，共英製鋼（株）が製造する大臣認定（認定番号 MSRB-0123）の高強度鉄筋タフコン USD685 を用いる。

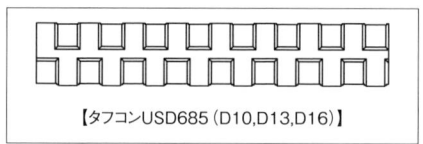

【タフコンUSD685（D10,D13,D16）】

2. SABTEC 技術評価取得高強度せん断補強筋の品質

1）化学成分（単位：％）

鋼種	C	S_i	M_n	P	S	C_u	V		C_{eq}
KH685	0.38 以下	0.35 以下	1.30 以下	0.030 以下	0.030 以下	0.30 以下	※	Ceq1	0.60 以下
KH785	0.40 以下	1.00 以下	2.00 以下	0.040 以下	0.040 以下	0.35 以下	※	Ceq1	0.70 以下
OT685	0.24〜0.32	0.18〜0.32	0.75〜1.30	0.040 以下	0.040 以下	※	※	Ceq1	0.60 以下
JH785	0.30〜0.38	0.50〜1.50	1.00〜1.50	0.03 以下	0.03 以下	※	※	Ceq2	0.68 以下
SPR685	0.28〜0.38	0.20〜0.35	0.90〜1.30	0.040 以下	0.040 以下	※	※	Ceq1	0.65 以下
GSD685	0.33〜0.37	0.20〜0.40	1.40〜1.50	0.03 以下	0.03 以下	0.15 以下	0.27〜0.36	Ceq2	0.62 以下
SHD685	0.40 以下	0.30 以下	1.20 以下	0.03 以下	0.03 以下	0.20 以下	※	Ceq1	0.70 以下
USD685	0.32〜0.43	0.28〜0.56	1.13〜1.42	0.035 以下	0.035 以下	※	0.18〜0.21	Ceq1	0.60〜0.71

【鋼種】KH685，KH785：スーパーフープ 685，785，OT685：OT685 フープ（6 リブ千鳥，4 リブ千鳥），JH785：J フープ 785，SPR685：パワーリング 685，GSD685：GTS フープ，SHD685：UHY685，USD685：キョウエイリング 685

(注) 1) Ceq：炭素等量，ただし，Ceq は Ceq1 または Ceq2 とする。
※：規定なし
Ceq1 ＝ C＋Mn/6＋Si/24＋Ni/40＋Cr/5＋Mo/4＋V/14，
Ceq2 ＝ C＋Mn/6
2) OT685 の化学成分は 6 リブ千鳥（MSRB-0073），4 リブ千鳥（MSRB-0075）

2）寸法諸元

呼び名	公称直径 (mm)	公称周長 (cm)	公称断面積 (cm²)	単位質量 (kg/m)
D10	9.53	3.0	0.7133	0.560
D13	12.7	4.0	1.267	0.995
D16	15.9	5.0	1.986	1.56

（注）呼び名はメーカーごとの呼称による。

3）機械的性質

鋼種	試験片	降伏点 または耐力 (N/mm²)	引張強さ (N/mm²)	伸び (%)	曲げ 角度	折曲げ 内法 半径
SD490	鉄筋母材	490〜625	620以上	12以上	180°	1.5d
	溶接試験片					—
685 N/mm² 級	鉄筋母材	685以上	860以上 (857以上) (856以上) (885以上) (806以上)	10以上	180°	1.5d
	溶接試験片			5以上		—
785 N/mm² 級	鉄筋母材	785以上	930以上	8以上 (10以上)	180°	1.5d
	溶接試験片			5以上		—

注1）SD490：キョウエイリングSD490,
　　685 N/mm²級：OT685フープ，スーパーフープ685，パワーリング
　　　685，GTS685，UHY685 キョウエイリング685
　　785 N/mm²級：スーパーフープ785，キョウエイリングUSD785
　2）試験片はJIS Z 2241の2号試験片，伸び測定の標点間距離は8×d
　　とする。d：公称直径
　3）鉄筋母材の曲げ試験では，曲げられた外側に亀裂が生じてはならな
　　い。
　4）685 N/mm²級鉄筋母材の引張強さ：(2段目) パワーリング685，(3
　　段目) GTS685，(4段目) UHY685，(5段目) キョウエイリング685,
　　(1段目) 左記以外
　5）785 N/mm²級鉄筋母材の伸び：(下段) キョウエイリングUSD785/
　　D10，(上段) 左記以外

3．折曲げ加工

1）一般事項

　685 N/mm²級および785 N/mm²級高強度せん断補強筋の溶
接および折曲げ加工は，製造加工メーカーの社内規格による。

2）折曲げ加工末端部の形状寸法

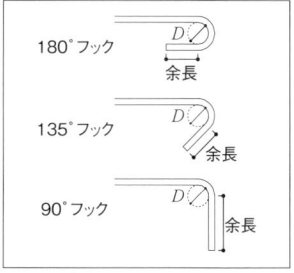

【フックの余長】

鋼種	フック形式		
	180°	135°	90°
KH685	6d	6d	10d
KH785	6d	8d	12d

d：横補強筋の呼び名の値 (直径)

　折曲げ内法直径 D は，$4d$ 以上とする。d は高強度せん断補強
筋の呼び名の値を示す。

3）基礎梁横補強筋のフック付き重ね長さ L_{1h}

F_c (N/mm²)	L_{1h}	
	685 N級	785 N級
27〜30	50d	55d
33〜39	45d	50d
42以上	40d	45d

(685 N級)
OT685, KH685, SPR685,
GTS685, UHY685
(785 N級)
KH785
F_c：コンクリートの設計基準強度

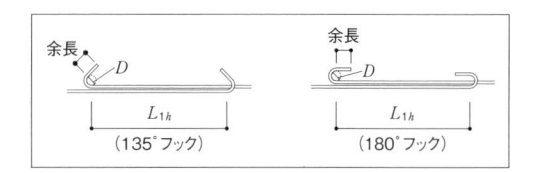

（135°フック）　　　（180°フック）

4）高強度せん断補強筋の加工できる一辺の寸法

　高強度せん断補強筋の溶接および折曲げ加工は，製造加工メー
カーの標準製造要領書による。

4．高強度せん断補強筋の組立形状

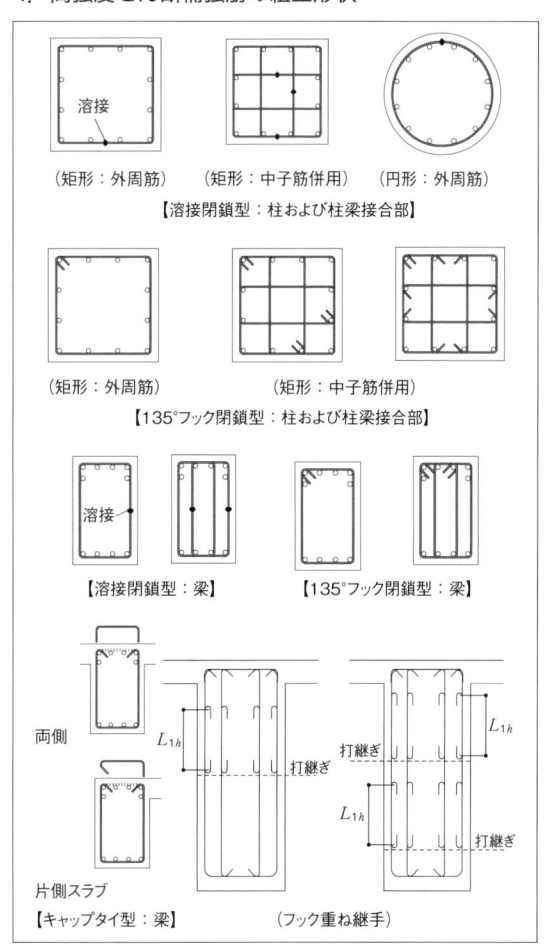

（矩形：外周筋）　（矩形：中子筋併用）　（円形：外周筋）
【溶接閉鎖型：柱および柱梁接合部】

（矩形：外周筋）　　　（矩形：中子筋併用）
【135°フック閉鎖型：柱および柱梁接合部】

【溶接閉鎖型：梁】　　【135°フック閉鎖型：梁】

両側

片側スラブ
【キャップタイ型：梁】　　（フック重ね継手）

5．その他の施工上の注意事項

① 高強度せん断補強筋には現場溶接を行ってはならない。
② 主筋等の溶接の際，高強度せん断補強筋にアークストライク
　等の過度の加熱を行ってはならない。
③ 曲げ加工した高強度せん断補強筋を曲げ戻したり，曲げ位置
　を変更するような再加工を行ってはならない。
④ 高強度せん断補強筋の保管時には，直接地上に置いたり，雨，
　潮風にさらしたり，ごみ，泥，油等で汚さないようする。
⑤ 高強度せん断補強筋の組立てに先立ち，コンクリートとの付
　着を妨げるおそれのある浮き錆，油類，ごみ，泥等は除去する。

著 者 略 歴

1972 年近畿大学理工学部建築学科卒業
同年 ㈱双星社 竹腰建築事務所入社
1976 年神戸大学大学院工学研究科建築学専攻修了
同年 ㈶日本建築総合試験所入社
1986 年工学博士
2011 年㈶日本建築総合試験所退社
同年 (一社) 建築構造技術支援機構設立
代表理事　現在に至る
［主な賞］
2002 年度日本コンクリート工学協会（論文賞）
2009 年度日本コンクリート工学協会（功労賞）

高 強 度 ・ 太 径 鉄 筋 を 用 い た
実務配筋マニュアル

発行 ————	2024 年 11 月 26 日
監修 ————	一般社団法人　建築構造技術支援機構
著者 ————	益尾 潔
発行者 ————	橋戸幹彦
発行所 ————	株式会社建築技術

〒101-0061　東京都千代田区神田三崎町 3-10-4　千代田ビル
TEL03-3222-5951　FAX03-3222-5957
http://www.k-gijutsu.co.jp

造本デザイン ——	春井 裕（ペーパー・スタジオ）
印刷・製本 ————	三報社印刷株式会社

ISBN978-4-7677-0186-8
©Supporting Association for Building Structural Technology
Print in Japan